석달에 끝내는 300 Patterns 핵심 패턴

석 달에 끝내는 **300** 핵심 패턴

초판 12쇄 2019년 7월 1일

지은이	피그북스 콘텐츠 기획팀
펴낸이	신성현, 오상욱
펴낸곳	도서출판 피그북스
	(153-802) 서울시 금천구 가산디지털2로 14 1116호 (대륭테크노타운 12차)
대표전화	02-6343-0997~9
팩스	02-6343-0995~6
출판등록	2010년 7월 15일
	제 315-2010-000035호
ISBN	978-89-964933-3-4 13740

*이 책에 게재된 내용의 일부 또는 전체를 무단으로 복제 및 발췌하는 것을 금합니다.
*저자와의 협의에 따라 인지는 붙이지 않습니다.
*잘못된 책은 구입하신 곳에서 교환해 드립니다.

피그북스는 iambooks의 단행본 브랜드입니다.
www.iambooks.co.kr
이 책은 **석 달에 끝내는 핵심 패턴 1200문장**의 포켓판입니다.

Preface

이 책은 영어의 '패턴(Pattern)'에 초점을 두고 공부하도록 구성된 책입니다. 패턴이라는 것은 말을 할 때 항상 규칙적으로 쓰고 있는 '뼈대'라고 생각하면 됩니다. 예를 들어 "지금 막 전화하려던 참이에요.""지금 막 나가려던 참이에요.""지금 막 세차하려던 참이에요."라는 세 문장이 있을 때 공통적으로 쓰인 것은 바로 '지금 ~하려던 참이에요.'라는 패턴이죠.

이렇듯 'I am just about to ~.'라는 한 가지 패턴을 익혀두게 되면 거기에서 파생되는 수많은 문장을 자연스럽게 말할 수 있게 되는 것입니다.

패턴은 말을 쉽고 과학적으로 할 수 있는 토대를 마련해 줍니다. 따라서 영어 말하기의 시작은 패턴을 머릿속에 정리하는 것입니다.

이 책에서는 300개의 패턴에 1200문장을 담고 있습니다.

매일 제시된 학습량을 공부하다보면 재미있는 예문과 실제 외국인들의 대화를 내 것으로 만들 수 있을 것입니다. 300패턴을 자유자재로 쓰면서 외국인처럼 말하고 있는 자신만만한 자신의 모습을 상상해 보세요. 또한 페이지마다 제시된 재미있는 삽화는 만화를 보는 듯한 재미를 안겨줄 것입니다.

영어로 인해 어려움을 겪고 있는 모든 분들이 이 책을 통해 영어에 대한 자신감을 높이기를 기원합니다.

콘텐츠 기획팀

Structures

> Pattern 300
>
> # I'll never ~.
> 다시는 ~하지 않을 거예요
>
> never가 '절대 ~ 않다'라는 뜻으로, I won't보다 좀 더 강하게 자신이 앞으로 ~을 하지 않을 것이라고 말하는 패턴입니다. 예를 들어 애인과 헤어진 뒤 "난 다시는 사랑에 빠지지 않을 거야"처럼 단호한 의지를 말하는 경우인 것이죠. 그 외에도 불가능이나 '~ 수 없을 것 같다.'라는 말을 할 때에도 쓸 수 있습니다.
>
> 1197 절대 잊을 수 **없을** 거예요.
> I'll never forget it.
>
> 1198 나는 다시는 사랑에 빠지지 **않을** 거예요.

❶

❶ 실제 사용 상황 제시
패턴이 실제 사용되는 상황을 예로 들어 그 뉘앙스를 파악할 수 있도록 하였습니다.

> 강하게 자신이 앞으로 ~을 하지 않을 것이라고 말하는 패턴입니다. 예를 들어 애인과 헤어진 뒤 "난 다시는 사랑에 빠지지 않을 거야"처럼 단호한 의지를 말하는 경우인 것이죠. 그 외에도 불가능이나 '~ 수 없을 것 같다.'라는 말을 할 때에도 쓸 수 있습니다.
>
> 1197 절대 잊을 수 **없을** 거예요.
> I'll never forget it.
>
> 1198 나는 다시는 사랑에 빠지지 **않을** 거예요.
> I'll never fall in love again.
>
> 1199 다시는 당신을 의심하지 **않겠어요**.
> I'll never doubt you again.
>
> 1200 이런 짓은 다시 하지 **않겠어요**.
> I'll never do such a thing again.

❷
❸

❷ 문장을 통한 응용
패턴으로 반복되는 부분을 색으로 표시하여 자연스럽게 패턴을 눈에 익히고, 그 뼈대 위에 단어를 덧붙여서 다양한 문장으로 응용할 수 있도록 하였습니다.

❸ 우리말을 영어로 바꿀 수 있는 장치 마련
우리말을 영어로 쉽게 바꾸어 말 할 수 있도록 패턴이 우리말의 어느 경우에 공통적으로 쓰이는지 제시하였습니다.

❹ 대화문 형식의 연습문제 제시
패턴이 쓰인 문장이 실제 대화에서는 어떻게 쓰이는지 삽화를 곁들인 연습문제를 통해 생생하게 학습하도록 하였습니다.

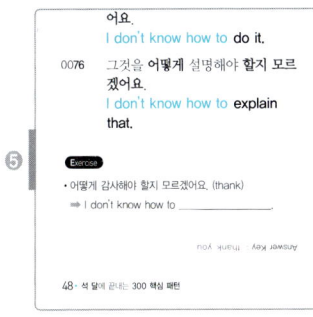

❺ 심화 연습문제 제시
우리말을 보고 패턴을 이용하여 영어로 말할 수 있는지 확인하도록 하였습니다.

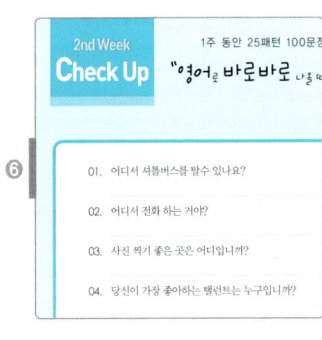

❻ Check Up
한 주 동안 학습한 25개의 패턴 100문장을 바로바로 말할 수 있는지 확인하여, 반복 학습할 수 있도록 하였습니다.

Features

석 달에 1200문장을 배운다!
석 달에 끝내는 300핵심 패턴은 한 마디로 석 달이면 외국인처럼 말할 수 있도록 그 토대를 다지는 것이 목적입니다. 영어를 말할 때 한두 번씩 좌절해 보지 않은 사람은 없을 것입니다. 그러한 학습자들의 마음을 잘 알기에 어떻게 하면 영어를 쉽고, 재미있게 익힐 수 있는지 고심하여 이 책을 만들었습니다. 그리고 기존 패턴 영어 교재들은 양이 아주 적거나 혹은 너무 많아서 쉽게 손이 가지 않았지만, 이 책에서는 1200문장을 제시하여 300개의 패턴을 마스터 할 수 있도록 심혈을 기울였습니다.

매일 5패턴씩 공부한다!
하루에 5패턴씩, 20문장을 공부하도록 스케줄이 짜여 있습니다. 매일 영어를 학습하게 되면서 영어가 생활의 일부로 자연스럽게 자리매김되고, 생활이 짜임새 있고 규칙적으로 변화하는 데 도움을 줄 것입니다. 개인의 능력에 따라 하루의 학습 분량은 조정할 수 있습니다.

난이도 별로 3 Part로 나누었다!
처음부터 어려운 패턴을 배우면 자칫 학습의 재미를 잃게 될 수 있습니다. 그런 점을 감안하여, Part 1에서는 우리들에게 익숙하고, 또 실제로 많이 쓰이는 기초 패턴을, Part 2에서는 많이 들어보긴 했지만, 쉽게 말로 하기 힘든 패턴을, Part 3에서는 우리가 놓치기 쉬운 심화 패턴으로 정리하였습니다. 학습하다 보면 점점 자신감도 함께 상승되어 가는 것을 느낄 수 있을 것입니다.

기능별로 패턴을 분류했다!
기존의 패턴 책들이 내용을 특징 없이 나열식으로 구성하였다면 이 책에서는 상황별, 기능별로 분류하여, 특정 상황에 처했을 때 어떠한 패턴을 이용해서 말하면 되는지 쉽게 활용할 수 있도록 하였습니다. 이 책을 모두 외우지 못한 경우라도 상황별 분류를 찾아보면서 그때마다 응용할 때에도 도움이 될 것입니다.

실용 문장과 대화만을 담았다!
예시 문장 중에서도 특히 우리 생활에서 많이 쓰이는 것들을 선별하여 정말 많이 쓸 수 있는 문장만을 담았습니다. 그리고 억지로 끼워 맞춘, 잘 안 쓰는 대화문이 아니라 실제 외국 사람들이 대화하는 상황을 연습 문제로 제시하여 외국인과 대화하게 될 경우 두려움 없이 입을 뗄 수 있을 것입니다.

Recommendation

영어 회화 공부를 본격적으로 시작해 보려고 하다가, 문득 이 패턴 책을 접하게 되었습니다. 패턴으로 영어를 공부하다보니 체계적이고, 지루하지 않게 매일매일 책을 펼치게 되더군요. 그리고 예문으로 제시된 영어 문장이 실생활 곳곳에서 쓸 수 있는 아주 실용적인 문장들로 제시되어 있어서 흥미를 더해 주었습니다.

시중에는 패턴 관련 책들 중에 이 책을 선택한 이유는 디자인이 깔끔해서 지루하지 않았기 때문입니다. 그리고 무엇보다도 각 패턴에 제시된 대화문이 재미있고, 석 달에 마스터 하는 분량도 적절하다고 생각했습니다. 제 영어 공부에 많은 도움이 될 것을 기대합니다.

영어 학원을 다니려고 했으나, 업무상 스케줄과 비용 때문에 일단 회화 책으로 시작해 보자하고 생각하던 차에 이 책을 접하게 되었습니다. 1200개의 예문과 기능별로 정리된 패턴이 참 마음에 들었습니다. 이 책으로 공부하다 보니, 외국인과 자연스럽게 농담까지도 주고받는 정도가 되어서, 저에게는 희망을 준 고마운 책이 되었습니다.

아이에게 효과적인 영어 공부를 시키기위해 제가 먼저 공부를 해야겠다고 생각하던 차에 이 책을 접하게 되었습니다. 매일매일 스케줄에 따라 제시된 패턴들을 외우고, 아이와도 연습하다보니 저절로 영어 실력이 늘어나는 것을 느끼고 있습니다. 많은 사람들에게 적극 추천하고 싶습니다.

영어에 패턴이라는 것이 있다는 것을 전혀 모르고 있다가, 우연히 이 책을 접하게 되었습니다. 그런데 참 신기하게도 패턴에 맞추어 영어를 공부하다 보니, 어느새 말도 늘고 아울러 영어가 잘 들리기까지 하네요. 와, 역시 영어 공부도 과학적으로 해야 한다는 것을 느낍니다. 영어에 과학이 있다는 것을 알게 해준 이 책!!! 정말 고맙습니다.

영어 울렁증은 한국인이면 대부분 가지고 있을 거라고 생각합니다. 저도 그 중 한 사람이었고요. 하지만 이 책으로 공부하면서 회화 실력이 늘어서 울렁증을 고쳐가고 있답니다. 기능별로 묶인 이 책은 상당히 독특하고, 또 새로움을 주어서 공부하는 데 동기를 제공해 주었습니다. 책 속에 제시된 재미있는 삽화도 지루함을 없애는 데 한몫을 하더군요.^^

Contents

1st Month_ 기초 패턴

1st Week_ 의견 · 아는 것 말하기

Day 01 I am ~.
(상태 · 의견 말하기)

001 I am ready ~.
~할 준비가 되었어요

002 I am trying to ~.
~해 보려고 하는 중이에요

003 I am here to ~.
~하려고 왔어요

004 I am afraid ~.
유감스럽지만 ~이에요

005 I am just about to ~.
지금 막 ~하려는 참이에요

Day 02 I think ~.
(생각 · 의견 말하기)

006 I think ~.
~인 것 같아요

007 I think you should ~.
당신은 ~하는 게 좋겠어요

008 I'm thinking of / about ~.
나는 ~하려고 생각 중이에요

009 I think I want you to ~.
당신이 ~을 했으면 해요

010 I think I might ~.
~인 것 같아요

Day 03 Do you think ~?
(생각 · 의견 묻기)

011 Do you think ~?
…가 ~한다고 생각해요?

012 Don't you think ~?
~이라고 생각하지 않아요?

013 What do you think of ~?
~에 대해 어떻게 생각해요?

014 Why do you think ~?
왜 ~라고 생각해요?

015 How do you like ~?
~는 어때요?

Day 04 I know ~. (아는 것 말하기)

016 I know what ~.
~가 뭔지 알아요

017 I don't know if ~.
~인지 아닌지 모르겠어요

018 I don't know what ~.
뭘 ~할지 모르겠어요

019 I don't know how to ~.
어떻게 ~해야 하는지 모르겠어요

020 I don't know anything about ~.
~에 대해서는 전혀 몰라요

Day 05 Do you know ~?
(아는지 묻기)

021 Do you know ~?
~를 압니까?

022 Do you know if ~?
~인지 아닌지 압니까? /
혹시 ~인가요?

023 Do you know what ~?
~가 뭔지 압니까?

024 Do you know why ~?
왜 ~하는지 압니까?

025 Do you know when ~?
언제 ~하는지 압니까?

■ 1st Week Check Up

2nd Week_ 원하는 것 · 좋아하는 것 말하기

Day 01 I want ~.
(원하는 것 말하기 1)

026 I want to ~.
~하고 싶어요

027 **I want you to ~.**
당신이 ~했으면 해요/~해 주세요

028 **I just wanted to ~.**
난 다만 ~을 하고 싶었어요

029 **You don't want to ~.**
당신이 ~해선 안 될 것 같아요

030 **The last thing I want to do is ~.**
~하고 싶지 않아요

Day 03 I like ~.
(좋아하는 것 말하기)

036 **I like to ~.**
나는 ~을 좋아해요/~하고 싶어요

037 **I like ~-ing.**
나는 ~하는 것을 좋아해요

038 **I like your ~.**
당신의 ~이 좋은데요

039 **I think I like ~.**
~가 좋은 것 같아요

040 **I like the way you ~.**
당신이 ~하는 방식이 좋아요

Day 04 I'd like ~.
(원하는 것 말하기 2)

041 **I'd like ~.**
~를 주세요/~를 원합니다

042 **I'd like to ~.**
~하고 싶은데요

043 **I'd like to give you ~.**
당신에게 ~을 주고 싶어요

044 **I'd like to let you know ~.**
~을 알려 드리고 싶어요

045 **I'd like to, but ~.**
저도 그러고 싶지만 ~

Day 05 Would you like ~?
(좋아하는 것 구체적으로 묻기)

046 **Would you like to ~?**
~하시겠어요?

047 **What would you like to ~?**
무엇으로 ~하시겠어요?

048 **Where would you like to ~?**
어디에서 ~하고 싶으세요?

049 **When would you like to ~?**
언제 ~하고 싶으세요?

050 **How would you like ~?**
~를 어떻게 해 드릴까요?

■ 2nd Week Check Up

3rd Week_ 제안·부탁하기

Day 01 Let's ~./would better
(제안하기 1)

051 **Let's ~.**
~합시다

052 **Let's not ~.**
~하지 맙시다

053 **You'd better ~.**
~하는 게 좋겠어요/~하세요

054 **We'd better ~.**
~하는 게 좋겠어요

055 **Maybe we should ~.**
우리 ~하는 게 좋겠어요

Day 02 How about ~?/
Why don't ~?/Shall ~?
(제안하기 2)

056 **How about ~?**
어때요?

057 **What about ~?**
~ 어때요?/~는 어떻게 되나요?

058 **Why don't you ~?**
~하지 그래요?

·13

059 **Why don't we ~?**
우리 ~하는 게 어때요?

060 **Shall we ~?**
우리 ~할까요?

Day 03 Can I ~?
(권유·요청하기)

061 **Can I help you ~?**
~을 도와 드릴까요?/
~해 드릴까요?

062 **Can I get you ~?**
~를 갖다 드릴까요?

063 **Can I have ~?**
~ 좀 해 주실래요?/
~ 좀 갖다 주실래요?

064 **Can I borrow ~?**
~ 좀 빌려 주실래요?

065 **Can I use ~?**
~ 좀 써도 될까요?

Day 04 Can you ~? (부탁하기 1)

066 **Can you tell me ~?**
~을 알려 주시겠어요?

067 **Can you give me ~?**
~을 해 줄래요?

068 **Can you show me how to ~?**
~하는 방법 좀 알려 줄래요?

069 **Can you get me ~?**
~ 좀 갖다 주시겠어요?

070 **Can you bring ~?**
~ 좀 갖다 주시겠어요?

Day 05 Would you ~?
(부탁하기 2)

071 **Would you please ~?**
~ 좀 해 주시겠어요?

072 **Would you please let me ~?**
제가 좀 ~하게 해 주실래요?

073 **Would you just ~?**
다만 좀 ~하실래요?

074 **Would you mind ~?**
~하는 것 괜찮아요?

075 **Would you mind if I ~?**
~해도 될까요?

■ 3rd Week Check Up

4th Week_ 감사·사과·부정하기

Day 01 Thank you ~. (감사하기)

076 **Thank you for ~.**
~해서 고마워요

077 **I appreciate ~.**
~에 감사 드려요

078 **It's very ~ of you to ….**
…해 주시니 정말 ~하세요

079 **How … of you to ~!**
~하다니 정말 고마워요!

080 **I'd appreciate it if you could ~.**
~해 주신다면 정말 감사하겠어요

Day 02 I'm sorry ~. (사과하기)

081 **I'm sorry to ~.**
~해서 미안해요/
~라니 유감이네요

082 **I'm sorry about ~.**
~에 대해 미안해요/~은 안됐어요

083 **I'm sorry, I can't ~.**
미안해요, ~할 수가 없어요

084 **I'm sorry if ~.**
만약 ~했다면 미안해요

085 **I apologize for ~.**
~에 대해 사과드려요

Day 03 여러 가지 관용 표현
(변명하기)

086 **I tried to ~.**
~하려고 했어요

087 **I couldn't help but ~.**
~할 수밖에 없었어요

088 **I had no choice but ~.**
~할 수밖에 없었어요

089 **There's no excuse for ~.**
~에 대해선 변명의 여지가 없어요

090 **I don't know why I ~.**
제가 왜 ~했는지 모르겠어요

Day 04 I mean to ~. (해명하기)

091 **I meant ~.**
~하려던 거였어요

092 **I didn't mean to ~.**
~하려던 건 아니었어요

093 **I never meant to ~.**
~하려던 건 절대 아니었어요

094 **It doesn't mean ~.**
그렇다고 ~인 것은 아니에요

095 **What I mean is ~.**
제 말은 ~라는 거예요

Day 05 I never ~. (부정하기)

096 **I never thought ~.**
~한 생각은 전혀 못했어요

097 **I never dreamed ~.**
꿈에도 ~하지 못했어요

098 **I would never get ~.**
저는 결코 ~하지 않을 거예요

099 **I would never want to ~.**
절대 ~하고 싶지 않아요

100 **I may never ~.**
영영 ~못 할지도 몰라요

■ 4th Week Check Up

2nd Month_ 필수 패턴

1st Week_ 궁금한 것 묻기 · 방법 설명하기

Day 01 Are you ~? (상대방에게 궁금한 것 묻기)

101 **Are you sure ~?**
~이 확실합니까?

102 **Are you ready to ~?**
~할 준비가 되었나요?

103 **Are you interested in ~?**
~에 관심이 있습니까?

104 **Are you going to ~?**
~할 건가요?

105 **Are you done with ~?**
~은 다 끝냈어요?

Day 02 Is it ~? (괜찮은지 묻기)

106 **Is it okay if ~?**
~해도 괜찮아요?

107 **Is it all right to ~?**
~해도 괜찮을까요?

108 **Is it possible ~?**
~가 가능한가요?

109 **Is that okay with ~?**
~ 괜찮아요?

110 **Would it be possible if ~?**
~하면 가능한가요?

Day 03 Is there ~? (~이 있는지 확인하기)

111 **Is there ~?**
~가 있나요?

112 **Is there any ~?**
~가 좀 있나요?

113 **Is there anything ~?**
뭔가 ~한 건 있습니까?

114 **Is there anyone who ~?**
~하는 사람이 있나요?

115 **Is there something ~?**
~한 뭔가가 있나요?

Day 04 I wonder ~. (궁금한 것 묻기)

116 **I wonder why ~.**
왜 ~한지 궁금해요

117 **I wonder what ~.**
~이 궁금해요

118 **I wonder when ~.**
언제 ~한지 궁금해요

119 **I wonder if ~.**
~할지 궁금해요

120 **It's no wonder ~.**
~인 것은 놀랄 일도 아니에요

Day 05 That is ~. (방법 · 이유 설명하기)

121 **That is how ~.**
그게 바로 ~하는 방법이에요

122 **That is what ~.**
그게 바로 ~인 거예요

123 **That is why ~.**
그게 바로 ~한 이유예요

124 **That is the way ~.**
그게 바로 ~하는 방법이에요

125 **That's because ~.**
그건 바로 ~이기 때문이에요

■ 1st Week Check Up

2nd Week_ 의문사로 묻기

Day 01 Where · Who로 묻기

126 **Where can I ~?**
어디서 ~할 수 있을까요?

127 **Where are you ~-ing?**
당신은 어디서 ~을 하나요?

128 **Where's a good place to ~?**
~하기 좋은 곳은 어디죠?

129 **Who is your ~?**
당신의 ~는 누구죠?

130 **Who is going to ~?**
누가 ~할 거죠?

Day 02 When으로 묻기

131 **When are you ~-ing?**
언제 ~할 건가요?

132 **When can I ~?**
언제 ~할까요?

133 **When was the last time ~?**
마지막으로 ~한 게 언제예요?

134 **When do you expect to ~?**
언제 ~할 것 같나요?

135 **When did you ~?**
언제 ~했나요?

Day 03 Why로 묻기

136 **Why are you ~?**
왜 ~해요?

137 **Why are you ~-ing?**
왜 ~하고 있나요?

138 **Why are you always ~?**
당신은 왜 항상 ~해요?

139 **Why don't I ~?**
제가 ~할게요

140 **Why didn't you ~?**
왜 ~하지 않았어요?

Day 04 How로 묻기

141 **How can I ~?**
어떻게 하면 ~할 수 있을까요?

142 **How do I ~?**
~을 어떻게 하죠?

143 **How do you like ~?**
~가 어때요?/
~을 어떻게 해 드릴까요?

144 **How do you feel ~?**
~은 어때요?/
~을 어떻게 생각해요?

145 **How come ~?**
어째서 ~하죠?

Day 05 Which로 묻기

146 **Which is+비교급 ~?**
어느 것이 더 ~ 해요?

147 **Which ~ do you prefer?**
어떤 ~을 좋아해요?

148 **Which one do you ~?**
어느 것을 ~하세요?

149 **Which do you prefer, A or B ~?**
A와 B 중에서 어느 것이 더 좋아요?

150 **Which way ~?**
어느 방법(길)이 ~하나요?

■ 2nd Week Check Up

3rd Week_ 능력·가능성 표현하기

Day 01 I can't ~.
(못하는 것 말하기)

151 **I can't believe ~.**
~라니 믿을 수가 없어요

152 **I can't wait ~.**
빨리 ~하고 싶어요

153 **I can't stand ~.**
~를 못 참겠어요

154 I can't stop –ing ~.
~를 멈출 수가 없어요

155 I can't think of ~.
~가 생각이 안 나요

Day 02 I'm good at ~. (능력 표현하기)

156 I'm good at ~.
저는 ~를 잘해요

157 I'm not very good at ~.
저는 ~에는 별로 소질이 없어요

158 I'm too … to ~.
너무 … 해서 ~할 수 없어요

159 I'm not … enough to ~.
저는 ~할 정도로 …하지 않아요

160 I'll be able to ~.
~할 수 있을 거예요

Day 03 might/could/~chance (가능성 표현하기)

161 I might ~.
저는 ~일지도 몰라요

162 I might have+p.p. ~.
저는 ~했을지도 몰라요

163 You could ~.
당신은 ~할 수도 있어요

164 You could have+p.p. ~.
당신은 ~할 수도 있었어요

165 There's a good chance ~.
~할 가능성이 높아요

Day 04 It seems ~. (추측하기)

166 It seems that ~.
~인 것 같아요

167 You seem to ~.
당신은 ~한 것 같아요

168 It seems like ~.
~인 것 같아요

169 It seems as if ~.
~인 것 같아요

170 What seems to be ~?
무엇이 ~인 것 같나요?

Day 05 If you ~. (가정하기)

171 If you have any ~.
당신이 ~을 가지고 있다면 ~

172 If you don't mind ~.
괜찮으시다면 ~

173 If you ask me ~.
제 생각에는 ~

174 If I were you ~.
내가 당신이라면 ~

175 If there's ~.
만약 ~이 있다면

■ 3rd Week Check Up

4th Week_ 계획·해야 할 일 말하기

Day 01 I will ~. (계획 말하기 1)

176 I'll get ~.
저는 ~할 거예요/제가 ~할게요

177 You will have to ~.
당신은 ~해야 할 거예요

178 I'll check ~.
~은 제가 알아볼게요

179 I'll take care of ~.
~은 내가 처리할게요/돌봐줄게요

180 Will you ~?
~해 줄래요?

Day 02 I have to ~. (해야 할 일 말하기)

181 I have to ~.
~해야 해요

182 I should ~.
~해야겠어요

183 I need to ~.
~해야 해요

184 I'd better ~.
~하는 게 좋겠어요

185 I've got to ~.
~해야겠어요/~해야 해요

Day 03 be going to
(계획 말하기 2)

186 **I'm going to ~.**
~할 거예요

187 **I'm not gonna ~.**
~하지 않을 거예요

188 **Are you going to ~?**
~할 건가요?

189 **Aren't you going to ~?**
~ 안 할 건가요?

190 **It's going to be ~.**
~할 거예요

Day 04 You should ~.
(해야 할 일 조언하기)

191 **You should try to ~.**
~해 봐야 해요

192 **Maybe you should ~.**
~하는 게 좋겠어요

193 **You should see if ~.**
~인지 확인해 봐요

194 **You shouldn't ~.**
~하면 안 돼요

195 **You should have ~.**
~했어야 했어요

Day 05 Do you have to ~?
(해야 할 일 묻기)

196 **Do I have to ~?**
제가 ~해야 하나요?

197 **Do you have to ~?**
~해야 하나요?

198 **Why do I have to ~?**
왜 제가 ~해야 하나요?

199 **Why do you have to ~?**
왜 ~해야 하나요?

200 **I don't have to ~.**
전 ~할 필요가 없어요

■ 4th Week Check Up

3rd Month_ 심화 패턴

1st Week_ 확인·확신하기/ 완료형 표현하기

Day 01 Let me ~. (확인하기)

201 **Let me check ~.**
~를 확인해 볼게요

202 **Let me think about ~.**
~에 대해 생각해 볼게요

203 **Let me see if ~.**
~인지 볼게요

204 **Let me know if ~.**
~하면 알려 주세요

205 **Let me know what ~.**
~을 알려 주세요

Day 02 I'm sure ~. (확신하기)

206 **I'm sure ~.**
저는 ~을 확신해요

207 **I'm not sure ~.**
저는 ~인지 잘 모르겠어요

208 **I'm certain ~.**
저는 ~라고 확신해요

209 **I'm suspicious of/about ~.**
저는 ~가 미심쩍어요

210 **I have doubts ~.**
저는 ~가 의심스러워요

Day 03 He told me that ~.
(간접적으로 말하기)

211 **He said if ~.**
그는 …하면 ~한다고 했어요

212 **He told me that ~.**
그가 ~라고 내게 말했어요

213 **I told you to ~.**
내가 ~라고 했잖아요

214 **I told him not to ~.**
내가 그에게 ~하지 말라고 했어요

215 **I asked him to ~.**
내가 그에게 ~하라고 부탁했어요

Day 04 I have+p.p. ~.
(경험 · 계속해 온 것 말하기)

216 **I've been ~.**
계속 ~하고 있었어요

217 **I've done ~.**
~을 다 했어요

218 **I've heard ~.**
~에 대해 들었어요

219 **최상급+I've ever p.p.**
내가 지금까지 ~한 것 중 최고예요

220 **I've never p.p. ~.**
나는 ~한 적이 없어요

Day 05 Have you ~?
(경험 · 기타 사항 묻기)

221 **Have you got ~?**
~ 있어요?

222 **Have you ever+p.p. ~?**
~해본 경험 있어요?

223 **Have you seen ~?**
~을 본 적 있어요?

224 **Have you heard ~?**
~에 대해 들었어요?

225 **Have you noticed ~?**
~를 알고 있었나요?

■ 1st Week Check Up

2nd Week_ 기분 · 느낌 말하기

Day 01 I feel like ~. (오감 동사)

226 **feel like ~**
~처럼 느껴져요

227 **look like ~**
~처럼 보여요

228 **sound like ~**
~처럼 들려요

229 **It smells ~.**
~한 냄새가 나요

230 **It tastes ~.**
~한 맛이 나요

Day 02. I'm in the mood ~.
(기분 · 느낌 말하기)

231 **… make me feel ~.**
…는 ~한 느낌이 들게 해요

232 **It's like ~.**
~인 것 같아요

233 **Do you feel like ~?**
~하고 싶나요?/~할래요?

234 **I'm in the mood ~.**
~하고 싶어요

235 **I'm not in the mood ~.**
~하고 싶지 않아요

Day 03 I'm so glad ~.
(기쁨 표현하기)

236 **I'm so glad ~.**
~해서 정말 기뻐요/
~해서 다행이에요

237 **I'm happy with ~.**
~에 만족해요

238 **I'd be happy to ~.**
~하면 정말 좋겠어요/
기꺼이 ~하겠어요

239 **I'm willing to ~.**
기꺼이 ~할게요/
~할 용의가 있어요

240 **It's nice to ~.**
~해서 반갑네요/~해서 좋네요

Day 04 I'm afraid of ~.
(걱정 표현하기)

241 **I'm afraid of ~.**
~이 두려워요

242 **I'm worried about ~.**
~이 걱정돼요

243 **I'm nervous about ~.**
~때문에 긴장돼요/
~이 걱정돼요

244 **I'm disappointed ~.**
~에 실망했어요

245 **It's frustrating ~.**
~에 짜증이 납니다/
~해서 답답합니다

Day 05 I was surprised to ~.
(기타 감정 표현하기)

246 **I was surprised to ~.**
~해서 놀랐어요

247 **I can't believe ~.**
~을 믿을 수가 없어요

248 **It's a little ~.**
그건 좀 ~해요

249 **I am really ~.**
난 정말 ~해요

250 **I'm kind of ~.**
전 좀 ~해요/전 ~ 타입이에요

■ 2nd Week Check Up

3rd Week_ 특정 동사 표현

Day 01 need (필요한 것 말하기)

251 **Do you need to ~?**
~해야 해요?

252 **What do you need to ~?**
~하려면 무엇을 해야 하나요?

253 **You'll need to ~.**
당신은 ~해야 합니다

254 **I don't need you to ~.**
당신이 ~해 주는 게 필요 없어요
/~해 주지 않아도 돼요

255 **All I need is ~.**
내가 필요한 건 ~뿐이에요

Day 02 remember (기억하기)

256 **I remember -ing ~.**
~한 것을 기억해요

257 **I can't remember ~.**
~이 기억나지 않아요

258 **Do you remember ~?**
~을 기억하나요?

259 **Did you remember to ~?**
잊지 않고 ~했어요?

260 **Remember to ~.**
~할 것을 기억해요/
잊지 말고 ~해요

Day 03 forget (잊기)

261 **I forgot ~.**
~를 깜빡했어요

262 **I forgot to ~.**
깜빡하고 ~하는 걸 잊었어요

263 **Forget about ~.**
~은 잊어버려요

264 **Remind me to ~.**
나에게 ~하라고 알려 주세요

265 **··· remind me of ~.**
···을 보니 ~이 생각이 나요

Day 04 try (시도하기)

266 **Try to ~.**
~하려고 노력하세요/~해 보세요

267 **Try not to ~.**
~하지 않도록 노력해 보세요

268 **Try -ing ~.**
한번 ~해 보세요

269 **I'm trying to ~.**
~하려고 노력 중이에요

270 **Let's try to ~.**
우리 ~하도록 합시다

Day 05 hope/wish (희망하기)

271 **I wish ~.**
~이면 좋겠어요

272 **I wish I could ~.**
~할 수 있으면 좋겠어요

273 **I hope ~.**
~하면 좋겠어요/~이길 바라요

274 **I hope you ~.**
당신이 ~하길 바라요

275 **Let's hope ~.**
~하길 바랍시다

■ 3rd Week Check Up

4th Week_ 특정 구문으로 표현하기

Day 01 How+부사/형용사로 묻기

276 **How many ~?**
얼마나 ~?/몇 개(몇 명, 몇 번)나?

277 **How much ~?**
얼마나 ~?

278 **How far ~?**
얼마나 멀리 ~?

279 **How long does it take to ~?**
~ 하는데 얼마나 걸립니까?

280 **How often ~?**
얼마나 자주 ~?

Day 02 No ~. (없다고 강조하기)

281 **No one ~.**
아무도 ~하지 않아요

282 **No one but ~.**
~이외에 아무도 …않아요/없어요

283 **Nobody can ~.**
아무도 ~할 수 없어요

284 **Nothing can ~.**
그 어떤 것도 ~할 수 없어요

285 **have nothing to do with ~**
~와 아무 관련이 없어요

Day 03. get/have
(시키고 허락하기)

286 **be getting+형용사**
점점 ~해지고 있어요

287 **get+사람+사물**
…에게 ~을 사 주세요/
가져다 주세요

288 **get+사물+p.p.**
~이 …되도록 만들었어요/
받았어요

289 **have+사람+동사원형**
…가 ~하게 할게요

290 **have+사물+p.p.**
…이 ~되게 했어요

Day 04 I'd rather ~ ./
I prefer ~.
(선호하는 것 말하기)

291 **I'd rather ~.**
나는 ~하는 게 낫겠어요/
~하는 게 좋겠어요

292 **I'd rather ~ than ….**
… 하느니 ~하겠어요

293 **Would you rather ~?**
~하는 게 어때요?/~ 할래요?

294 **I prefer ~.**
저는 ~이 더 좋아요

295 **Would you prefer ~?**
~하는 게 더 좋으세요?

Day 05 promise (약속하기)

296 **I promise ~.**
~를 약속드릴게요/약속할게요

297 **Can you promise ~?**
~을 약속할 수 있나요

298 **You promised ~.**
~한다고 약속했잖아요

299 **I won't ~.**
~하지 않을 거예요

300 **I'll never ~.**
다시는 ~하지 않을 거예요

■ 4th Week Check Up

1st Month
기초 패턴

1st Week
의견 · 아는 것 말하기

2nd Week
원하는 것 · 좋아하는 것 말하기

3rd Week
제안 · 부탁하기

4th Week
감사 · 사과 · 부정하기

1st week

의견 · 아는 것 말하기

Day 01	**I am ~.** – 상태·의견 말하기
Day 02	**I think ~.** – 생각·의견 말하기
Day 03	**Do you think ~?** – 생각·의견 묻기
Day 04	**I know ~.** – 아는 것 말하기
Day 05	**Do you know ~?** – 아는지 묻기
1st Week	**Check Up**

DAY 01

I am ~.

상태 · 의견 말하기

001	I am ready ~.	~할 준비가 되었어요
002	I am trying to ~.	~해 보려고 하는 중이에요
003	I am here to ~.	~하려고 왔어요
004	I am afraid ~.	유감스럽지만 ~이에요
005	I am just about to ~.	지금 막 ~하려는 참이에요

Pattern **001**

I am ready ~.
~할 준비가 되었어요

ready는 '준비된,' '언제라도 ~할 수 있는'이라는 뜻의 형용사로 우리가 촬영을 할 때나 운동 경기를 할 때 흔히 사용하는 단어입니다. 준비가 되었다고 말하려면 I am ready to/for ~.라고 말할 수 있습니다. 단순히 '준비된'이라는 표현 외에도 '당장이라도 ~하고 싶어요.', '~할 용의가 있어요.'라고 말할 때에도 쓰입니다.

0001 아직 **준비가 안됐어요**.
I'm not ready yet.

0002 벌렁 드러눕고 **싶어요**.
I'm ready to flop.

0003 금방이라도 쉬고 **싶어요**.
I'm ready for a break.

0004 당장 그들을 도와줄 **용의가 있어요**.
I'm ready to help them.

Exercise

- 외출할 준비가 다 됐어요. (go)
  ➡ I am ready to _____.

Answer Key : go out

주문하는 방법

Customer_
I'm ready to order.

Waitress_
메뉴판 여기 있습니다, 손님.

Customer_
햄버거와 감자튀김 약간을 주세요.

Waitress_
더 시키실 것은 없으신가요?

Pattern 002

I am trying to ~.
~해 보려고 하는 중이에요

try는 '~을 시도하다.', '~하려고 노력하다.'의 뜻으로 to 뒤에 동사원형을 써서 애쓰고 있거나 노력하고 있는 의지적인 내용을 말할 때 씁니다.

무엇인가 해보려고 하는 중

Elder sister_뭘 하고 있니?

0005 저는 약점을 극복**하려고 노력 중입니다.**
I am trying to overcome my weakness.
※ overcome 극복하다

0006 이 보고서를 끝내**려고 노력 중입니다.**
I am trying to finish this report.

Little brother_
I'm trying to make a cake for mom.

0007 당신을 돕고 **있는 거예요.**
I am trying to help you.

0008 그녀가 무슨 말을 했는지 기억을 더듬고 있습니다.
I am trying to remember what she said.

Elder sister_도와 줄까?

Exercise

- 그것을 암기하려고 노력하고 있어요. (learn)
  ➡ I am trying to _____ by heart.

Answer Key : learn it

Little brother_아니, 괜찮아. 혼자서 할 수 있어.

Pattern **003**

I am here to ~.
~하려고 왔어요

I am here to ~.는 '~하려고 내가 여기에 있어요.'라는 뜻으로 특정 장소를 방문하거나 누군가를 만나러 갔을 때 자신의 방문 목적을 말하는 패턴입니다. I came here to ~.가 '왔다'는 것에 중점을 둔 구문임에 반해 I am here to ~.는 '목적'에 중점을 두고 있습니다.

0009 제 친구를 만나러 왔습니다.
I am here to visit my friend.

0010 당신 불만을 들으러 온 것이 아니에요.
I'm not here to listen to your complaints.

0011 당신을 보살펴 드리러 왔어요.
I am here to take care of you.

0012 당신에게 뭔가 얘기를 해 드리려고 왔어요.
I am here to tell you something.

Exercise

- 당신과 함께 기도하려고 왔어요. (pray)
➡ I am here to _____.

Answer Key : pray with you

누군가를 만나러 갔을 때

Secretary_
무슨 일로 오셨나요?

Visitor_
I am here to see Mr. Baker.

Secretary_
약속이 되어 있으신가요?

Visitor_
꼭 그렇지는 않지만, 그분은 저를 만나실 거예요.

Pattern **004**

I am afraid ~.
유감스럽지만 ~이에요

afraid는 '유감스러운', '두려운'의 두 가지 뜻이 있습니다. 먼저 '두렵다'는 의미는 주로 전치사 of와 함께 쓰여서 I am afraid of ~.의 형태로 사용되며, I am afraid ~.는 I'm sorry.의 의미로 '유감스럽다'는 의미를 나타냅니다.

약속을 취소해야 할 때

Man_
무슨 말을 하려고 했었나요?

0013 **유감스럽지만** 안될 것 같아요.
Oh, I am afraid not.

0014 **미안하지만** 저는 그날 안돼요.
I am afraid I can't make it on that day.

0015 **죄송하지만** 방이 다 찼습니다.
I am afraid we're fully booked.

0016 **미안하지만** 그 상품은 3,500개 밖에 없습니다.
I am afraid we have only 3,500 of the items in stock.

Woman_ 안 좋은 소식이 있어요. I am afraid we have to cancel our plan.

Man_
무슨 일 있나요?

Exercise

- 그녀가 오지 않을 것 같아요. (come)
  ➡ I am afraid (that) _____

Answer Key : She will not come

Woman_
한 달 동안 출장을 가야 해요.

Pattern **005**

I am just about to ~.
지금 막 ~하려는 참이에요

I am just about to ~.는 상대방이 "뭐해?"라고 물었을 때 "지금 막 ~하려고 하던 참이야."라고 말할 때 쓸 수 있는 패턴입니다. 시점을 강조하려면 just를 넣어서 말할 수 있습니다. 전화가 걸려왔을 때 쓰면 좋은 표현이 됩니다.

0017 지금 막 전화하려던 참이에요.
I am just about to call you.

0018 지금 막 기말고사 시험공부를 하려던 참이에요.
I am just about to study for final exams.

0019 지금 막 나가려던 참이에요.
I am just about to leave.

0020 지금 막 세차하려던 참이에요.
I am just about to wash my car.

Exercise

- 지금 막 들어가려던 참이에요. (walk)
  ➡ I am just about to _____.

Answer Key : walk in

현재 무엇을 하는지 묻고 답할 때

Woman 1_
안녕, 수지! 뭘 하고 있니?

Woman 2_
I am just about to go to work.

Woman 1_
오, 이런. 나와 함께 공원에 갈 수 있었으면 했는데.

Woman 2_
다음 번에 그러자.

DAY 02

I think ~.

생각 · 의견 말하기

006	I think ~.	~인 것 같아요
007	I think you should ~.	당신은 ~하는 게 좋겠어요
008	I'm thinking of/about ~.	나는 ~하려고 생각 중이에요
009	I think I want you to ~.	당신이 ~을 했으면 해요
010	I think I might ~.	~인 것 같아요

Pattern **006**

I think ~.
~인 것 같아요

I think ~.는 직역하면 '나는 ~라고 생각한다.'이지만 실제로는 '난 ~인 것 같아.'의 의미를 지닙니다. 흔히 우리는 '내 생각에는요 ~.'라는 말을 쓰는데 바로 I think ~.가 그런 뉘앙스입니다. 그리고 확실하지 않은 내용을 말할 때나 본인의 생각임을 말하려고 할 때에도 I think ~.를 붙여서 조심스러움을 나타낼 수 있습니다.

0021 난 우리가 길을 잃어버린 **것 같아**.
I think we're lost.

0022 그것은 불가능한 계획인 **것 같아요**.
I think it's an impossible project.

0023 그녀가 나를 좋아하는 **것 같아**.
I think she fancies me.

0024 비가 올 **것 같아요**.
I think there's rain coming on.

상대방에게 조언할 때

Man 1_
이 중에 어떤 차를 사야 할까?

Man 2_
I think that is better.

Man 1_ 어째서?

Man 2_
디자인이 참신하잖아.

Exercise

• 네 말이 맞는 것 같아. (right)
 ➡ I think _____.

Answer key : you're right

Pattern 007

I think you should~.
당신은 ~하는 게 좋겠어요

should는 '반드시 ~해야 한다.'라는 뜻을 지닌 조동사이므로 직역하면 '나는 당신이 ~해야 한다고 생각해요.'입니다. 하지만 think를 넣어 제시하는 것이므로 강력한 의미라기보다는 '~하는 게 어떻겠어요?'라는 제안에 가까운 느낌입니다. 피곤해하는 친구에게 "좀 쉬어야 할 것 같아."라고 말할 때 한번 말해 보세요.

0025 의사한테 가 보는 **것이 좋을 것 같아.**
I think you should go to the doctor's.

0026 너는 좀 진정하는 **게 좋겠어.**
I think you should take it easy.

0027 너는 좀 쉬어야 **할 것 같아.**
I think you should take a break.

0028 너는 엄마께 전화를 드려야 **할 것 같아.**
I think you should call your mother.

Exercise

• 오늘은 네가 코트를 입는 게 좋을 것 같아. (wear)
➡ I think you should _____ today.

Answer Key : wear a coat

먼저 입어보라고 말할 때

Girl 1_ 이 치마를 사야 될까?

Girl 2_ I think you should try it on, first.

Girl 1_ 탈의실이 어디에 있지?

Girl 2_ 저쪽에 있네.

Pattern **008**

I'm thinking of/about ~.
나는 ~하려고 생각 중이에요

I'm thinking of/about ~.은 of나 about 뒤에 -ing형을 써서 확실히 결정되지 않은 상태에서 "그게 어떨까 생각 중이야."라고 말하는 패턴입니다. 고민을 하고 있는 상태인 것입니다. 어떤 비싼 물건을 살까 말까 고민 중인 경우에 쓸 수 있겠죠.

0029 차를 더 큰 걸로 바꿀**까 생각 중이야**.
I'm thinking of changing my car for a bigger one.

0030 사실은, 공부를 다시 시작할**까 생각 중이야**.
Actually, I'm thinking of going back to school.

0031 머리를 기를**까 생각 중이야**.
I'm thinking about letting my hair grow.

0032 컴퓨터를 살**까 생각 중이야**.
I'm thinking about buying a computer.

Exercise

- 오늘 밤에 외출할까 생각 중이야. (go out)
  ➡ I'm thinking about _____.

Answer Key : going out tonight

무엇을 했는지 물을 때

Mom_
오늘 학교 끝나고 뭐 했니?

Son_
악기점에 잠시 들렸어요.

Mom_
그래? 거기서 뭐 했는데?

Son_
I'm thinking about taking up the guitar.

Pattern **009**

I think I want you to ~.
당신이 ~을 했으면 해요

I think I want you to ~.의 패턴은 상대방에게 무언가를 시키려고 할 때 쓸 수 있습니다. I think와 함께 써서 좀더 조심스러운 의미이기는 하지만, 해석할 때에는 I think를 생략하고 I want you to ~.의 의미로 보는 것이 자연스럽습니다. 결국에는 상대방의 행동에 강제성을 두고 ~을 해주기를 바라는 의미이기 때문입니다.

0033 날 좀 도와 줬**으면** 해요.
I think I want you to help me.

0034 내게 생각할 시간을 좀 주었**으면** 해요.
I think I want you to give me some time to think about it.

0035 날 좀 내버려 뒀**으면** 해요.
I think I want you to leave me alone.
* leave alone 혼자 내버려 두다

0036 날 우리 집까지 데려다 줬**으면** 해요.
I think I want you to take me home.

Exercise

· 당신이 운전했으면 좋겠어요. (drive)
➡ I think I want you _____.

Answer Key : to drive

관심을 가져달라고 말할 때

Boss_
이 문제에 대해 어떻게 생각해요?

Staff_
글쎄, 잘 모르겠어요.

Boss_
I think I want you to be more interested.

Staff_
죄송해요, 머리가 좀 아파요.

Pattern **010**

I think I might ~.
~인 것 같아요

'~인 것 같은 느낌이 들어요.' 정도의 뉘앙스를 주는 패턴입니다. might에 '~일까, ~이었는지 모르지만'이라는 불확실성의 느낌이 있기 때문에 확실하게 의견을 전달하기보다는 조심스럽게 그러한 가능성이 있다고 말을 꺼낼 때 쓸 수 있습니다.

0037 도움이 좀 필요할 **것 같아요**.
I think I might need a little help.

0038 오늘밤 뭔가 잘 될 **것 같아요**.
I think I might be in luck tonight.

0039 독감에 걸린 **것 같아요**.
I think I might be getting the flu.
*flu 독감(=influenza)

0040 전보다 좀 바빠질 **것 같아요**.
I think I might be busier than before.

Exercise

• 여기서 뵐 것 같았어요. (see)
➡ I think I might _____.

Answer Key: see you here

함께 쇼핑가자고 말할 때

Boy_
I think I might go shopping today. 나와 함께 갈래?

Girl_
그래. 어디로 갈 건데?

Boy_
Gap하고 Fitch에 가고 싶어.

Girl_
그럼, 그러자.

DAY 03

Do you think ~?
생각 · 의견 말하기

011	Do you think ~?	…가 ~한다고 생각해요?
012	Don't you think ~?	~이라고 생각하지 않아요?
013	What do you think of ~?	~에 대해 어떻게 생각해요?
014	Why do you think ~?	왜 ~라고 생각해요?
015	How do you like ~?	~는 어때요?

Pattern **011**

Do you think ~?

…가 ~한다고 생각해요?

'…가 ~한다고 생각해요?' 라는 뜻으로 상대방의 생각이나 의견을 물을 때 사용하는 패턴입니다. 뒤에 나오는 that절은 '주어+동사'의 순으로 평서문의 형태로 이어지며 that이 생략되어 쓰이는 경우가 많습니다.

0041 그걸 살 수 있을까요?
Do you think we can afford to get it?
＊afford 여유가 있다

0042 이번 주말까지 일을 끝내실 수 있겠습니까?
Do you think you can be done by the end of the week?

0043 비가 올 것 같니?
Do you think it's going to rain?

0044 그녀가 거짓말 했다고 생각하나요?
Do you think she told a lie?

Exercise

• 그가 똑똑하다고 생각하나요? (smart)
➡ Do you think _____?

Answer Key : he is smart

옷가게에서 나누는 대화

Woman 1_
Do you think I look good in this dress?

Woman 2_
내 생각엔 엉덩이가 좀 커 보이는 것 같아.

Woman 1_
그럼, 넌 내가 뚱뚱하다고 생각하는구나.

Woman 2_
그런 말이 아니야.

Pattern **012**

Don't you think ~?
~이라고 생각하지 않아요?

실제적으로는 Do you think ~?와 같이 상대방에게 자신의 생각이나 의견에 대해 묻는 패턴입니다. 하지만 Don't you think ~?는 좀 더 강한 어감으로 상대방에게 동의를 바라는 마음이 들어 있습니다. 그 외에도 상대방의 마음을 떠보고자 하는 경우에 사용할 수 있습니다.

0045 그것이 이상하다고 생각 안해요?
Don't you think that is weird?

0046 좋은 생각 같지 않아요?
Don't you think that's a good idea?

0047 색이 너무 야하지 않아요?
Don't you think the color is too loud?

0048 그렇게 하면 예쁠 것 같지 않아요?
Don't you think that would be pretty?

Exercise

- 나 좀 늙어 보인다고 생각하지 않아? (look)
➡ Don't you think _____?

Answer Key : I'm looking older

물건을 추천받을 때

Customer_
제 딸에게 줄 선물 하나 추천해 주시겠어요?

Clerk_
Don't you think that doll is pretty?

Customer_
네, 하지만 좀 비싸군요.

Clerk_
제가 좀 깎아 드릴 수 있을 것 같아요.

Pattern 013

What do you think of ~?
~에 대해 어떻게 생각해요?

어떤 대상에 대해서 상대방의 생각이나 느낌을 묻는 패턴으로, How do you think ~?와 같은 뜻입니다. 다만 What do you think of ~? 뒤에는 명사가 오고 How do you think ~? 뒤에는 절이 온다는 점이 다릅니다. 새로 나온 영화에 대해 이야기하다가 "그 영화 어때요?"라고 물어볼 때 한번 사용해 보세요.

0049 그 영화에 대해 어떻게 생각하니?
What do you think of that movie?

0050 내 의상에 대해 어떻게 생각해요?
What do you think of this outfit?

0051 나를 여자로 어떻게 생각해?
What do you think of me as a girl?

0052 이 지원자 어떻게 생각해요?
What do you think of this applicant?

Exercise

- 그의 노래를 어떻게 생각하나요? (singing)
  ➡ What do you think of _____?

Answer Key : his singing

새 컴퓨터에 대해 나누는 대화

Girl_
What do you think of my new computer?

Boy_
아주 좋아 보여. 너도 이메일을 사용하니?

Girl_
그래, 나는 미국에 있는 친구들과 연락하기 위해 사용해.

Boy_
참 편리하지.

Pattern 014

Why do you think ~?
왜 ~라고 생각해요?

이 패턴은 why의 의미 그대로 순수하게 상대방이 왜 그렇게 생각하는지를 묻는 동시에 상대방이 짐작하는 상황을 반문하는 의도로도 사용합니다. 같은 뜻의 다른 표현으로는 "What makes you think so? 무엇이 당신을 그렇게 생각하게 했나요?"가 있습니다.

0053 왜 내가 안다고 생각해요?
Why do you think I know?

0054 왜 내가 영어 공부를 한다고 생각해요?
Why do you think I study English?

0055 왜 그가 승진했다고 생각해요?
Why do you think he was promoted?

0056 왜 우리가 여기 오고 싶어 한다고 생각해요?
Why do you think we want to come here?

Exercise

- 왜 그들이 헤어졌다고 생각해요? (break up)
  ➡ Why do you think _____?

Answer key : they broke up

어떤 것을 마실지 상의할 때

Man 1_
맥주 마시는 것 어때?

Man 2_
내 생각에는, 음료수 마시는 게 좋겠어.

Man 1_
Why do you think we had better drink soda?

Man 2_
차를 가지고 왔어.

Pattern **015**

How do you like ~?
~는 어때요?

"스테이크를 어떻게 드릴까요?", "커피를 어떻게 드릴까요?"처럼 상대방이 어떠한 것을 마음에 들어 하는지 물어볼 때 쓰는 패턴입니다. 흔히 요리 방법이나 맛을 물어볼 때 사용합니다.

0057 제 친구들 **어때요**?
How do you like my friends?

0058 새로운 일은 **어때요**?
How do you like your new job?

0059 서울에 오신 감상이 **어떻습니까**?
How do you like Seoul?

0060 새로 온 상사는 **어때**?
How do you like your new boss?

Exercise

- 내 새 차는 어때? (new car)
  ➡ How do you like _____?

Answer Key : my new car

커피를 취향에 맞게 주문하는 법

Customer_
커피 한 잔 부탁 드려요.

Waitress_
How do you like your coffee?

Customer_
크림과 설탕을 넣어 주세요.

Waitress_
알았어요. 바로 가져다 드릴게요.

DAY 04

I know ~.
아는 것 말하기

016	I know what ~.	~가 뭔지 알아요
017	I don't know if ~.	~인지 아닌지 모르겠어요
018	I don't know what ~.	뭘 ~ 할지 모르겠어요
019	I don't know how to ~.	어떻게 ~해야 하는지 모르겠어요
020	I don't know anything about ~.	~에 대해서는 전혀 몰라요

Pattern **016**

I know what ~.
~가 뭔지 알아요

what이 '무엇', '무슨'의 의미인 의문사와 '~하는 것'의 의미인 관계사로 동시에 사용되어서 상대방이 ~을 하려고 하는 의도를 알고 있다는 의미를 나타냅니다. "I Know What You Did Last Summer 나는 네가 지난 여름에 한 일을 알고 있다"라는 공포 영화도 있었죠.

0061   당신이 원하는 것이 **뭔지 알겠어요**.
       I know what you want.

0062   그가 밀고 나가려는 계획이 **뭔지 알아요**.
       I know what plan he will try.

0063   우리가 여기에서 하는 것이 **뭔지 이제 알겠어요**.
       I know what we're really doing here.

0064   **몇 시인지는 알아요**.
       I know what time it is.

Exercise

- 당신이 원하는 게 뭔지 알아요. (want)
  ➡ I know what _____.

Answer Key : you want

차를 구입하고자 할 때

Vistor_
차를 구입하기에 좋은 장소가 어디죠?

Staff_ 상황에 따라 달라요. 새 차를 원하십니까, 아니면 중고차를 원하십니까?

Vistor_
돈은 충분히 없지만, 좋은 차를 원해요.

Staff_
I know what you mean.

Pattern **017**

I don't know if ~.
~인지 아닌지 모르겠어요

확신이 서지 않는 일에 대해 말할 때 쓰는 패턴으로 이때 if는 '만약'이 아니라 '~인지 아닌지'라고 해석되며 if 대신 whether를 써서 I don't know whether ~.라고 하기도 합니다. 두 표현 모두 뒤에 주어와 동사를 이어 쓰는 절의 형태가 옵니다.

0065 내가 올 수 있을지는 모르겠지만 얘는 써 볼게.
I don't know if I can come, but I'll try.

0066 이 소파를 놓을 장소가 충분한지 모르겠어요.
I don't know if we have enough space for this couch.

0067 집주인이 애완동물을 허락할지 모르겠어요.
I don't know if the landlord allows pets.

0068 그게 가능한지 모르겠어요.
I don't know if that's possible.

Exercise

- 내가 당신한테 전화할 수 있을지 모르겠어요. (call)
➡ I don't know if _____.

Answer Key : I can call you

애인과 결혼할지 묻는 말

Man_
남자친구 있어요?

Woman_
네, 우리는 2년 만났어요.

Man_
좋네요. 그와 결혼할 건가요?

Woman_
Well, I don't know if I should marry him.

Pattern **018**

I don't know what ~.
뭘 ~할지 모르겠어요

what 뒤에 'to+동사원형'이나 '주어+동사'의 절의 형태가 쓰여서 자신이 뭘 해야 할지 모르겠다고 표현하거나 다른 이의 의도를 잘 모르겠다고 말할 때 사용합니다. 우리가 흔히 난감한 상황에서 "뭘 해야 할지 모르겠어."라고 말할 때 이 패턴을 쓸 수 있습니다.

0069 뭘 해야 **할지 모르겠어**.
I don't know what to do.

0070 네가 **뭐** 때문에 웃는**지 모르겠네**.
I don't know what you're smiling about.

0071 도대체 **무슨 소리를** 하고 있는**지 모르겠구나**.
I don't know what you're talking about.

0072 세상이 **어찌 되려는지 모르겠군**.
I don't know what the world is coming to.

Exercise

- 뭘 골라야 할지 모르겠네. (choose)
  ➡ I don't know what _____.

Answer Key : to choose

승진한 친구를 축하할 때

Man_
제니, 승진한 거 축하해!

Woman_
어, 고마워. I don't know what to say.

Man_
열심히 한 대가지 뭐. 어서 축하하러 나가자.

Woman_
그래, 그러자.

Pattern 019

I don't know how to ~.
어떻게 ~해야 하는지 모르겠어요

I don't know 뒤에 'how to+동사원형'이 쓰여서 '~하는 방법, ~하는 것을 모르겠다.'라고 말할 수도 있고, 동사 없이 I don't know how to. 만을 써서 "어떻게 하는지 모르겠다."고 말할 수도 있습니다. "I Don't Know How to Love Him 나는 그를 어떻게 사랑해야 하는지 모르겠어요"라는 노래 제목도 있답니다.

0073 체스를 하고 싶지만 **어떻게 하는지 몰라요.**
I'd like to play chess but I don't know how to.

0074 알람을 **어떻게 설정하는지** 모르겠어.
I don't know how to set the alarm.

0075 그것을 **어떻게 하면 되는지** 모르겠어요.
I don't know how to do it.

0076 그것을 **어떻게 설명해야 할지** 모르겠어요.
I don't know how to explain that.

Exercise

- 어떻게 감사해야 할지 모르겠어요. (thank)
  ➡ I don't know how to _____.

Answer key : thank you

운전에 관한 대화

Man_
운전할 수 있죠?

Boy_
예, 할 줄 알아요.

Man_
그 또래의 남자들을 잘 알죠. 기회만 되면 운전하고 싶어 하죠.

Boy_
맞아요. But I don't know how to drive a stick.

Pattern **020**

I don't know anything about ~.
~에 대해서는 전혀 몰라요

어떤 사실에 대해 전혀 알지 못한다고 말할 때 사용하는 패턴입니다. 'not+anything'이므로 nothing의 의미가 되겠죠. 그러나 실제로 아는 사실에 대해 시치미를 떼려고 할 때에도 쓴답니다.

0077 전 이런 거에 대해선 전혀 몰라요.
I don't know anything about this.

0078 난 컴퓨터에 대해선 꽝이야.
I don't know anything about computers.

0079 난 마케팅에 대해서 아는 것이 전혀 없어.
I don't know anything about marketing.

0080 수학에 대해 아무것도 아는 게 없어서 미안해.
I'm sorry I don't know anything about math.

Exercise

- 나는 현대 작품에 대해선 아무 것도 모른다.
  ➡ I don't know anything about _____.

Answer key : modern art

대중 음악을 모른다고 할 때

Man 1_
I don't know anything about popular music.

Man 2_ 직관이 있는 사람은 누구나 대중 음악을 아는 거야. 넌 대단한 직관이 있다는 느낌이 확 와.

Man 1_
그렇게 말해줘서 고마워.

Man 2_ 사실인걸.

DAY 05

Do you know ~?

아는지 묻기

- 021 Do you know ~?   ~를 압니까?
- 022 Do you know if ~?   ~인지 아닌지 압니까?/혹시 ~인가요?
- 023 Do you know what ~?   ~가 뭔지 압니까?
- 024 Do you know why ~?   왜 ~하는지 압니까?
- 025 Do you know when ~?   언제 ~하는지 압니까?

Pattern **021**

Do you know ~?
~를 압니까?

I know의 의문문으로 상대방에게 사람이나 어떤 사실을 아는지 물을 때 사용합니다. 구어체로는 do를 생략하고 You know ~?로도 많이 쓰입니다.

누군가를 아는지 물을 때

Man 1
Do you know Mr. Freddie?

0081 내가 모르는 뭔가를 **알고 있는 거니**?
Do you know **something I don't**?

0082 다른 사람들 이야기는 **알고 있나요**?
Do you know **about the other men**?

0083 스미스 부인을 **아세요**?
Do you know **Mrs. Smith**?

0084 불어 좀 **아세요**?
Do you know **any French**?

Man 2
네, 그는 인용하여 표현하자면 '걸어 다니는 사전'입니다.

Man 2
그는 나의 회사 동료입니다.

Exercise

- 역으로 가는 길을 아십니까? (way, station)
  ➡ Do you know _____?

Answer Key : the way to the station

Man 2
그는 운동도 역시 잘했습니다.

Pattern **022**

Do you know if ~?
~인지 아닌지 압니까? / 혹시 ~인가요?

if가 '~인지 아닌지'라는 명사절을 이끄는 접속사로 쓰인 패턴입니다. 문장 끝에 or not이 생략되어 있으며 if 대신에 whether를 써도 됩니다. '~인지 아닌지 압니까?'라는 뜻과 '혹시 ~입니까?'라고 묻는 두 가지의 의미로 사용됩니다.

0085 그가 집에 있는지 없는지 아나요?
Do you know if he's at home?

0086 혹시 그가 결혼했나요?
Do you know if he's married?

0087 아직 세일 중인지 아닌지 아나요?
Do you know if the sale is still going on?

0088 혹시 표가 남아있나요?
Do you know if there are still tickets available?

Exercise

• 그 경기가 취소되었는지 혹시 아닙니까? (be cancelled)
➡ Do you know if _____?

Answer Key : the game was cancelled

어떤 직원을 기다리고 있는 상황

Employee 1_
Do you know if Mr. Kim took the day off?

Employee 2 글쎄요. 안내원에게 몸이 안 좋아서 휴가를 냈는지 한번 물어보세요.

Employee 1_
알겠습니다. 아니기를 바라야죠.

Employee 2_
급한 용무이신가요?

Pattern **023**

Do you know what~?
~가 뭔지 압니까?

상대방에게 '~가 무엇인지 아는지'를 묻는 패턴으로 시간이나 특정 사람의 이름을 아는지 물어볼 때 쓰면 유용합니다. 대화를 어색하지 않게 시작하려는 역할로도 사용됩니다.

0089 그의 이름이 **뭔지** 아나요?
Do you know what **his name is?**

0090 **무슨 일이 생겼는지** 아나요?
Do you know what **happened?**

0091 내일 날씨가 **어떨지** 아세요?
Do you know what **the weather is supposed to be like tomorrow?**

0092 그 열차가 **몇** 시에 도착하는**지** 압니까?
Do you know what **time the train will arrive?**

Exercise

• 그분이 무슨 과 교수인지 아십니까? (professor)
 ➡ Do you know what _____?

Answer Key : he is a professor of

뉴욕에 있는 사장님에게 전화를 건 직원

Sir, it's Richard Smith, calling from San Francisco office. Sorry to call you at home.

Staff_ 사장님, 샌프란시스코 지사의 리차드 스미스입니다. 집으로 전화 드려 죄송합니다.

리차드라고요? 이봐요, 지금 몇 시인지 알아요?

Boss_
Richard? Hey, do you know what time it is now?

Yes, Sir. It is 9:30 P.M.

Staff_
네, 사장님. 밤 아홉시 삼십분입니다.

What I am saying is do you know what time it is here in New York?

Boss_
내 말은 이곳 뉴욕이 몇 시인지 아느냐는 말이에요.

Pattern 024

Do you know why ~?
왜 ~하는지 압니까?

"왜 회사를 그만 뒀는지 알아?"처럼 어떤 상황에 대한 이유를 상대방이 아는지 묻는 패턴입니다. "악마는 프라다를 입는다"라는 영화에서는 "Do you know why I hired you? 왜 내가 널 뽑았는지 아니?"라는 문장이 나온답니다.

0093 그가 **왜** 집을 팔았**는지 아세요**?
Do you know why he sold his house?

0094 그녀가 **왜** 일찍 갔**는지 아세요**?
Do you know why she left early?

0095 그가 저에게 **왜** 전화했**는지 아세요**?
Do you know why he called me?

0096 **왜** 문이 잠겼**는지 아니**?
Do you know why the door is locked?

Exercise

• 제가 왜 여기에 왔는지 아십니까? (come)
➡ Do you know why _____?

Answer Key : I came here

모임에 오지 않은 친구에 대해

Boy_
Do you know why he isn't here?

Girl_
너무 바쁘다고 하던데.

Boy_
아, 그런 줄 몰랐네. 그가 너무 보고 싶은데.

Girl_ 나도 그래.

Pattern 025

Do you know when~?
언제 ~하는지 압니까?

when이 '시간'을 나타내는 의문사이므로, 이 패턴은 시간을 물어볼 때 씁니다. 생일이 언제인지, 세일이 언제인지 등을 물을 때 사용할 수 있습니다.

0097 **언제** 도서관을 여는**지 아세요**?
Do you know when the library opens?

0098 그 품목이 **언제** 다시 세일하는**지 아십니까**?
Do you know when the item will go on sale again?

0099 비행기가 **언제** 출발하는**지 아세요**?
Do you know when the plane leaves?

0100 그녀의 생일이 **언제인지 아세요**?
Do you know when her birthday is?

Exercise

- 공연이 언제 시작되는지 아세요? (show, start)
 ➡ Do you know when _____?

Answer Key : the show starts

늦은 시간 전화해도 되는지

Elder sister_
할머니께 전화를 드릴까 싶은데.

Younger sister_
너무 늦지 않았을까?

Elder sister_
I don't know. Do you know when she goes to bed?

Younger sister_
보통 8시쯤 주무셔. 지금은 9시가 거의 다 되어 가.

1st Week Check Up

1주 동안 25패턴 100문장을 공부했어요.
"영어로 바로바로 나올 때까지 연습해 보세요."

01. 금방이라도 쉬고 싶어요.

02. 저는 약점을 극복하려고 노력 중입니다.

03. 당신을 보살펴 드리러 왔어요.

04. 미안하지만 저는 그날 안돼요.

05. 지금 막 전화하려던 참이에요.

06. 비가 올 것 같아요.

07. 너는 좀 진정하는 게 좋겠어.

08. 머리를 기를까 생각 중이야.

09. 날 우리 집까지 데려다 줬으면 해요.

10. 전보다 좀 바빠질 것 같아요.

11. 이번 주말까지 일을 끝내실 수 있겠습니까?

정답 01. I am ready for a break. 02. I am trying to overcome my weakness. 03. I am here to take care of you. 04. I am afraid I can't make it on that day. 05. I am just about to call you. 06. I think there's rain coming on. 07. I think you should take it easy. 08. I'm thinking about letting my hair grow. 09. I think I want you to take me home. 10. I think I might be busier than before. 11. Do you think you can be done by the end of the week?

12. 그렇게 하면 예쁠 것 같지 않아요?

13. 내 의상에 대해 어떻게 생각해요?

14. 왜 그가 승진했다고 생각해요?

15. 새로운 일은 어때요?

16. 당신이 원하는 것이 뭔지 알겠어요.

17. 이 소파를 놓을 장소가 충분한지 모르겠어요.

18. 뭘 해야 할지 모르겠어.

19. 알람을 어떻게 설정하는지 모르겠어.

20. 난 컴퓨터에 대해선 꽝이야.

21. 불어 좀 아세요?

22. 아직 세일 중인지 아닌지 아나요?

23. 그의 이름이 뭔지 아나요?

24. 그가 왜 집을 팔았는지 아세요?

25. 그 품목이 언제 다시 세일하는지 아십니까?

정답

12. Don't you think that would be pretty? 13. What do you think of this outfit? 14. Why do you think he was promoted? 15. How do you like your new job? 16. I know what you want. 17. I don't know if we have enough space for this couch. 18. I don't know what to do. 19. I don't know how to set the alarm. 20. I don't know anything about computers. 21. Do you know any French? 22. Do you know if the sale is still going on? 23. Do you know what his name is? 24. Do you know why he sold his house? 25. Do you know when the item will go on sale again?

2nd Week

원하는 것 · 좋아하는 것 말하기

Day 01	**I want ~.** – 원하는 것 말하기 1
Day 02	**Do you want ~?** – 원하는 것 묻기
Day 03	**I like ~.** – 좋아하는 것 말하기
Day 04	**I'd like ~.** – 원하는 것 말하기 2
Day 05	**Would you like ~?** – 좋아하는 것 구체적으로 묻기
2nd Week	**Check Up**

DAY 01

I want ~.

원하는 것 말하기 1

026	I want to ~.	~하고 싶어요
027	I want you to ~.	당신이 ~했으면 해요/~해 주세요
028	I just wanted to ~.	난 다만 ~을 하고 싶었어요
029	You don't want to ~.	당신이 ~해선 안 될 것 같아요
030	The last thing I want to do is ~.	~하고 싶지 않아요

Pattern **026**

I want to ~ .
~하고 싶어요

"늦잠 자고 싶어.", "뭘 좀 먹고 싶어."처럼 자신이 하고 싶은 것을 말할 때는 이 패턴을 사용합니다. 미국에서는 want to를 발음상 편하게 하려고 wanna라고 쓰기도 한답니다. 원하는 바를 조심스럽게 말하려면 앞에 I think를 붙여서 말할 수도 있습니다.

0101 그 사람한테 감사하다고 **하고 싶어요**.
I want to thank him.

0102 뭘 좀 먹고 **싶어**.
I want to eat something.

0103 늦잠 자고 **싶어**.
I want to sleep in.

0104 나는 죽기 전에 세계 일주 여행을 하고 **싶어요**.
I want to take a trip around the world before I die.

Exercise

- 외국인 친구들이 있었으면 해요. (native)
  ➡ I want to _____.

Answer Key : have native friends

작가가 되려는 여동생

Elder brother_
얘 미쳤어요. 여름방학 때 학교를 다니겠다는 거 있죠.

Younger sister_
진짜 학교가 아니잖아. 작문반이야. I want to be a writer.

Elder brother_
얘 지금 작문 선생님을 좋아해서 가겠다는 거예요.

Younger sister_
너 그 짜증나는 입 좀 닥치고 있어.

Pattern **027**

I want you to ~.

당신이 ~했으면 해요/~해 주세요

상대방에게 뭔가를 부탁하거나 희망할 때 쓰는 패턴입니다. 그러나 주로 나이가 어린 사람들에게나 주인이 종업원에게 뭘 시킨다던지 하는 격의 없는 사이에서 많이 쓰인답니다.

0105 **당신이** 그걸 받아줬**으면 해요.**
(당신에게 드리고 싶어요.)
I want you to have it.

0106 처방약을 받아다 **주세요.**
I want you to fill the prescription.

0107 나랑 같이 가 줬**으면 해.**
I want you to come with me.

0108 부엌 청소 좀 **해 주세요.**
I want you to tidy the kitchen.

Exercise

- 내 말 잘 들어 봐. (listen to)
  ➡ I want you to _____.

Answer Key : listen to me

아내를 칭찬하는 남편

Husband_
세상에, 당신 정말 아름다워.

Wife_
고마워요, 잭.

Husband_
진짜야. 당신 정말 너무 예쁘고 아름다워.

Wife_
그렇게 말해주니 좋네요.
I want you to keep this up.

Pattern 028

I just wanted to ~.
난 다만 ~을 하고 싶었어요

자신의 행동에 대해 상대방이 오해를 하거나 부담을 느끼는 경우에는 이 패턴을 써서 자신의 순수한 의도를 설명할 수 있습니다. '난 다만 ~하고 싶었어요', '난 단지 ~하고 싶었을 뿐이에요.' 라고 해석하면 됩니다.

창문을 열라고 말하는 상황

Boy 1_
창문 열어라, 존.

0109 난 그냥 네가 어떤지 보고 싶었어.
I just wanted to check in on you.

0110 난 다만 알려주고 싶었어요.
I just wanted to let you know.

Boy 2_
날 화나게 하는군. 왜 이런 식으로 명령하는 거야?

0111 난 다만 어제 일 고맙다고 말하고 싶었어.
I just wanted to thank you for yesterday.

011 난 그냥 확실히 해 두고 싶었어요.
I just wanted to clear the air.

Boy 1_ I don't order you. I just wanted to open the window because the air in here is not good.

Exercise

- 좀 보고 싶었을 뿐이에요. (a little bit)
➡ I just wanted to _____.

Answer Key : watch a little bit

Boy 2 그래 알았어. 하지만, 다음부터는 "문 열어 주겠니?"하고 말해 줘.

Pattern 029

You don't want to ~.
당신이 ~해선 안 될 것 같아요

직역을 하면 '당신은 ~하는 것을 원하지 않는다.' 이지만 실제로는 '당신이 ~해선 안 될 것 같아요.', '당신은 ~하지 않는 게 좋을 것 같아요.'의 의미로 어떤 일을 하지 말라고 조언하는 완곡한 표현의 패턴입니다.

0113 너는 학교에 늦어서는 안 될 것 같아.
You don't want to be late for school.

0114 당신이 알아서는 안 될 것 같아요.
You don't want to know.

0115 당신은 외출해선 안 될 것 같아요.
You don't want to go out.

0116 당신은 담배를 피우면 안 될 것 같아요.
You don't want to smoke.

Exercise

- 그것에 대해서 물어봐서는 안 될 것 같아요. (ask)
  ➡ You don't want to _____.

Answer key : ask about it

비밀스러운 대화

Man 1_
나 확실히 어젯밤에 그가 다른 여자와 바에 있는 것을 봤어.

Man 2_ 정말이야?

Man 1_
응, 확실히 내가 봤어!

Man 2_
But you don't want to say anything about it.

Pattern **030**

The last thing I want to do is ~.
~하고 싶지 않아요

직역하면 '내가 하고 싶은 마지막의 것은 ~이야.'가 됩니다. 즉 '~하고 싶지 않다.'라는 뜻을 나타내는 것이죠. 예를 들어 "내가 하고 싶은 마지막의 것은 거짓말이야."라는 말을 한다면 거짓말은 웬만하면 하고 싶지 않다고 말하는 것입니다.

0117 이곳에선 일하고 **싶지 않아요**.
The last thing I want to do is work in this place.

0118 난 화장을 망치고 **싶지 않아**.
The last thing I want to do is ruin my make-up.
 * ruin 망치다

0119 누구의 마음도 아프게 **하고 싶지 않아요**.
The last thing I want to do is hurt someone.

0120 이사하고 **싶지 않아요**.
The last thing I want to do is move.

Exercise

- 웬만해선 거짓말을 하고 싶지 않아요.
 ➡ The last thing I want to do is _____.

Answer Key : lie

사고가 났던 상황

Teacher_
너의 사고에 대해 엄마께 말씀드렸니?

Boy_아니요.

Teacher_왜 안했는데?

Boy_
The last thing I want to do is worry her.

DAY 02

Do you want ~?
원하는 것 묻기

031	Do you want to ~?	~할래요? / ~하고 싶어요?
032	Do you want me to ~?	제가 ~할까요?
033	What do you want to ~?	무엇을 ~하고 싶어요?
034	When do you want to ~?	언제 ~하고 싶어요?
035	Why do you want to ~?	왜 ~하고 싶어요?

Pattern **031**

Do you want to ~?
~할래요? / ~하고 싶어요?

직역하면 '~하고 싶어요?'로 상대방이 원하는 것을 묻는 패턴이지만, 실제로는 영화 보러 가자고 하거나 음식을 권하는 등 제안하는 경우에도 많이 쓰입니다.

0121 영화 보러 갈**래요**?
Do you want to see a movie?

0122 다시 해 볼**래요**?
Do you want to try again?

0123 들어오셔서 좀 앉으**실래요**?
Do you want to come in and sit down?

0124 잠시 동안 운전해 볼**래요**?
Do you want to drive for a bit?

Exercise

• 좀 더 드실래요? (try)
  ➡ Do you want to _____ ?

Answer key : try some more

데이트 여부를 묻는 대화

Girl 1_
Do you want to go out with him or not?

Girl 2_
오늘 아침엔 그러고 싶었는데 지금은 마음이 바뀌었어.

Girl 1_변덕도 참 심하다.

Girl 2_알아.

Pattern 032

Do you want me to ~?
제가 ~할까요?

'제가 ~할까요?', '제가 ~하기를 원하세요?' 라는 의미로 제안하는 표현으로 많이 사용됩니다. 예를 들어 "사진 찍어 드릴까요?", "도와 드릴까요?" 등을 말하는 데 쓸 수 있습니다.

0125 차를 좀 만들어 **줄까**?
Do you want me to make some tea?

0126 사진 찍어 드릴**까요**?
Do you want me to take a picture of you?

0127 **제가** 전화 받을**까요**?
Do you want me to answer the phone?

0128 그걸 부쳐 드릴**까요**?
Do you want me to post it for you?

Exercise

- 제가 도와 드릴까요? (help)
  ➡ Do you want me to _____?

Answer key : help you

태워다 주겠다고 제안할 때

Man_
Do you want me to give you a ride?

Woman_
정말 괜찮으시겠어요?

Man_그럼요. 기꺼이 모셔다 드려야지요.

Woman_좋아요.

Pattern **033**

What do you want to ~?
무엇을 ~ 하고 싶어요?

상대방이 무엇을 하고 싶은지 구체적으로 물을 때 쓰는 패턴입니다. "이번 주말에 뭐 하고 싶어요?"라고 주말 계획에 대해 묻거나 "점심으로 뭐 먹을래요?"라고 식사 메뉴를 물어볼 때 이 패턴을 사용할 수 있습니다.

0129 이번 주말에 **뭐** 하고 **싶어요**?
What do you want to **do this weekend?**

0130 그럼, 이제 **뭐** 하고 **싶니**?
So, what do you want to **do now?**

0131 점심으로 **뭐** 먹을래요?
What do you want to **have for lunch?**

0132 **무엇을** 알고 **싶어요**?
What do you want to **know?**

Exercise

- 여자 친구에게 뭐 사주고 싶어요? (buy)
  ➡ What do you want to _____?

Answer key : buy for your girlfriend

먹고 싶은 것을 물을 때

Man_
What do you want to eat?

Woman_
난 아무거나 괜찮아.

Man_
인도 음식은 어때?

Woman_좋아.

Pattern 034

When do you want to ~?
언제 ~하고 싶어요?

"언제 저녁을 먹을래요?"처럼 상대방에게 언제 하고 싶은지 묻는 패턴입니다. 약속 시간을 정하거나 스케줄을 조정할 때, 그리고 계획을 알고 싶을 때 쓸 수 있습니다.

0133 **언제** 시작하고 싶어요?
When do you want to start?

0134 **언제** 파티를 열까?
When do you want to have the party?

0135 **언제** 저녁 먹을래?
When do you want to eat dinner?

0136 **언제** 결혼하고 싶어요?
When do you want to get married?

Exercise

- 언제 그녀에게 얘기할 건가요? (tell)
  ➡ When do you want to _____?

Answer Key : tell her

휴가 계획을 세우는 대화

Husband_
When do you want to go on vacation?

Wife_ 이번 주말이요.

Husband_
그러면 계획을 세워 봅시다.

Wife_
그래요. 온라인으로 몇 가지의 아이디어를 찾아 봐요.

Pattern **035**

Why do you want to ~?
왜 ~하고 싶어요?

상대방의 의향을 물어보는 Do you want to ~?의 패턴에 why를 붙여서 상대방이 왜 ~하고 싶어 하는지 묻는 패턴이 되었습니다. 이유가 궁금할 때 물을 수 있겠죠.

0137 왜 포기하고 싶은데요?
Why do you want to give up?

0138 왜 여기에 있고 싶은데요?
Why do you want to stay here?

0139 왜 그와 결혼하고 싶은데요?
Why do you want to marry him?

0140 왜 그곳에 가고 싶은데요?
Why do you want to go there?

구직자가 면접보는 상황

Boss_
삼성에서 얼마나 오랫동안 일하셨나요?

Applicant_
저는 그곳에서 3년 동안 일했습니다.

Boss_
Why do you want to work for us?

Applicant_
이 회사가 성장 가능성이 크다고 생각합니다.

Exercise

- 왜 작가가 되고 싶어요? (writer)
  ➡ Why do you want to _____?

Answer Key : be a writer

DAY 03

I like ~.
좋아하는 것 말하기

036	I like to ~.	나는 ~을 좋아해요/~하고 싶어요
037	I like ~ -ing.	나는 ~하는 것을 좋아해요
038	I like your ~.	당신의 ~이 좋은데요
039	I think I like ~.	~가 좋은 것 같아요
040	I like the way you ~.	당신이 ~하는 방식이 좋아요

Pattern **036**

I like to~.
나는 ~을 좋아해요 / ~하고 싶어요

like to 뒤에 이어진 동사로 자신이 '~하길 좋아한다.'라고 말하는 패턴입니다. 종종 '~하고 싶다.'는 뜻으로도 쓰입니다.

0141 제가 부어서 마실게요.
I like to pour it myself.

0142 전 여러 사람을 만나보고 싶어요.
I like to date around.

0143 난 엄마와 가까이 있고 싶어.
I like to stay close to my mom.

0144 저는 스테이크는 잘 익힌 것을 좋아합니다.
I like to have my steak well-done.

Exercise

- 저는 이탈리안 음식을 요리하는 것을 좋아합니다. (Italian food)
➡ I like to _____.

Answer Key : make Italian food

저녁 식사 후에 무엇을 하는지

Man 1
당신은 저녁 식사 후에 주로 무엇을 하십니까?

Man 2
I like to walk the dog after dinner.

Man 1
산책하러 주로 어디로 가십니까?

Man 2
저는 센트럴 파크에 가는 것을 좋아합니다.

Pattern **037**

I like ~ -ing.
나는 ~하는 것을 좋아해요

I like to ~.와 비슷한 뜻의 패턴으로 자신이 좋아하거나 하고 싶어하는 것을 말할 때 사용합니다. 그러나 I like to ~.는 I would like to ~.의 의미로 '앞으로' 하고 싶다는 얘기로 과거에 대한 정보는 주지 않는 반면 I like ~ing.는 과거에도 많이 했었고, 따라서 반복적이거나 취미가 되었음을 말할 때 주로 쓰입니다.

0145 전 잡지책 읽는 **것을 좋아해요.**
 I like **reading** magazines.

0146 전 호수에서 수영**하는 게 좋아요.**
 I like **swimming** in the lake.

0147 전 새로운 것을 도전**하는 게 좋아요.**
 I like **challenging** new things.

0148 전 친구들과 술 마시**는 것을 좋아해요.**
 I like **drinking** with my friends.

Exercise

- 나는 드라이브 하러 가는 것을 좋아해. (go for)
  ➡ I like _____.

Answer Key : going for a drive

몸매가 좋은 친구에게 비결 묻기

Woman 1_
넌 놀 때 주로 무엇을 하니?

Woman 2_ I like jogging.

Woman 1_
그래서 네 몸매가 항상 그렇게 좋구나.

Woman 2_
그래, 난 항상 몸을 관리하려고 노력하거든.

Pattern 038

I like you ~.
당신의 ~이 좋은데요

I like your ~.는 '당신의 ~이 좋은데요.' 라는 뜻으로, 실제 의미는 새 옷을 입었거나 헤어 스타일을 바꾼 사람에게 칭찬할 때 쓰는 패턴입니다. 따라서 상대방이 I like your ~.라고 말하면 "Thank you."하고 답하면 되겠지요.

0149 목걸이가 **예쁘네요**.
I like your necklace.

0150 향수 아주 **좋은데요**.
I like your perfume.

0151 머리 **예쁜데요**.
I like your hair.

0152 난 **너의** 차가 **정말 마음에 들어**.
I like your car a lot.

Exercise

· 저는 당신의 큰 링 귀걸이가 좋아요. (round earrings)
➡ I like your _____.

Answer Key : big round earrings

휴대폰 통화 연결음이 좋아요

Boy 1_
I really like your answer tone. 무슨 노래야?

Boy 2_
오, 그건 그냥 오래된 한국 대중 가요야.

Boy 1_
어디에서 다운 받았어?

Boy 2_ 내가 사용하는 웹사이트에서. 거기서 벨소리하고 통화 연결음을 전부 다운 받아.

Pattern **039**

I think I like ~.
~가 좋은 것 같아요

I think I like ~.는 I like 앞에 I think를 붙여서 '내 생각에는 ~한 게 좋을 것 같은데요.' 라는 뜻을 나타냅니다. 자신의 의견을 상대방에게 조심스럽게 말할 때에는 문장 앞에 I think ~.를 붙여 말할 수 있습니다. 혹은 I guess I like ~.라고 말하기도 합니다.

0153 나는 이 곳이 좋은 것 같아요.
I think I like this place.

0154 나는 그녀를 좋아하는 것 같아.
I think I like her.

0155 난 빨간색이 더 좋은 것 같아.
I think I like red better.

0156 난 그 사람 목소리가 좋은 것 같아.
I think I like his voice.

Exercise

- 난 하얀색 옷이 더 좋은 것 같은데. (white clothes)
  ➡ I think I like _____

Answer Key : the white clothes better

스튜디오에서 사진배경을 고르는 상황

Customer_
저희 사진을 찍고 싶은데요. 어떤 배경이 있나요?

We'd like to get our picture taken. What kind of backgrounds do you have?

Photographer_
저희는 자연 배경 그리고 하늘 배경이 있습니다.

We have a nature background and a sky background.

Customer_
I think I like a sky background better.

하늘 배경이 더 좋은 것 같습니다.

Photographer_
그럼 그렇게 해 드리죠.

I'm gonna take you upon that.

Pattern **040**

I like the way you ~.
당신이 ~하는 방식이 좋아요

way는 '방법, 방식'을 뜻하는 단어로 I like the way you ~.는 '나는 당신이 ~하는 방식이 좋아요.' 라고 직역할 수 있습니다. 이 패턴은 다른 사람을 칭찬할 때 쓸 수 있습니다.

0157 난 네가 그렇게 춤추는 걸 좋아해.
I like the way you dance.

0158 난 네가 운전하는 방식이 마음에 들어.
I like the way you drive.

0159 난 당신이 팀을 이끄는 방식이 좋아요.
I like the way you lead the team.

0160 난 당신이 이 상황을 처리한 방식이 좋아요.
I like the way you handle the situation.

Exercise

- 나는 그녀의 옷 입는 방식이 좋아요. (wear)
➡ I like the way _____.

Answer Key : she wears her clothes

헤어 스타일을 바꾸려는 상황

Girlfriend_
머리를 자르고 파마를 할까 생각 중이야.

Boyfriend_
But, honey, I like the way you are.

Girlfriend_
그런데 날씨도 점점 더워져서 긴 머리는 너무 성가셔.

Boyfriend_
그럼 하나로 묶어.

DAY 04

I'd like ~.

원하는 것 말하기 2

041	I'd like ~.	~를 주세요/~를 원합니다
042	I'd like to ~.	~하고 싶은데요
043	I'd like to give you ~.	당신에게 ~을 주고 싶어요
044	I'd like to let you know ~.	~을 알려 드리고 싶어요
045	I'd like to, but ~.	저도 그러고 싶지만 ~

Pattern 041

I'd like~.
~를 주세요/~를 원합니다

I'd like는 I would like의 축약형으로 I'd like 뒤에 명사형을 써서 지금 현재 원하는 바를 표현할 수 있습니다. I want ~.보다는 부드러운 표현의 패턴입니다.

0161 2등석으로 하겠습니다.
      I'd like a second class ticket.

0162 셔츠를 세탁하고 싶습니다.
      I'd like to get my shirts washed.

0163 이 책을 환불하고 싶어요.
      I'd like a refund on this book.

0164 내일 아침 8시에 깨워 주세요.
      I'd like a wake-up call at 8 o'clock tomorrow morning.

Exercise

- 조금만 다듬어 주세요. (trim)
  ➡ I'd like _____.

Answer Key : a trim

서류를 복사하러 갔을 때

Customer_
I'd like two copies of these documents.

Clerk_ 몇 페이지죠?

Customer_
Forty-three. Well, I'd like them printed on both sides.

Clerk_
알겠습니다, 손님.

Pattern 042

I'd like to ~.
~하고 싶은데요

I'd like to 뒤에 동사원형을 써서 자신이 원하는 바를 조심스럽게 말할 수 있습니다. 물건을 사거나 주문을 할 때 유용하게 쓸 수 있습니다.

호텔에서 체크아웃 할 때

Customer_
I'd like to check out. 계산서 좀 주세요.

0165 나흘간 소형차를 빌리고 **싶은데요**.
I'd like to rent a compact car for four days.

0166 기상 전화를 예약**하고 싶습니다**.
I'd like to make a wake-up call.

0167 나는 시골에서 살고 **싶어요**.
I'd like to live in the country.

0168 이 수표로 통장을 만들고 **싶은데요**.
I'd like to open an account with this check, please.

Hotel clerk_
방 번호를 알려 주세요.

Customer_
여행자 수표로 결제하려고 하는데요.

Exercise

- 나는 소풍가고 싶어. (picnic)
  ➡ I'd like to _____.

Answer key : go on a picnic

Hotel clerk_
좋습니다. 신분 확인을 위해 여권 좀 보여 주세요.

Pattern **043**

I'd like to give you ~.
당신에게 ~을 주고 싶어요

I'd like to give you 뒤에 명사형이 와서 '당신에게 ~을 주고 싶어요.'의 의미를 나타냅니다. 예의를 차리면서 상대방에게 무언가를 전하고 싶을 때 쓸 수 있습니다. 조문할 때도 쓸 수 있는 패턴입니다.

0169 **당신에게 제 사진을 주고 싶어요.**
I'd like to give you my picture.

0170 **당신에게 이 초콜릿을 주고 싶어요.**
I'd like to give you this chocolate.

0171 **당신에게 멋진 선물을 주고 싶어요.**
I'd like to give you a wonderful present.

0172 **삼가 조의를 표합니다.**
I'd like to give you my deepest condolences.

조심스레 조언하는 상황

Man_
If you don't mind, I'd like to give you some advice.

Woman_
어떤 건가요?

Man_아이가 길에서 스케이트보드를 못 타게 하세요. 여긴 항상 차들이 쏜살같이 달리거든요.

Woman_고마워요. 꼭 인도에서만 타게 하죠.

Exercise

- 당신에게 이것을 선물로 주고 싶어요. (as, present)
  ➡ I'd like to give you _____.

Answer key : this as a present

Pattern 044

I'd like to let you know ~.
~을 알려 드리고 싶어요

let you know가 '당신이 알도록 하다.'라는 뜻으로, I'd like to 구문과 함께 쓰여서 상대방에게 뭔가를 알려 주고 싶다는 의미가 되었습니다. 자신이 하고 싶은 말을 정중하게 꺼낼 때 쓸 수 있는 패턴입니다.

0173 비밀을 알려 드리고 싶어요.
I'd like to let you know the secret.

0174 제 목표를 알려 드리고 싶어요.
I'd like to let you know my goals.

0175 결론을 알려 드리고 싶어요.
I'd like to let you know the conclusion.

0176 제가 회사를 그만 둔다는 것을 알려 드리고 싶어요.
I'd like to let you know that I'm leaving the company.

Exercise

- 그의 합격 소식을 알려 드리고 싶어요. (pass)
➡ I'd like to let you know _____

Answer Key : about his passing

졸업한다는 소식을 전할 때

Teacher_
나한테 무슨 말을 하려고 했었니?

Student_
I'd like to let you know that I am graduating this May.

Teacher_
축하해! (네가 졸업하다니) 정말 행복하다.

Student_ 고맙습니다.

Pattern **045**

I'd like to, but ~.
저도 그러고 싶지만 ~

이 패턴은 상대방의 초대나 제안에 대해서 정중하게 거절할 때 사용할 수 있습니다. 본인도 그러고는 싶지만, but 이하의 내용 때문에 할 수 없다는 것을 말해 주는 것이랍니다.

0177 저도 그러고 싶지만, 집에 있어야 해요.
I'd like to, but I have to stay home.

0178 저도 그러고 싶지만, 너무 바빠서요.
I'd like to, but I'm tied up.

0179 저도 그러고 싶지만, 갈 수 없어요.
I'd like to, but I can't come.

0180 저도 그러고 싶지만, 다른 계획이 있어서요.
I'd like to, but I have other plans.

Exercise

- 나도 그러고 싶지만, 7시에 선약이 있어. (prior, engagement)
  ➡ I'd like to, but _____.

Answer Key : I have a prior engagement at 7

데이트 신청하는 상황

Man_
오늘 밤에 영화 보러 가실래요?

Woman_
I'd like to, but I have another appointment.

Man_
그러면, 일요일 아침에는 가능하세요?

Woman_
일요일 아침은 괜찮습니다.

DAY 05

Would you like ~?
좋아하는 것 구체적으로 묻기

046	Would you like to ~?	~하시겠어요?
047	What would you like to ~?	무엇으로 ~하시겠어요?
048	Where would you like to ~?	어디에서 ~하고 싶으세요?
049	When would you like to ~?	언제 ~하고 싶으세요?
050	How would you like ~?	~를 어떻게 해 드릴까요?

Pattern 046

Would you like to ~?
~ 하시겠어요?

이 패턴은 Do you want to ~? '~할래요?', '~하고 싶어요?'의 의미이지만 좀더 예의를 갖춰야 하는 대상에게 사용합니다. 그리고 me를 넣어서 Would you like me to ~?하면 Do you want me to ~?와 같이 '제가 ~할까요?'하고 제안하는 패턴이 됩니다.

0181 커피라도 같이 마시겠어요?
Would you like to grab some coffee?

0182 우리와 함께 가시겠어요?
Would you like to come with us?

0183 메시지 남겨두시겠습니까?
Would you like to leave a message?

0184 저랑 골프 치러 가실래요?
Would you like to play golf with me?

Exercise

- 운전을 해 보실래요?
  ➡ Would you like to _____?

Answer Key : drive

약국에서 나누는 대화

Patient_ 지난 수요일부터 몹시 아팠어요.

Pharmacist_ 약은 먹었나요?

Patient_ 아직이요.

Pharmacist_ 제게 좋은 치료법이 있어요.
Would you like to try it?

Pattern **047**

What would you like to ~?
무엇으로 ~하시겠어요?

상대방이 구체적으로 무엇을 원하는지 공손하게 묻는 패턴으로, 상점에 온 손님에게 "무엇을 사시겠어요?"라고 묻거나 식당에서 종업원이 "뭘 드시겠어요?"라고 물을 때 쓸 수 있습니다.

0185 **무엇을** 마시**겠어요?**
What would you like to drink?

0186 생일에 **무엇을** 하고 싶으세요?
What would you like to do on your birthday?

0187 **무엇으로** 시작**할까요?** (전채는 무엇으로 할까요?)
What would you like to open with?

0188 **무엇을** 해 드릴**까요?** (무엇을 도와드릴까요?)
What would you like me to do?

Exercise

- 장래에 뭐가 되고 싶니? (future)
  ➡ What would you like to _____?

Answer key : be in the future

가전제품을 사러 온 남자

Customer_가전제품 가게가 어디 있습니까?

Clerk_What would you like to buy?

Customer_새로운 텔레비전을 사려고 합니다.

Clerk_저쪽에 있습니다.

Pattern **048**

Where would you like to ~?

어디에서 ~하고 싶으세요?

"어디로 가고 싶으세요?"나 "어디에 ~을 둘까요?"와 같은 말을 할 때 사용할 수 있는 패턴으로 장소에 대해 구체적으로 원하는 바를 물을 때 쓸 수 있습니다.

0189 어디에서 저녁을 드시고 **싶으세요?**
Where would you like to have dinner?

0190 어느 대학에 가고 **싶으세요?**
Where would you like to go to college?

0191 어디로 휴가 가고 **싶으세요?**
Where would you like to go for a vacation?

0192 제가 그것을 **어디로** 보낼까요?
Where would you like me to send it?

Exercise

• 어디로 전화하시겠어요?
  ➡ Where would you like to _____?

Answer key : call

비행기 탑승 수속 중

Passenger_
비행기 탑승 수속을 하러 왔습니다.

Airline staff_
여권과 표를 좀 주시겠어요?

Passenger_
여기 있습니다. 그리고 이건 항공사 멤버쉽 카드입니다.

Airline staff_
Thank you. Where would you like to sit?

Pattern **049**

When would you like to ~?
언제 ~하고 싶으세요?

when이 시간을 나타내는 의문사이므로, 이 패턴은 병원 예약을 받을 때나 방문 예정 시간 등을 구체적으로 물을 때 사용할 수 있습니다.

0193 언제 떠나실 예정입니까?
When would you like to leave?

0194 언제 여기서 드실 거죠?
When would you like to eat here?

0195 병원엔 언제 가실래요?
When would you like to see the doctor?

0196 언제 바꾸시겠어요?
When would you like to change?

Exercise

- 언제 돌아오실 거예요?
➡ When would you like to _____?

Answer Key : return

가이드와의 대화

Guide_
안녕하십니까. 주말에 뭘 하실 예정입니까?

Tourist_
대도시 예술 박물관을 방문할 예정입니다.

Guide_
When would you like to go?

Tourist_가능하면 오늘 중에 가려고 합니다.

Pattern 050

How would you like ~?
~를 어떻게 해 드릴까요?

이 패턴은 음식의 조리 정도를 묻거나 돈을 계산할 때 혹은 헤어 스타일을 어떻게 할지 물을 때 많이 쓰입니다. 참고로 커피의 경우는 with sugar and cream이나 black을 선택하면 되고, 계란의 경우는 fried(프라이)나 scrambled(스크램블), over easy(반숙), over hard(완숙)을 선택하면 됩니다.

0197 계란 요리를 **어떻게 해 드릴까요**?
How would you like your eggs?

0198 이 선물을 **어떻게** 보내 드릴까요?
How would you like to send this present?

0199 스테이크를 **어떻게** 구워 드릴까요?
How would you like your steak?

0200 토스트를 **어떻게** 구워 드릴까요?
How would you like your toast?

Exercise

- 머리는 어떻게 해 드릴까요? (hair)
  ➡ How would you like _____?

Answer Key : your hair done

카드로 계산하는 상황

Clerk_
How would you like to arrange payment?

Customer_
신용카드로 하겠습니다.

Clerk_
여기 카드를 돌려 드립니다.

Customer_
감사합니다. 좋은 하루 되세요.

2nd Week Check Up

1주 동안 25패턴 100문장을 공부했어요.

"영어로 바로바로 나올 때까지 연습해 보세요."

01. 늦잠자고 싶어.

02. 처방약을 받아다 주세요.

03. 난 다만 어제 일 고맙다고 말하고 싶었어.

04. 당신은 외출해선 안 될 것 같아요.

05. 이곳에선 일하고 싶지 않아요.

06. 다시 해 볼래요?

07. 사진 찍어 드릴까요?

08. 점심으로 뭐 먹을래요?

09. 언제 시작하고 싶어요?

10. 왜 그곳에 가고 싶은데요?

11. 전 여러 사람을 만나보고 싶어요.

정답 **01.** I want to sleep in. **02.** I want you to fill the prescription. **03.** I just wanted to thank you for yesterday. **04.** You don't want to go out. **05.** The last thing I want to do is work in this place. **06.** Do you want to try again? **07.** Do you want me to take a picture of you? **08.** What do you want to have for lunch? **09.** When do you want to start? **10.** Why do you want to go there? **11.** I like to date around.

12. 전 친구들과 술 마시는 것을 좋아해요.

13. 머리 예쁜데요.

14. 난 그 사람 목소리가 좋은 것 같아.

15. 난 네가 운전하는 방식이 마음에 들어.

16. 2등석으로 하겠습니다.

17. 기상 전화를 예약하고 싶습니다.

18. 당신에게 멋진 선물을 주고 싶어요.

19. 제가 회사를 그만 둔다는 것을 알려 드리고 싶어요.

20. 저도 그러고 싶지만, 너무 바빠서요.

21. 메시지 남겨두시겠습니까?

22. 무엇을 마시겠어요?

23. 어디에서 대학에 가고 싶으세요?

24. 병원엔 언제 가실래요?

25. 계란 요리를 어떻게 해 드릴까요?

정답 **12.** I like drinking with my friends. **13.** I like your hair. **14.** I think I like his voice. **15.** I like the way you drive. **16.** I'd like a second class ticket. **17.** I'd like to make a wake-up call. **18.** I'd like to give you a wonderful present. **19.** I'd like to let you know that I'm leaving the company. **20.** I'd like to, but I'm tied up. **21.** Would you like to leave a message? **22.** What would you like to drink? **23.** Where would you like to go to college? **24.** When would you like to see the doctor? **25.** How would you like your eggs?

3rd Week

제안 · 부탁하기

- Day 01　**Let's ~./would better** – 제안하기 1
- Day 02　**How about ~?/Why don't ~?/Shall ~?** – 제안하기 2
- Day 03　**Can I ~?** – 권유·요청하기
- Day 04　**Can you ~?** – 부탁하기 1
- Day 05　**Would you ~?** – 부탁하기 2
- 3rd Week　**Check Up**

DAY 01

Let's ~. / would better

제안하기 1

051	Let's ~.	~합시다
052	Let's not ~.	~하지 맙시다
053	You'd better ~.	~하는 게 좋겠어요/~하세요
054	We'd better ~.	~하는 게 좋겠어요
055	Maybe we should ~.	우리 ~하는 게 좋겠어요

Pattern **051**

Let's ~.
~합시다

Let's ~.는 '~을 하자.'라는 제안이나 권유를 하는 패턴입니다. "같이 영화 보자.", "같이 식사하자."고 말할 때 쓸 수 있습니다.

마트에 가자고 제안할 때

Man 1_
Let's go to the M-mart.

0201 카페에 갑**시다**.
Let's go to the cafeteria.

0202 택시 탑**시다**.
Let's grab a taxi.

0203 기분 전환을 위해 외식**합시다**.
Let's eat out for a change.

0204 영화 보러 가**자**.
Let's go to the movies.

Man 2_
그 상점에서 무슨 상품이라도 세일을 합니까?

Man 1_ 그 상점에서는 아이스크림을 50퍼센트 할인된 가격에 판매하고 있습니다.

Exercise

• 같이 좀 먹어요. (eat)

➡ Let's _____.

Answer Key : eat together

Man 2_ 괜찮겠군요.

Pattern 052

Let's not ~.
~하지 맙시다

Let's not ~.은 '~을 하지 말자.'라는 뜻의 패턴으로 Let's의 부정형입니다. "그 얘긴 하지 맙시다."라고 말할 때 한번 써 보세요.

0205 영화 보러 가는 것은 그만두자.
Let's not go to a movie.

0206 당분간은 엄마께 말하지 말자.
Let's not tell Mom for the moment.

0207 사서 고생하지 말자.
Let's not borrow trouble.

0208 그 얘긴 하지 말자.
Let's not talk about it.

Exercise

- 이제 더 이상 서로 만나지 맙시다. (see, anymore)
  ➡ Let's not _____.

Answer Key : see each other anymore

밤늦게 일하는 두 사람

Man 1_ 우리 좀 쉬자.

Man 2_
우린 할 일이 너무 많아.
Let's not waste time.

Man 1_
네 말이 맞는 거 같아.
지금 몇 시니?

Man 2_ 벌써 자정이야.

Pattern 053

You'd better ~.
~하는 게 좋겠어요 / ~하세요

이 패턴은 '~하는 게 낫겠다.' 라는 뜻의 had better를 써서 상대방에게 권유하는 의미를 지닙니다. 그러나 실제로는 윗사람이나 동료 사이에서 '~해.' 라고 명령하는 말처럼 많이 쓰입니다.

0209 빨리 결정하는 게 좋을 거야.
You'd better decide quickly.

0210 운전 조심하세요.
You'd better drive safe.

0211 없어진 게 없나 확인해 보세요.
You'd better make sure everything's there.

0212 어서 출발하세요.
You'd better get going.

Exercise

- 쉬시는 게 좋겠어요. (break)
  ➡ You'd better _____.

Answer Key : take a break

의사와 환자의 대화

Patient_
기침이 아주 심합니다. 아무래도 안 떨어지네요.

Doctor_
You'd better stop smoking.

Patient_
끊으려고 해도 안 됩니다.

Doctor_
담배를 매일 조금씩 줄여 보십시오. 저도 그렇게 끊었습니다.

Pattern 054

We'd better ~.
~하는 게 좋겠어요

'우리는 ~하는 게 좋겠어.'라고 제안하는 형태를 띤 패턴이지만, 제안보다는 강한 권고의 의미를 지닙니다. 예를 들어 집이 엉망진창일 때 "청소를 좀 하는 게 좋겠어."라고 말할 때 쓸 수 있습니다.

0213 이제, 병원으로 가야겠다.
Yeah, we'd better get to the hospital.

0214 어딘가에 그것을 숨겨야 해.
We'd better hide it somewhere.

0215 청소하는 게 좋겠어.
We'd better clean it up.

0216 늦었다. 빨리 움직여야겠다.
It's late – we'd better get moving.

Exercise

- 택시를 부르는 게 좋겠어. (call)
  ➡ We'd better _____.

Answer key : call a taxi

열차를 기다리면서

Man 1_
국철은 정말 싫어. 벌써 15분이나 지났다고.

Man 2_
맞아. 열차를 더 많이 운행했으면 좋겠어.

Man 1_
아, 이제 온다.

Man 2_
We'd better line up. This train is going to be full.

Pattern 055

Maybe we should ~.
우리 ~하는 게 좋겠어요

We should ~.는 '우리는 ~해야 한다.'의 의미로 앞에 Maybe를 붙여서 '우리 ~해야 할걸요.', '아마 ~하는 게 좋을 거예요.'라고 조심스럽게 제안하는 말을 할 때 사용합니다.

0217 우리 얘기 좀 하는 **게 좋을 것 같아.**
Maybe we should talk.

0218 우리 그냥 앉는 **게 좋을 것 같아요.**
Maybe we should just sit down.

0219 **우리**는 차를 멈추고 길을 물어 봐**야겠어요.**
Maybe we should stop and ask for directions.

0220 **우리**의 결정을 다시 생각**해 봐야할 것 같아요.**
Maybe we should reconsider our decision.

Exercise

- 여행을 가는 게 좋을 것 같아. (trip)
  ➡ Maybe we should _____.

Answer Key : take a trip

넓은 곳으로 이사를 계획하는 부부

Wife_
이 집에 살기엔 우리 식구가 너무 많아요.

Husband_
Maybe we should think about moving.

Wife_ 동의해요.

Husband_
부동산에 전화해 봐야겠어요.

DAY 02

How about ~?/Why don't ~?/Shall ~?

제안하기 2

056	How about ~?	~ 어때요?
057	What about ~?	~ 어때요?/~는 어떻게 되나요?
058	Why don't you ~?	~하지 그래요?
059	Why don't we ~?	우리 ~하는 게 어때요?
060	Shall we ~?	우리 ~ 할까요?

Pattern **056**

How about ~?
~ 어때요?

이 패턴은 상대방에게 제안을 할 때 쓸 수 있는 것으로, "술 한 잔 할래?"와 같이 간단하게 약속을 정할 때 말할 수 있습니다. How about 뒤에는 명사나 동사-ing형뿐만 아니라 부사구나 부사절도 올 수 있습니다.

0221 술 한 잔 **할래**?
How about (having) a drink?

0222 한 잔 더 **하시겠어요**?
How about a refill?

0223 오늘밤에 중국 음식을 먹으러 가는 것이 **어떨까**?
How about a Chinese meal tonight?

0224 오늘 아침 식사는 달걀이 **어때요**?
How about some eggs this morning?

Exercise

- 케이크 한 조각 더 드시겠어요? (cake)
  ➡ How about _____?

Answer Key : another piece of cake

서점에서 특정 책을 찾을 때

Clerk_
무엇을 도와 드릴까요?

Customer_
조앤 롤링의 최신 저서를 찾고 있습니다.

Clerk_해리포터 말씀이신가요? 죄송합니다. We are out of that. How about other books?

Customer_
아뇨, 됐습니다.

Pattern 057

What about ~?
~ 어때요? / ~는 어떻게 되나요?

How about ~?과 같이 제안할 때 사용하는 패턴입니다. 보통 구분하지 않고 두 패턴을 같이 쓰지만, What about ~?은 상대방의 견해를 묻거나 상대방의 의견을 물을 때 'What do you think about ~?'의 의미로도 사용합니다.

0225 차 한 잔하는 게 **어때**?
What about a cup of tea?

0226 당신이 한 약속은 **어쩌고요**?
What about your promise?

0227 분위기는 **어땠니**?
What about the ambiance?
※ ambiance 환경, 분위기

0228 드림랜드에 가는 건 **어때**?
What about going to *Dreamland*?

식사를 제안할 때

Man_
내일 한가해? 그렇다면 점심이나 같이 하자.

Woman_
미안하지만 내일 정신 없이 바빠.

Man_
I see. What about this weekend?

Woman_ 난 괜찮아.

Exercise

· 교외로 드라이브 가는 건 어때? (drive out, suburb)
➡ What about _____?

Answer Key : driving out to the suburb

Pattern 058

Why don't you ~?
~하지 그래요?

Why don't you ~?는 상대방에게 '~하는 게 어떠니?' 하고 제안하는 패턴입니다. 직역하면 '너 왜 ~ 안하니?' 로 이유를 묻는 것이지만, 본뜻은 다르다는 것을 알아두세요.

0229 얼굴을 씻**지 그래요**?
Why don't you wash your face?

0230 다른 직업을 찾아보**지 그래요**?
Why don't you look for another job?

0231 왜 차 한 대 사**지 그러세요**?
Why don't you get yourself a car?

0232 그와 그만 만나**지 그래요**?
Why don't you give him up?

상사와 직원과의 대화

Boss_ 문장이 읽기에 너무 어렵습니다. Why don't you rewrite it and return to me?

Staff_
언제까지 해야 합니까?

Boss_
내일까지 완료할 수 있습니까?

Staff_
일정을 지키도록 노력하겠습니다.

Exercise

- 머리 좀 깎지 그러니? (have, cut)
  ➡ Why don't you _____?

Answer Key : have your hair cut

Pattern 059

Why don't we ~?
우리 ~하는 게 어때요?

Why don't you ~?가 상대방에게 제안하는 의미라면, Why don't we ~?는 우리가 같이 해보자고 말하는 것입니다. 이 패턴 역시 '우리는 왜 ~하지 않니?'라고 직역하면 안 되겠죠!

0233 이쯤에서 그만 **할까요**?
      Why don't we stop here?

0234 **우리** 잠깐 걸을**까**?
      Why don't we take a walk?

0235 그냥 결론부터 말하는 **건 어때**?
      Why don't we just skip to the end?

0236 **우리** 함께 그걸 보러 가**지 않을래**?
      Why don't we go and see it together?

옷에 뭔가 묻어서 난감한 상황

Woman_
집에 가서 옷 좀 갈아입어야겠어요.

Man_
왜요? 아주 괜찮아 보이는데요.

Woman_
옷에 뭔가 묻었어요.

Man_
Why don't we try washing it off?

Exercise

• 우리 위층으로 올라갈까? (upstairs)
  ➡ Why don't we _____ ?

Answer key : go upstairs

Pattern **060**

Shall we ~?
우리 ~할까요?

Shall we ~?는 적극적인 제안을 담고 있는 패턴으로 Let's ~.로 바꾸어 말할 수 있습니다. 따라서 Shall we ~?에 대한 대답으로는 Yes, let's. 혹은 No, let's not.으로 할 수 있습니다. 영화 제목 중에 "Shall We Dance?"가 있죠.

0237 쇼핑하러 나갈**래요**?
Shall we go out shopping?

0238 바둑 한판 **둘까**?
Shall we have a game of *baduk*?

0239 다음 회의를 위한 시간을 정**할까요**?
Shall we fix a time for the next meeting?

0240 흡연석에 앉을**까요**? 금연석에 앉을**까요**?
Shall we sit in the smoking or non-smoking section?

Exercise

- 회사로 가실까요? (company)
 ➡ Shall we _____?

Answer Key : go to the company

영화를 보러가려는 두 친구

Man 1_
Shall we go see a movie tonight?

Man 2_
그래. 뭐 볼 건데?

Man 1_
잘 모르겠어. 너는?

Man 2_
캐리비언의 해적은 어때?

DAY 03

Can I ~?
권유 · 요청하기

061	Can I help you ~?	~을 도와 드릴까요?/~해 드릴까요?
062	Can I get you ~?	~를 갖다 드릴까요?
063	Can I have ~?	~ 좀 해 주실래요?/~ 좀 갖다 주실래요?
064	Can I borrow ~?	~ 좀 빌려 주실래요?
065	Can I use ~?	~ 좀 써도 될까요?

Pattern **061**

Can I help you ~?
~을 도와 드릴까요? / ~해 드릴까요?

"Can I help you?"는 "어서 오세요.", "도와 드릴까요?"라는 뜻으로 식당이나 공공기관에서 손님을 맞을 때 흔히 쓰이는 패턴입니다. 앞에 What이나 How를 넣어서 "What(How) can I help you?"라고도 할 수 있습니다. 상대방에게 도움을 주고 싶을 때에는 도움을 주고자 하는 내용을 이어서 말하면 구체적인 의사 표현이 됩니다.

0241 그 가방 좀 들어 드릴까요?
Can I help you with that bag?

0242 숙제 하는 것 좀 도와줄까?
Can I help you with homework?

0243 설거지하는 것 좀 도와 드릴까요?
Can I help you with the dishes?

0244 문 여는 것을 도와 드릴까요?
Can I help you open the door?

도서관 사서와의 대화

Librarian_ Can I help you with anything?

Student_
네, 책을 어떻게 찾나요?

Librarian_
여러 가지 방법이 있는데요.

Student_
한 가지 알려 주시겠어요?

Exercise

- 찾는 것을 도와 드릴까요? (something)
  ➡ Can I help you _____?

Answer Key : find something

Pattern 062

Can I get you ~?
~를 갖다 드릴까요?

get에는 '사다', '사주다', '구해 주다' 라는 뜻이 있습니다. 따라서 Can I get you ~?하면 상대방에게 무언가를 가져다 주려고 할 때 쓸 수 있습니다. 같은 뜻의 다른 패턴으로는 May I get you ~?가 있습니다.

0245 마실 것 **갖다 드릴까요?**
      Can I get you a drink?

0246 커피나 그런 것 **가져다 드릴까요?**
      Can I get you some coffee or anything?

0247 그 밖에 더 **필요하신 것 있으세요?**
      Can I get you anything else?

0248 커피 한 잔 더 **드릴까요?**
      Can I get you another cup of coffee?

Exercise

• 뭐 마실 것 좀 더 줄까? (drink)
  ➡ Can I get you _____?

Answer key : more to drink

무언가를 먹자고 할 때

Woman_
와, 배고파. 누구 또 배고픈 사람 있어?

Man_
응, 나도 배고파.

Woman_ Can I get you some snacks? 나 쿠키와 차가 있는데.

Man_
응, 그래 주면 정말 고맙고.

Pattern **063**

Can I have ~?
~ 좀 해 주실래요? / ~ 좀 갖다 주실래요?

have는 '가지고 있다'라는 뜻이 있으므로 직역하면 '제가 ~를 가질 수 있을까요?'가 됩니다. 즉, 상대방에게 "내가 무언가를 가질 수 있도록 해 주세요."하고 요청하는 패턴인 것이죠.

0249 계산서 **좀 주시겠어요?**
Can I have the bill?
* bill 계산서, 영수증

0250 메모한 것 **좀 봐도 돼요?**
Can I have a look at your notes?

0251 하나 더 먹어도 돼?
Can I have another?

0252 잠깐 얘기 **좀 할 수 있을까?**
Can I have a quick word with you?

Exercise

- 남은 음식을 싸 주실래요? (doggy bag)
  ➡ Can I have _____?

Answer Key : a doggy bag

레스토랑에서

Waitress_ 필요한 것 있으세요?

Customer_ Can I have a salad?

Waitress_ 그럴게요. 다른 것 또 필요하세요?

Customer_ 됐습니다.

Pattern 064

Can I borrow ~?
~ 좀 빌려 주실래요?

borrow는 '빌리다'의 의미로 Can I borrow your ~?하면 상대방의 물건을 빌릴 수 있는지를 묻는 패턴입니다. Can you lend me ~? '저에게 ~을 빌려 주시겠어요?' 와 같은 뜻입니다. 공손하게 부탁할 경우에는 can 대신에 could를 사용해서 말하면 더 좋겠죠.

0253 네 차 **좀 써도 되겠니?**
Can I borrow your car?

0254 신문 **좀 보여주시겠어요?**
Can I borrow your newspaper?

0255 저 책들 **좀 빌려 주실래요?**
Can I borrow those books?

0256 숟가락 **좀 빌려도 될까요?**
Can I borrow that spoon?

Exercise

- 네 펜 좀 빌려 쓸 수 있을까? (pen)
  ➡ Can I borrow _____?

Answer Key : your pen

돈을 빌리려고 할 때

Boy_
부탁 좀 해도 되니?

Girl_
글쎄, 뭐가 필요한데?

Boy_
Can I borrow some money?

Girl_
좋아. 얼마나 필요한데?

Pattern **065**

Can I use ~?
~ 좀 써도 될까요?

use는 '쓰다'의 의미가 있으므로 Can I use ~?는 직역한 그대로 상대방에게 '제가 ~을 좀 써도 될까요?' 하고 묻는 패턴입니다. 상대방의 물건을 쓰려고 할 때 혹은 화장실이 급해서 가려고 할 때 "저 화장실 좀 이용해도 되나요?"라고 물을 때 쓰면 됩니다.

0257 화장실 **좀 써도 될까요**?
Can I use your washroom, please?

0258 펜 **좀 써도 될까요**?
Can I use your pen?

0259 가위 **좀 써도 될까요**?
Can I use your scissors?

0260 지우개 **좀 써도 될까요**?
Can I use your eraser?

Exercise

• 네 새 컴퓨터 좀 써 봐도 되니? (computer)
  ➡ Can I use _____?

Answer Key : your new computer

기내에서 화장실 볼투가 급할 때

Passenger_
Can I use the lavatory now?

Flight attendant_ 죄송합니다만, 지금은 화장실을 이용하실 수 없어요. 곧 착륙할 예정입니다.

Passenger_
하지만, 상황이 좀 급한데요.

Flight attendant_
5분만 기다리시면 됩니다.

DAY 04

Can you ~?
부탁하기 1

066	Can you tell me ~?	~을 알려 주시겠어요?
067	Can you give me ~?	~을 해 줄래요?
068	Can you show me how to ~?	~하는 방법 좀 알려 줄래요?
069	Can you get me ~?	~ 좀 갖다 주시겠어요?
070	Can you bring ~?	~ 좀 갖다 주시겠어요?

Pattern **066**

Can you tell me ~?
~을 알려 주시겠어요?

이 패턴은 상대방에게 무엇인가를 물어볼 때 쓸 수 있습니다. 직역하면 '내게 ~를 말해 줄 수 있어요?'이지만 실제 의미는 '~을 알려 주세요.'로 해석할 수 있습니다. 시간이나 이름을 물어볼 때 앞에 Can you tell me ~를 붙여서 말하면 공손한 표현이 됩니다.

0261 그 사람 이름을 **말해 줄 수 있나요?**
Can you tell me his name?

0262 어디로 가면 은행이 있는지 **알려주시겠어요?**
Can you tell me where to find a bank?

0263 이 양식을 어떻게 기입해야 하는지 **알려주시겠어요?**
Can you tell me how to fill out this form?

0264 그 사고가 어떻게 일어났는지 **말해주겠어요?**
Can you tell me how the accident came about?

Exercise

- 그에 대해서 말해 줄래? (about)
  ➡ Can you tell me _____?

Answer Key : about him

여행사에서

Visitor_ 이번 여행에 강아지를 데려 가고 싶은데요. Can you tell me how much it will cost?

Airline staff_
그건 애완동물의 크기에 따라 다릅니다.

Visitor_ 아주 작아요. 애완용 푸들이에요.

Airline staff_
손님과 손님 강아지의 왕복표 값은 650달러입니다.

Pattern 067

Can you give me ~?
~을 해 줄래요?

give가 '주다, 건네다'라는 의미이므로, Can you give me ~?하면 나에게 ~을 줄 수 있는지를 묻는 것이죠. 즉, 말하는 사람의 입장에서 볼 때에는 무엇을 달라고 부탁하거나 요구하는 것이 됩니다. please를 붙여서 말하면 공손한 의미가 됩니다.

0265 모닝콜 해 주실 수 있나요?
Can you give me a wake-up call?

0266 제발 좀 태워다 주실래요?
Can you please give me a ride?

0267 리필 좀 해 주시겠어요?
Can you give me a refill?

0268 이메일 주소 좀 알려 주시겠어요?
Can you give me your e-mail?

전화연결을 부탁할 때

Caller_
Can you give me room 203?

Staff_ 알겠습니다, 선생님. (잠시 후) 연결이 안 되네요. 좀 기다리시겠습니까?

Caller_
아니요, 나중에 다시 걸죠. 감사합니다.

Staff_ 천만에요.

Exercise

• 좀 도와주시겠어요? (hand)
➡ Can you give me _____.

Answer Key : a hand

Pattern **068**

Can you show me how to ~?
~하는 방법 좀 알려 줄래요?

Can you show me how to 뒤에 동사를 써서 상대방에게 구체적인 방법을 알려달라고 부탁하는 용도의 패턴입니다. 'Can you tell me ~?'와 비슷한 뜻이지만 좀 더 구체적인 것을 물을 때 사용합니다. 예를 들어 사용 방법을 모르는 기기의 작동법을 묻는다던지 할 때죠.

0269 이 문제를 **어떻게** 해결해야 할지 알려주시겠어요?
Can you show me how to fix this problem?

0270 자동 매표기 사용**법을 알려주시겠어요?**
Can you show me how to use the ticket machine?

0271 이 카드 게임을 **어떻게** 하는지 알려주시겠어요?
Can you show me how to play this card game?

0272 인터넷에 **어떻게** 로그온 하는지 알려주시겠어요?
Can you show me how to log on to the Internet?

Exercise

• 이것을 어떻게 만드는지 알려 주실래요? (make)
➡ Can you show me how to _____?

Answer Key : make this

복사기와 팩스 사용법

Employee 1_
Can you show me how to use this photocopier?

Employee 2_
네, 종이를 넣고 그 녹색 버튼을 누르세요.

Employee 1_
고맙습니다. 그리고 이 팩스 기계 작동법은요?

Employee 2_
여기 종이를 넣고 'SEND'를 누르세요.

Pattern **069**

Can you get me ~?
~ 좀 갖다 주시겠어요?

Can you get me ~?는 상대방에게 나를 위해 어떤 활동 (구매, 제작 등)을 하도록 부탁하는 뜻이 담겨 있습니다. 즉, 식당 등에서 종업원에게 뭔가를 좀 가져다 달라고 부탁하거나 친구나 가까운 사람에게 ~을 사다 달라고 부탁하는 경우에 쓸 수 있는 패턴입니다. 따라서 정중하게 부탁하는 것이 좋겠죠.

0273 제게 커피 한 잔 **주시겠어요**?
Can you get me a cup of coffee?

0274 신문 하나 **갖다 줄래**?
Can you get me a newspaper?

0275 가게 간 김에 몇 가지 **사다 줄래**?
Can you get me a few things while you're at the store?

0276 의사 좀 **불러 주실래요**?
Can you get me a doctor?

담배를 사다달라고 부탁할 때

Woman_
나 매점 갈 건데 필요한 거 있어?

Man_
응. Can you get me a pack of cigarettes?

Woman_
끊도록 해 보지 그래?

Man_
그래, 나도 노력해 봤는데, 끊기가 쉽지 않네.

Exercise

- 택시를 좀 불러 주시겠어요?
  ➡ Can you get me _____.

Answer key : a taxi

Pattern 070

Can you bring ~?
~ 좀 갖다 주시겠어요?

bring은 화자가 있는 곳으로 '~을 가지고 오다.', '~을 데리고 오다.' 라는 의미입니다. 따라서 Can you bring ~?이라고 하면 상대방에게 ~을 갖다 달라고 부탁하거나 목적어로 사람이 오면 그 사람을 데려와 달라는 뜻이 됩니다.

0277 올 때 CD 몇 장 **좀 갖다 줄래?**
Can you bring some CDs when you come?

0278 나에게 담요 **좀 갖다 주시겠어요?**
Can you bring me a blanket?

0279 동생을 파티에 **데려올 수 있어?**
Can you bring your sister with you to the party?

0280 소풍 갈 때 샐러드 **가져올 수 있어?**
Can you bring a salad to the picnic?

Exercise

- 네 보고서를 수업 시간에 가져올 수 있겠니? (report, class)
  ➡ Can you bring _____?

Answer key : your report to class

파티에 초대하는 상황

Girl 1_
내일 저녁 파티에 올 거야?

Girl 2_
물론이지, 뭐라도 좀 준비해 갈까?

Girl 1_
그래. Can you bring a bottle of wine?

Girl 2_
그렇게 할게.

DAY 05

Would you ~?

부탁하기 2

071	Would you please ~?	~ 좀 해 주시겠어요?
072	Would you please let me ~?	제가 좀 ~하게 해 주실래요?
073	Would you just ~?	다만 좀 ~하실래요?
074	Would you mind ~?	~하는 것 괜찮아요?
075	Would you mind if I ~?	~해도 될까요?

Pattern **071**

Would you please ~?
~ 좀 해 주시겠어요?

뒤에 please가 붙어서 공손한 패턴으로, 낯선 사람에게나 예의를 갖춰야 할 자리에서 요청할 때 쓰는 말입니다. 'Can you ~?'와 뜻은 같되 좀더 조심스러운 표현입니다.

0281 잠깐 기다려 **주시겠습니까**?
Would you please wait a moment?

0282 터놓고 말 **좀** 할래?
Would you please speak up?

0283 설거지 **좀** 해 줄래요?
Would you please do the dishes?

0284 가방 **좀** 봐 주시겠습니까?
Would you please keep an eye on my luggage?

Exercise

- 음악 좀 줄여 줄래요? (turn down)
  ➡ Would you please _____?

Answer key : turn down the music

사진을 찍어달라고 부탁

Man_
Would you please take my picture?

Woman_
물론이죠. 어디에 서실 건가요?

Man_
저 꽃 앞에 설게요.

Woman_
좋아요. 웃으세요. 됐습니다.

Pattern 072

Would you please let me ~?
제가 좀 ~하게 해 주실래요?

이 패턴을 직역하면 '제가 ~하도록 해 주시겠어요?'인데, 실제 의미는 '제가 ~할게요.'입니다. "Let me introduce myself."라는 문장이 "제 소개를 할게요."라는 뜻인 것처럼 말이죠. please와 let me가 문장에 들어가서 부드럽고 예의 바른 패턴입니다.

0285 제가 함께 일할 수 있도록 해 주시겠습니까?
Would you please let me work for you?

0286 제가 주문을 바꿔도 될까요?
Would you please let me change my order?

0287 제가 혼자 시간을 가지게 해 주실래요?
Would you please let me have some time alone?

0288 제가 오늘 밤에 외출해도 되나요?
Would you please let me go out tonight?

Exercise

• 제가 식당을 고르게 해 주실래요? (choose)
➡ Would you please let me _____?

Answer Key : choose the restaurant

차를 빌려달라고 부탁할 때

Man 1_
Would you please let me borrow your car?

Man 2_
물론이죠. 무슨 일인데요?

Man 1_
잘 모르겠어요. 제 차가 그냥 작동을 안 해요.

Man 2_ 아, 그거 정말 짜증나는 일인데요.

Pattern **073**

Would you just ~?

다만 좀 ~ 하실래요?

just는 '다만'의 뜻으로 Would you 구문과 함께 쓰여서 상대방에게 뭔가를 간절히 바라는 의미로 쓰입니다. 예를 들어 "한번만 더 기회를 주시겠어요?"라고 말할 때 쓸 수 있습니다.

0289 그 여자랑 얘기나 **한번 해봐 주실래요**?
Would you just talk to her?

0290 제게 기회를 **한 번만** 주시겠어요?
Would you just give me a chance?

0291 좀 그만 둬 주시겠어요?
Would you just stop that?

0292 좀 참으시겠어요?
Would you just be patient?

Exercise

- 제 말을 좀 들어 주시겠습니까? (listen)
  ➡ Would you just _____?

Answer Key : listen to me

외출을 준비하는 상황

Wife_
Would you just give me a few more minutes?

Husband_
이런! 늦기 싫어요. 서둘러요.

Wife_
진정해요. 거의 다 됐어요.

Husband_
택시를 불러놨어요.

Pattern 074

Would you mind ~?
~하는 것 괜찮아요?

상대방에게 양해를 구하거나 부탁하는 패턴으로 Would you mind 뒤에는 -ing형을 씁니다. mind라는 동사는 '~하는 것을 꺼려하다', '~하는 것을 싫어하다'라는 뜻으로, 직역보다는 자연스럽게 해석하도록 합니다. "제가 담배를 피워도 될까요?"라는 문장이 이 표현이 들어간 대표적인 예입니다.

0293 담배를 피워도 **괜찮습니까**?
Would you mind my smoking?

0294 창문을 열어 **주시겠어요**?
Would you mind opening the window?

0295 합석해도 **될까요**?
Would you mind sharing your table?

0296 목소리 좀 낮추어 **주시겠어요**?
Would you mind keeping your voice down?

Exercise

- 미안하지만, 제 가방 좀 봐주실래요? (watch)
  ➡ Would you mind _____?

Answer key : watching my bags

좌석을 바꿔달라는 표현

Passenger 1_ 저, 여기는 제 좌석인 것 같은데요.

Passenger 2_ I'm sorry. Would you mind trading seats? 아내 좌석이 여기인데, 그 옆에 앉고 싶어서요.

Passenger 1_ 네, 알겠어요. 그런데 당신 좌석은 어디죠?

Passenger 2_ 바로 저기예요.

Pattern **075**

Would you mind if I ~?
~해도 될까요?

이 패턴은 상대방에게 자신의 의지에 대해 양해를 구하는 말입니다. mind가 '꺼려하다'는 뜻의 동사이므로, 꺼려한다고 할 때는 Yes로, 그렇지 않다고 할 때는 No로 대답해야 하는데, 실제로 구어체에서는 허락의 의미로 Sure를 많이 사용합니다. if I 뒤에 과거형이 와도, 해석은 현재로 하면 됩니다.

0297 제가 텔레비전을 켜도 **될까요**?
Would you mind if I turned on the TV?

0298 제가 일찍 떠나도 **될까요**?
Would you mind if I left early?

0299 난 좀 빠져도 **될까요**?
Would you mind if I missed it?

0300 소리 좀 줄여도 **될까요**?
Would you mind if I turned down the volume?

Exercise

- 내가 안 가면 안 될까요? (go)
  ➡ Would you mind if I _____?

Answer Key : didn't go

담배를 피워도 되는지

Visitor_ 실례합니다.

Desk clerk_
무엇을 도와 드릴까요?

Visitor_
Would you mind if I smoked?

Desk clerk_
죄송하지만 여긴 금연 건물입니다.

3rd Week
Check Up

1주 동안 25패턴 100문장을 공부했어요.

"영어로 바로바로 나올 때까지 연습해 보세요."

---

01. 택시 탑시다.

02. 당분간은 엄마께 말하지 말자.

03. 운전 조심하세요.

04. 청소하는 게 좋겠어.

05. 우리 얘기 좀 하는 게 좋을 것 같아.

06. 술 한 잔 할래?

07. 당신이 한 약속은 어쩌고요?

08. 왜 차 한 대 사지 그러세요?

09. 우리 잠깐 걸을까?

10. 쇼핑하러 나갈래요?

11. 그 가방 좀 들어 드릴까요?

 정답   **01.** Let's grab a taxi. **02.** Let's not tell Mom for the moment. **03.** You'd better drive safe. **04.** We'd better clean it up. **05.** Maybe we should talk. **06.** How about (having) a drink? **07.** What about your promise? **08.** Why don't you get yourself a car? **09.** Why don't we take a walk? **10.** Shall we go out for shopping? **11.** Can I help you with that bag?

12. 마실 것 갖다 드릴까요?

13. 계산서 좀 주시겠어요?

14. 저 책들 좀 빌려 주실래요?

15. 화장실 좀 써도 될까요?

16. 이 양식을 어떻게 기입해야 하는지 알려주시겠어요?

17. 리필 좀 해 주시겠어요?

18. 자동 매표기 사용법을 알려 주시겠어요?

19. 가게 간 김에 몇 가지 사다 줄래?

20. 소풍 갈 때 샐러드 가져올 수 있어?

21. 잠깐 기다려 주시겠습니까?

22. 제가 주문을 바꿔도 될까요?

23. 제게 기회를 한 번만 더 주시겠어요?

24. 합석해도 될까요?

25. 난 좀 빠지면 안 될까요?

정답

12. Can I get you a drink? 13. Can I have the bill? 14. Can I borrow those books? 15. Can I use your washroom, please? 16. Can you tell me how to fill out this form? 17. Can you give me a refill? 18. Can you show me how to use the ticket machine? 19. Can you get me a few things while you're at the store? 20. Can you bring a salad to the picnic? 21. Would you please wait a moment? 22. Would you please let me change my order? 23. Would you just give me a chance? 24. Would you mind sharing your table? 25. Would you mind if I missed it?

4th Week
감사 · 사과 · 부정하기

- Day 01 **Thank you ~.** – 감사하기
- Day 02 **I'm sorry ~.** – 사과하기
- Day 03 **여러 가지 관용 표현** – 변명하기
- Day 04 **I mean to ~.** – 해명하기
- Day 05 **I never ~.** – 부정하기
- 4th Week **Check Up**

DAY 01

Thank you ~.

감사하기

076	Thank you for ~.	~해서 고마워요
077	I appreciate ~.	~에 감사 드려요
078	It's very ~ of you to ….	…해 주시니 정말 ~하세요
079	How … of you to ~!	~하다니 정말 고마워요!
080	I'd appreciate it if you could ~.	~해 주신다면 정말 감사하겠어요

Pattern **076**

Thank you for ~.
~해서 고마워요

for 뒤에 명사형이나 동명사를 사용해서 고마워하는 구체적인 내용에 대해 말할 수 있습니다. 미국인들은 거의 습관처럼 "Thank you."를 입에 달고 다닌답니다.

0301 말씀 **감사합니다**.
Thank you for saying that.

0302 시간 내 주셔서 **감사합니다**.
Thank you for taking the time.

0303 도와 주셔서 **고마워요**.
Thank you for all your help.

0304 편지 **감사합니다**.
Thank you for your letter.

Exercise

- 기다려 주셔서 감사합니다.
  ➡ Thank you for _____.

Answer Key : waiting

전시회에 온 손님과 대화

Artist_How are you? Thank you for coming. 작품이 마음에 드셨나요?

Guest_
물론이죠. 몇 년 동안에 최고인 것 같네요.

Artist_
그게 매우 중요한 거죠. 매우 중요해요.

Guest_저도 기쁘네요.

Pattern **077**

I appreciate ~.
~에 감사 드려요

I appreciate ~.는 상대방의 호의에 대해서 감사한다는 뜻으로, appreciate 뒤에 구체적으로 그 이유를 덧붙여서 말합니다. 참고로 "진심으로 감사합니다."라고 표현할 때에는 "Thank you. I appreciate it."이라고 말하면 됩니다.

0305 도와주신 데 대해 감사 드립니다.
I appreciate your help.

0306 당신의 친절에 감사 드립니다.
I appreciate your kindness.

0307 후원해 줘서 고맙습니다.
I appreciate your support.

0308 제 빈자리를 도와 주셔서 감사합니다.
I appreciate your assistance in my absence.

Exercise

- 솔직하게 말해 줘서 고맙습니다. (honesty)
  ➡ I appreciate _____.

Answer Key : your honesty

회사를 그만둔다고 말할 때

Boss_ 앉게나.

Staff_
Thank you, sir. I appreciate you seeing me.

Boss_
여긴 웬일인가?

Staff_
저 그만 둡니다. 그래서 직접 찾아뵙고 말씀 드리고 싶었습니다.

Pattern 078

It's very ~ of you to ⋯.
…해 주시니 정말 ~하세요

"Thank you for your kindness."나 "You are very kind."라는 표현이 형식적이고 딱딱하다고 생각되어질 때 It's very 뒤에 kind, nice 등의 형용사를 써서 "정말 고맙습니다."라는 말을 할 수 있습니다.

공항으로 배웅해 준 상대에게

Man_
자, 여기 비행기 표가 있습니다.

Woman_
정말 고마워요.

0309 그렇게 말씀하시다니 정말 고맙습니다.
It's very nice of you to say so.

0310 초대해 주셔서 정말 감사합니다.
It's very nice of you to invite me.

0311 차를 태워 주셔서 정말 감사합니다.
It's very kind of you to pick me up.

0312 저를 위해 점심식사를 준비해 주셔서 정말 감사합니다.
It's very kind of you to prepare lunch for me.

Man_
우리 지점장 로버트가 공항으로 마중을 나올 겁니다.

Woman_
It's very kind of you (to help me).

Exercise

• 아이디어를 제공해 주셔서 감사합니다. (give, idea)
➡ It's very kind of you _____.

Answer Key : to give me the idea

Pattern 079

How ··· of you to ~!
~하다니 정말 고마워요!

It's very nice of you to. ~ 혹은 It's very kind of you to ~.처럼 상대방의 행동에 감사의 마음을 전하는 패턴입니다.

0313 도와 주셔서 정말 고맙습니다!
How kind of you to help!

0314 와 주셔서 정말 감사드립니다!
How nice of you to come!

0315 배웅해 주셔서 정말 감사드립니다!
How nice of you to see me off!

0316 그들을 위해 그 일을 해 주셔서 정말 감사합니다!
How nice of you to do that for them!

Exercise

- 집에 데려다 주셔서 정말 감사드립니다! (take)
  ➡ How nice of you to _____!

Answer Key : take me home

어버이날 감사의 표시

Son_
어버이날이에요. 어버이날을 축하 드립니다!

Mom_ 고맙다.

Son_
세상에서 제일 좋은 우리 엄마.

Mom_
Oh, how nice of you to say so!

Pattern **080**

I'd appreciate it if you could ~.
~해 주신다면 정말 감사하겠어요

"I'd appreciate it."은 진심으로 고마움을 나타내고자 할 때 쓰는 표현으로 이 패턴은 어려운 대상에게 예의를 갖추어 정중하게 부탁할 때 사용할 수 있습니다.

0317 이걸 도와 **주신다면 정말 감사하겠어요**.
I'd appreciate it if you could help me with this.

0318 이 자료를 표로 정리해 **주신다면 정말 고맙겠어요**.
I'd appreciate it if you could arrange the data in a table.

0319 저희 주문품을 서둘러 보내 **주시면 정말 고맙겠어요**.
I'd appreciate it if you could put a rush on our order.

0320 제게 전화해 **주신다면 정말 고맙겠어요**.
I'd appreciate it if you could call me back.

Exercise

• 제 질문에 답해 주신다면 정말 고맙겠어요. (answer)
➡ I'd appreciate it if you could _____.

Answer Key : answer my questions

차를 태워 준 것에 대한 감사

Man 1_이런! 나 늦겠네.

Man 2_
제가 도와 드릴까요?

Man 1_
Yes, I'd appreciate it if you could drive me downtown.

Man 2_
물론입니다. 저는 시간이 충분합니다.

DAY 02

I'm sorry ~.

사과하기

081	I'm sorry to ~.	~해서 미안해요/~라니 유감이네요
082	I'm sorry about ~.	~에 대해 미안해요/~은 안됐어요
083	I'm sorry, I can't ~.	미안해요, ~할 수가 없어요
084	I'm sorry if ~.	만약 ~했다면 미안해요
085	I apologize for ~.	~에 대해 사과드려요

Pattern 081

I'm sorry to ~.
~해서 미안해요/~라니 유감이네요

I'm sorry 뒤에 to부정사를 붙여서 무엇에 대해 미안한지 말하는 패턴입니다. sorry의 경우는 '미안한'의 의미도 있지만, '유감인'의 의미도 있어서 '~하다니 유감이네요.' 라고 말할 때도 사용할 수 있습니다. 앞의 I'm을 생략한 채 Sorry to ~.로 간단히 말하기도 합니다.

0321 방해**해서 죄송합니다**.
I'm sorry to disturb.

0322 기다리게 **해서 죄송합니다**.
I'm sorry to keep you waiting.

0323 늦은 시간 전화**해서 미안해요**.
I'm sorry to call so late.

0324 이렇게 폐를 끼쳐서 **죄송합니다**.
I'm sorry to give you all this trouble.

Exercise

• 너무 자주 수고를 끼쳐서 죄송합니다. (so often)
➡ I'm sorry to _____

Answer Key : trouble you so often

가게에 도둑이 들었어요

Man_
정말 화나요. 지난밤에 가게에 도둑이 들었거든요.

Woman_
가게 문을 안전하게 잠그지 않았나요?

Man_
잠갔지만, 전문가의 소행인 것 같아요.

Woman_
Well, I'm sorry to hear that.

Pattern **082**

I'm sorry about ~.
~에 대해 미안해요/~은 안됐어요

I'm sorry to ~.와 의미는 같되 about 뒤에 명사나 동명사가 와서 '~해서 미안해.' 혹은 '~은 안됐어요.'로 말할 수 있습니다.

0325 가족들 일은 **죄송합니다**.
I'm sorry about my family.

0326 지난밤 일은 **죄송합니다**.
I'm sorry about last night.

0327 어머니 일은 정말 **안됐어요**.
I'm **really** sorry about your mother.

0328 아까 일에 대해선 미안해요.
I'm sorry about back there.

Exercise

- 당신에게 소리 질러서 미안해요. (yell)
  ➡ I'm sorry about _____.

Answer Key : yelling at you

공포영화를 보고 난 후

Man_
참, 영화 괜찮았어요?

Woman_
네, 무척 좋았어요. 당신은 괜찮았나요?

Man_ 괜찮았어요. 눈을 감고 있었거든요. 전 공포영화는 별로 좋아하지 않아요.

Woman_
그걸 몰랐네요. I'm sorry about the movie.

Pattern **083**

I'm sorry, I can't ~.
미안해요, ~할 수가 없어요

I can't ~.를 써서 상대방의 부탁을 정중하게 거절하는 패턴입니다. 손님이 가격을 더 깎아달라고 부탁하면, 그 때 "더 깎아 드릴 수 없어요."라고 말할 때 이 패턴을 씁니다.

제품의 가격 할인율을 두고

Retailer 요구하시는 것은 알겠지만, 제가 제시할 수 있는 최대는 그 가격의 절반 정도입니다.

0329 미안해, 설명해 줄 수가 없어.
I'm sorry, I can't explain.

0330 미안하지만, 오늘은 널 데리고 나갈 수가 없어.
I'm sorry, I can't take you out today.

0331 죄송합니다, 더 이상은 깎아드릴 수 없습니다.
I'm sorry, I can't reduce the price any further.

0332 미안하지만, 갈 수 없어요.
I'm sorry, I can't come.

Wholesaler
I'm sorry, I can't take it.

Retailer 하지만 그것들 중 절반이 불량품이었는데, 그것들을 어떻게 하실 생각이십니까?

Wholesaler 저도 알고 있습니다만, 그렇게 엄청난 가격 인하는 수락할 수 없습니다.

Exercise

• 더 드리지 못해서 죄송합니다. (give)
 ➡ I'm sorry, I can't _____.

Answer Key : give you more

Pattern 084

I'm sorry if ~.
만약 ~했다면 미안해요

이 패턴은 직역하면 '~했다면 미안해요.'가 됩니다. 즉, 의도와는 다르게 상대방에게 혹시라도 실례를 범했을 때 미안하다고 사과하는 표현입니다.

0333 실망시켜 드렸**다면 죄송해요**.
I'm sorry if I let you down.

0334 마음을 상하게 했**다면 죄송해요**.
I'm sorry if I hurt you.

0335 화나게 했**다면 죄송해요**.
I'm sorry if I upset you.

0336 제가 너무 오버했**다면 죄송해요**.
I'm sorry if I over-reacted.

Exercise

• 제가 너무 오래 걸렸다면 죄송합니다. (so long)
➡ I'm sorry if _____.

Answer Key : I took so long

전시된 차의 가격은?

Vistor_
이 차 얼마예요?

Salesman_
이 차는 판매용이 아닙니다.

Vistor_
그건 왜 밖에 나와 있나요?

Salesman_ 전시용 차입니다.
I'm so sorry if I led you to believe it was for sale.

Pattern **085**

I apologize for ~.

~에 대해 사과드려요

apologize는 '사과하다', '사죄하다'라는 뜻으로 I apologize for ~.하면 I'm sorry for ~.보다 좀더 정중하고 진지한 패턴이 됩니다. 따라서 공식적인 사과를 할 때에는 I apologize for ~.를 더 많이 사용합니다.

0337 늦어서 **죄송합니다**.
I apologize for being late.

0338 급하게 연락**해서 미안해요**.
I apologize for the short notice.
※ notice 통지

0339 제가 한 일**에 대해 사과드려요**.
I apologize for what I did.

0340 제가 한 말 **사과드려요**.
I apologize for what I said.

Exercise

- 오늘 지각해서 죄송해요. (late)
➡ I apologize for _____.

Answer Key : being late

호텔방을 바꿀 때

Hotel clerk_
원하시면 다른 방을 드리겠습니다.

Guest_
그렇게 해주시면 감사하죠.

Hotel clerk_
I apologize for any problems you have experienced.

Guest_
지금 제 가방들을 새로운 방으로 옮겨도 되나요?

DAY 03

여러 가지 관용 표현

변명하기

086 I tried to ~.   ~하려고 했어요

087 I couldn't help but ~.   ~할 수밖에 없었어요

088 I had no choice but ~.   ~할 수밖에 없었어요

089 There's no excuse for ~.   ~에 대해선 변명의 여지가 없어요

090 I don't know why I ~.   제가 왜 ~했는지 모르겠어요

Pattern **086**

I tried to ~.
~하려고 했어요

이 패턴은 "저도 노력했지만, 안 된 거예요."라고 자신의 입장을 변명할 때나 어떤 일을 시도하려고 했던 상황을 설명할 때 쓰이는 말입니다. 뒤에 'But ~.'을 써서 당시 상황에 대한 부연 설명을 할 수 있습니다. 예를 들어 상대방이 "왜 연락을 안했어요?" 하고 묻는 경우 "연락 하려고 했어요. 하지만 ~."라고 답하는 상황인 것이죠.

0341 난 그녀에게 말해 주려고 **애썼어요**.
I tried to tell her.

0342 저는 그를 깨우**려고 했었어요**.
I tried to wake him up.

0343 제가 연락**하려고 했었는데요**.
I tried to get a hold of you.

0344 저는 그것을 모조리 암기**하려고 했어요**.
I tried to learn all of it by heart.

Exercise

- 지난번에 그에게 물어보려고 했어요. (ask, the other day)
  ➡ I tried to _____.

Answer Key : ask him the other day

헤어 스타일을 바꾸려는 친구

Woman 1_
항상 똑같은 이 헤어 스타일 지겨워.

Woman 2_
그럼 스타일을 바꿔! 앞머리를 내리면 잘 어울릴 거 같은데.

Woman 1_그럴까? 머리를 정말 기르고 싶은데, 어깨까지 오면 자르고 싶어서 못 참는다니까.

Woman 2_
Actually I tried to grow it, but I gave up.

Pattern 087

I couldn't help but ~.

~할 수밖에 없었어요

'전 어쩔 수 없었어요. 그래서 but 이하를 했어요.' 라는 뜻으로 but 이하에 자신이 한 행동에 대해 말하는 패턴입니다.

0345 저는 웃지 않을 수 없었어요.
I couldn't help but laugh.

0346 우연히 들을 수 밖에 없었어요. (우연히 대화를 들었습니다.)
I couldn't help but overhear.

0347 저는 출발을 연기하지 않을 수 없었어요.
I couldn't help but defer departure.
＊defer 연기하다, 미루다

0348 의심하지 않을 수 없었어요.
I couldn't help but wonder.

Exercise

- 울지 않을 수 없었어요.
  ➡ I couldn't help but _____.

Answer Key : cry

카드값을 본 부인과 남편의 대화

Wife_이 영수증은 뭐예요? 400 달러라니! 당신이 술값을 다 계산한 거예요?

Husband_내가 최근에 승진했 잖아요. So, I couldn't help but pay for it.

Wife_ 하지만 우린 이미 카드 값이 많아요.

Husband_ 미안해요, 여보.

Pattern 088

I had no choice but ~.
~할 수밖에 없었어요

이 패턴은 직역하면 '선택할 수 없어서 ~했어요.' 즉, '~할 수 밖에 없었어요.'의 의미입니다. 무언가 일이 잘못되었거나 맡은 바 책임을 다 하지 못했을 때 자신의 행동에 대해 변명해야 할 상황에서 사용할 수 있습니다.

0349 저는 **싫건 좋건** 가야 **했어요**.
I had no choice but to go.

0350 이혼할 **수밖에 없었어요**.
I had no choice but to get divorced.

0351 그의 제의를 받아들이는 **수밖에 딴 도리가 없었어요**.
I had no choice but to accept the offer.

0352 패배를 인정하는 **수밖에 다른 선택이 없었어요**.
I had no choice but to admit defeat.

Exercise

• 예약을 취소할 수밖에 없었어요. (reservation)
➡ I had no choice but _____.

Answer Key : to cancel the reservation

휴가 얘기를 나누는 상황

Woman_
너 이 손바닥만한 방에 휴가 내내 갇혀 있었던 거야?

Man_
I had no choice but to stay home. 돈도 하나도 없거든.

Woman_
불쌍한 것! 돈 좀 빌려 줄 수 있었는데.

Man_
괜찮았어. 집에 있는 게 더 나아.

Pattern 089

There's no excuse for ~.
~에 대해선 변명의 여지가 없어요

excuse는 명사 또는 동사로 쓰입니다. 명사로 쓰일 때는 '핑계, 변명' 등의 의미이고, 동사로는 '~를 용서하다. ~에 대한 구실이 되다'의 뜻으로 쓰입니다. 따라서 There's no excuse for ~.는 상대방이 변명을 할 때 "그것은 말도 안 되는 변명일 뿐이야."라고 말할 때 쓸 수 있는 패턴입니다.

0353 늦게 나올 이유가 없습니다.
There is no excuse for being late.

0354 이런 직무태만은 변명의 여지가 없습니다.
There is no excuse for this inaction.
*inaction 직무태만, 게으름

0355 가정 폭력에 대해선 변명의 여지가 없습니다.
There is no excuse for domestic violence.

0356 무지한 것에 대해선 변명의 여지가 없습니다.
There is no excuse for ignorance.

Exercise

- 준비를 안 한 것은 변명의 여지가 없습니다. (unprepared)
  ➡ There's no excuse for _____.

Answer Key : being unprepared

길에 쓰레기 버리는 것을 두고

Man 1
Did you just see that guy throw his trash out right in the middle of the street?

저 사람이 방금 길 한복판에 쓰레기를 버리는 것 봤어요?

Man 2
I know. I sometimes do, too. There's no place to throw the garbage away.

봤어요. 나도 종종 그래요. 쓰레기를 버릴 장소가 없거든요.

Man 1_There's no excuse for throwing your junk in the street.

길에 쓰레기를 버리는 것은 변명의 여지가 없어요. (junk)

Man 2 알겠어요. 앞으로 저는 쓰레기통 있는 곳에 갈 때까지 지니고 있을게요.

Okay, I will hold onto it until I get to a garbage can.

Pattern **090**

I don't know why I ~.
제가 왜 ~했는지 모르겠어요

직역한 그대로 '내가 왜 ~했는지 모르겠어요.'는 과거에 자신이 한 행동을 본인도 납득하지 못하겠다고 말할 때나 변명할 때 쓸 수 있는 패턴입니다.

0357 내가 왜 그한테 말을 **했는지 모르겠어요.**
I don't know why I **told him.**

0358 내가 왜 이리 긴장**했는지 몰라요.**
I don't know why I **was so nervous.**

0359 **내가** 어젯밤에 **왜** 그렇게 고기를 많이 먹**었는지 모르겠어요.**
I don't know why I **ate so much meat last night.**

0360 **내가** 그녀에게 **왜** 그렇게 늦게 전화를 **했는지 모르겠어요.**
I don't know why I **called her so late.**

Exercise

- 나도 내가 왜 안 갔는지 모르겠어. (go)
  ➡ I don't know why I _____.

Answer Key : didn't go

안 예쁜 가방을 구입한 친구

Woman 1_
그 가방 정말 별로다.

Woman 2_
맞아, I don't know why I bought this.

Woman 1_
어디에서 샀는데?

Woman 2_
롯데 백화점에서 세일할 때 샀어.

DAY 04

I meant to~.

해명하기

091	I meant ~.	~하려던 거였어요
092	I didn't mean to ~.	~하려던 건 아니었어요
093	I never meant to ~.	~하려던 건 절대 아니었어요
094	It doesn't mean ~.	그렇다고 ~인 것은 아니에요
095	What I mean is ~.	제 말은 ~라는 거예요

Pattern 091

I meant ~.
~하려던 거였어요

직역하면 '내가 의미했던 것은 ~이에요.'라는 것으로 상대방이 내가 한 행동이나 말로 인하여 마음이 상한 경우, 그럴 의도가 아니었다고 해명할 때 쓰는 패턴입니다. 그 외에도 자신이 ~할 의도였음을 말할 때에도 사용합니다. meant는 '의미하다'라는 뜻인 mean의 과거형입니다.

0361 딴 마음이 있어서 **그렇게 말한 것은 아니야.**
I meant no harm in saying that.

0362 나는 너를 생각**해서 한 일이야.**
I meant it for your own good.

0363 먼저 치우**려고 했었는데.**
I meant to clean up first.

0364 나는 집에 가는 도중에 슈퍼에 갈 **생각이었는데, 깜빡 잊고 말았어요.**
I meant to go to the grocery store on the way home, but it slipped my mind.

Exercise

- 나는 농담으로 한 말이에요. (joke)
  ➡ I meant it _____.

Answer Key : for a joke

귀가가 늦은 아들

Mom_
늦었구나! 어디 있었니?

Son_
친구들을 집까지 차로 바래다 줬어요.

Son_
I meant to be home earlier.

Mom_
전화를 했어야지.

Pattern 092

I didn't mean to ~.
유감스럽지만 ~이에요

상대방이 나로 인하여 불편함을 느끼거나 마음이 상했을 때, 혹은 뜻하지 않은 결과가 나왔을 때 자신이 하려던 의도는 그것이 아니라고 해명할 때 쓰는 패턴입니다. 그럴 작정은 아니었다고 말하려는 것입니다.

0365 널 화나게 **할 생각은 아니었어**.
I didn't mean to upset you.

0366 너를 놀라게 **하려고 한 건 아니었는데**.
I didn't mean to frighten you.

0367 내가 그 말을 **하려던 게 아니었어**.
I didn't mean to say that.

0368 그렇게 돈을 많이 쓰려고 **한 것은 아니었어**.
I didn't mean to spend so much money.

Exercise

- 너에게 상처를 주려고 한 것은 아니었어. (hurt, feeling)
➡ I didn't mean to (I never meant to) _____.

Answer key : hurt your feelings

전화를 걸려던 것이 아니었어

Woman_ 해리?

Man_
내가 전화한지 어떻게 알았어?
난 아무 소리도 안 했는데.

Woman_
그냥 느낀 거지 뭐.

Man_ I was just thinking of calling you. I didn't mean to really call you.

Pattern **093**

I never meant to ~.

~하려던 건 절대 아니었어요

직역하면 '내가 의미했던 것은 절대 ~이 아니었어요.'라는 뜻으로 자신이 그럴 의도가 전혀 없었다고 강하게 해명하는 패턴입니다. never가 문장에 들어가서 I didn't mean to ~.보다 좀 더 강하게 부정하는 말이 됩니다.

0369 당신 마음을 아프게 **할 의도가 절대 아니었어요.**
I never meant to hurt you.

0370 우쭐대려던 **의도는 아니었어요.**
I never meant to brag.

0371 기분 나쁘게 **하려던 의도는 아니었어요.**
I never meant to let you down.

0372 당신에게 그런 일들을 **하려고 한 게 아니었어요.**
I never meant to do those things to you.

Exercise

• 당신을 정말 힘들게 만들 생각은 아니었어요. (harm)
➡ I never meant to _____.

Answer Key : do you harm

언니 옷을 입고 나간 동생

Little sister_
무슨 일이야?

Elder sister_ 넌 항상 나에게 묻지도 않고 내 옷을 가져가. 난 네가 이렇게 행동하는 거 싫어.

Little sister_
미안해. I never meant to make you feel bad.

Elder sister_
그렇다면, 다신 그러지 마.

Pattern **094**

It doesn't mean ~.
그렇다고 ~인 것은 아니에요

'~라는 의미는 아닙니다.', '그렇다고 ~인 것은 아닙니다.'라는 뜻으로 자신이 앞서 한 말에 대해서 현재 상황에 오해가 없도록 부가 설명하는 패턴입니다. it이 앞의 상황을 의미하는 것입니다.

0373 그게 불가능**하다는 것은 아닙니다.**
It doesn't mean it's impossible.

0374 그들이 틀렸**다는 말은 아닙니다.**
It doesn't mean they're wrong.

0375 제가 신경을 안 쓴**다는 말은 아닙니다.**
It doesn't mean I don't care.

0376 제가 당신을 좋아하지 않는**다는 말은 아닙니다.**
It doesn't mean I don't like you.

Exercise

- 우리가 친구가 될 수 없다는 말은 아니에요.
  ➡ It doesn't mean that _____.

Answer Key : we can't be friends

주말에 출근하려는 남편

Wife_
이번 주말에 일한다니, 믿을 수가 없어요.

Husband_
It doesn't mean that we won't go out.

Wife_
당신이 일하는데 우리가 어떻게 외출해요?

Husband_
난 단지 몇 시간만 일하러 가거든요.

Pattern 095

What I mean is ~.
제 말은 ~라는 거예요

What I mean은 문장에서 주어로 쓰여서 '내가 의미하는 것'의 뜻을 나타냅니다. 즉, 자신이 하고자 하는 말을 강조해서 표현하는 것으로 상대방이 자신의 의도를 잘 이해하지 못할 때나 오해할 때, 그리고 자신의 요점을 강조할 때 이 패턴을 사용할 수 있습니다.

0377 제 말은 전 돈이 없다는 겁니다.
What I mean is I have no money.

0378 제 말은 제가 나쁜 사람이 아니라는 겁니다.
What I mean is I'm not a bad person.

0379 제 말은 당신은 여기에 있으면 안 된다는 겁니다.
What I mean is you shouldn't be here.

0380 제 말은 저는 춤을 추지 않을 거라는 겁니다.
What I mean is I'm not going to dance.

Exercise

- 내 말은 네가 걱정이 된다는 거야. (worry about)
➡ What I mean is _____.

Answer Key : I'm worried about you

단단히 화가 난 남자

Man_ 넌 그걸 하지 말았어야 했어.

Boy_ 알아요. 제가 죄송하다고 말했잖아요.

Man_ What I mean is sorry is not good enough. 넌 내 신용을 다시 얻어야 할 거야.

Boy_ 알겠어요. 그럴게요.

DAY 05

I never ~.
부정하기

096	I never thought ~.	~한 생각은 전혀 못했어요
097	I never dreamed ~.	꿈에도 ~하지 못했어요
098	I would never get ~.	저는 결코 ~하지 않을 거예요
099	I would never want to ~.	절대 ~하고 싶지 않아요
100	I may never ~.	영영 ~못 할지도 몰라요

Pattern 096

I never thought ~.
~한 생각은 전혀 못했어요

직역한 그대로 '~한 생각은 전혀 못했어요.'는 '~라고는 꿈에도 생각하지 못했다.'라는 의미로 예상치도 않았던 상황이나 뜻밖의 일에 쓸 수 있는 패턴입니다. 예를 들어 "여기서 널 볼 거라곤 생각치도 못 했어."라고 사용할 수 있습니다.

0381 그게 효과 있으리라곤 생각 못했어.
I never thought it would work.

0382 여기서 당신을 만날 거라는 건 생각지도 못했어요.
I never thought of meeting you here.

0383 내가 복권에 당첨되리라고는 절대 생각지도 않았어.
I never thought I would win the lottery.

0384 그가 나에 대해 걱정을 했으리라곤 생각지도 못했어.
I never thought he cared about me.

Exercise

- 그것이 그만큼 가치 있다는 생각은 한 번도 안했어. (worth)
  ➡ I never thought _____.

Answer Key : It was worth it

우연히 만난 남녀

Woman_
스미스 씨 아니세요?

Man_
안녕, 제인! 여기 웬일이에요?

이런 곳에서 당신을 보게 될 줄 전혀 생각도 못했어요.
Woman_ 누굴 좀 만나러 왔어요.
I never thought I'd see you here.

Man_ '세상은 좁다.'라는 말이 있잖아요.

Pattern 097

I never dreamed ~.
꿈에도 ~하지 못했어요

직역한 그대로 꿈에도 생각 못할 만큼 예상하지 못했던 일을 말할 때 사용하는 패턴입니다. 고인이 된 마이클 잭슨의 영결식에 스티비 원더가 "I Never Dreamed You'd Leave in Summer. 당신이 여름에 떠날 줄은 미처 몰랐어요."라는 노래를 부르기도 했죠.

0385 그런 일을 하리라고는 **꿈에도 생각 안 했어요.**
I never dreamed of doing such a thing.

0386 그녀를 만나리라고는 **꿈에도 생각지 않았어요.**
I never dreamed of meeting her.

0387 그가 유명한 작가였다는 것은 **꿈에도 몰랐어요.**
I never dreamed that he was the famous writer.

0388 내 아들이 그런 말을 하리라고는 **꿈에도 생각지 못했어요.**
I never dreamed I would hear such words from my son's lips.

Exercise

- 이런 일은 꿈에도 생각 못했어요. (this)
➡ I never dreamed _____.

Answer key : of this

비 오는 날 과속하는 차량

Man_
왜 저 남자 날아가고 있어!

Woman_
이런 비에 저렇게 빨리 운전을 하다니 제 정신이 아니군.

Man_
I never dreamed of driving that fast in rain like this.

Woman_
저 남자 사고 낼 것 같아.

Pattern 098

I would never get ~.
저는 결코 ~하지 않을 거예요

본인의 미래에 대한 강력한 부정의 생각을 표현할 때에는 would never를 사용하여 말합니다. 여기서는 get이라는 동사와 함께 쓰여서 절대 ~하지 않을 것이라는 강한 의지를 표현할 수 있습니다.

0389 나는 절대 성형수술은 하지 않을 거야.
I would never get plastic surgery.

0390 나는 절대로 익숙해질 수 없을 것 같아요.
I would never get used to it.

0391 나는 그를 볼 기회가 결코 없을 거야.
I would never get a chance to see him.

0392 나는 절대 그 학교에 들어가지 않을 거야.
I would never get into that school.

Exercise

- 나는 절대 살찌지 않을 거예요.
  ➡ I would never get ＿＿＿＿＿.

Answer Key : fat

헤어스타일을 바꾼 남자

Man 1_
너 헤어 스타일이 바뀌었구나.

Man 2_ 응, 그런데 맘에 안 들어. 난 단지 다듬어 달라고 했는데 미용사가 스포츠형으로 만들었어.

Man 1_
난 좋아 보이는데.

Man 2_
Anyway, I'd never get a hair cut there.

Pattern 099

I would never want to ~.
절대 ~하고 싶지 않아요

get 대신에 want to를 써서 자신이 하고 싶지 않은 것을 강하게 말하는 패턴입니다.

0393 절대로 다시는 당신을 보고 싶지 않아요.
I would never want to **see you again.**

0394 내 일을 **절대로** 그만두고 **싶지 않아.**
I would never want to **quit my job.**

0395 그와는 **절대로** 거래하고 **싶지 않아요.**
I would never want to **deal with him.**

0396 그와 **절대로** 같이 있고 **싶지 않아요.**
I would never want to **stay with him.**

Exercise

- 절대로 당신에게 영향을 미치고 싶지 않아요. (influence)
➡ I would never want to _____.

Answer Key : influence you

한동안 떨어져 있을 모자

Mom_
울지 마, 아가! 6개월 후에 다시 집에 올 거야.

Son_
알아요. 하지만, 정말 많이 그리울 거예요.

Mom_
매일 전화할 거야. I would never want to hurt you.

Son_
사랑해요, 엄마. 몸조심 하세요.

Pattern **100**

I may never ~.

영영 ~을 못 할지도 몰라요

may는 '~일지도 모른다.'는 불확실한 상황에서 쓰는 조동사로 never와 함께 쓰여서 I may never ~.하면 '영영 ~을 못 할지도 모른다.'라는 뜻을 나타냅니다.

0397 난 그가 왜 떠났는지 **영영** 알지 **못** 할지도 몰라.
I may never know why he left.

0398 난 이 도시를 **영영** 떠나지 **못** 할지도 몰라.
I may never leave this town.

0399 난 이 문제를 **영영** 풀지 **못** 할지도 몰라.
I may never solve this problem.

0400 난 **다시는** 네 손을 잡으려 **하지 않**을 거야.
I may never get to hold your hands again.

Exercise

• 이곳에 다신 돌아오지 못 할지도 몰라요. (come back)
➡ I may never _____

Answer Key : come back here again

목 수술을 해야하는 상황

Man 1_
의사가 뭐라고 그래?

Man 2_
목에 수술을 해야 한다고 그가 말했어.

Man 1_
오, 이런. 그거 끔찍한데. 언제 수술인데?

Man 2_
다음 주에 할 거래. I may never sing again.

4th Week Check Up

1주 동안 25패턴 100문장을 공부했어요.

"영어로 바로바로 나올 때까지 연습해 보세요."

01. 도와 주셔서 고마워요.

02. 당신의 친절에 감사 드립니다.

03. 차를 태워 주셔서 정말 감사합니다.

04. 도와 주셔서 정말 고맙습니다.

05. 저희 주문품을 서둘러 보내 주시면 정말 고맙겠어요.

06. 늦은 시간 전화해서 미안해요.

07. 아까 일에 대해선 미안해요.

08. 죄송합니다, 더 이상은 깎아드릴 수 없습니다.

09. 마음을 상하게 했다면 죄송해요.

10. 늦어서 죄송합니다.

11. 제가 연락하려고 했었는데요.

정답 01. Thank you for all your help. 02. I appreciate your kindness. 03. It's very kind of you to pick me up. 04. How kind of you to help! 05. I'd appreciate it if you could put a rush on our order. 06. I'm sorry to call so late. 07. I'm sorry about back there. 08. I'm sorry, I can't reduce the price any further. 09. I'm sorry if I hurt you. 10. I apologize for being late. 11. I tried to get a hold of you.

12. 의심하지 않을 수 없었어요.

13. 이혼할 수밖에 없었어요.

14. 이런 직무태만은 변명의 여지가 없습니다.

15. 내가 어젯밤에 왜 그렇게 고기를 많이 먹었는지 모르겠어요.

16. 딴 마음이 있어서 그렇게 말한 것은 아니야.

17. 내가 그 말을 하려던 게 아니었어.

18. 우쭐대려던 의도는 아니었어요.

19. 그게 불가능하다는 것은 아닙니다.

20. 제 말은 전 돈이 없다는 겁니다.

21. 내가 복권에 당첨되리라고는 절대 생각지도 않았어.

22. 그런 일을 하리라고는 꿈에도 생각 안 했어요.

23. 나는 절대 성형수술은 하지 않을 거야.

24. 그와 절대로 같이 있고 싶지 않아요.

25. 난 그가 왜 떠났는지 영영 알지 못 할지도 몰라.

정답 12. I couldn't help but wonder. 13. I had no choice but to get divorced. 14. There is no excuse for this inaction. 15. I don't know why I ate so much meat last night. 16. I meant no harm in saying that. 17. I didn't mean to say that. 18. I never meant to brag. 19. It doesn't mean it's impossible. 20. What I mean is I have no money. 21. I never thought I would win the lottery. 22. I never dreamt of doing such a thing. 23. I would never get plastic surgery. 24. I would never want to stay with him. 25. I may never know why he left.

2nd Month
필수 패턴

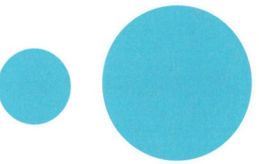

1st Week
궁금한 것 묻기 · 방법 설명하기

2nd Week
의문사로 묻기

3rd Week
능력 · 가능성 표현하기

4th Week
계획 · 해야 할 일 말하기

1st week

궁금한 것 묻기 · 방법 설명하기

Day 01	**Are you ~?** – 상대방에게 궁금한 것 묻기
Day 02	**Is it ~?** – 괜찮은지 묻기
Day 03	**Is there ~?** – ~이 있는지 확인하기
Day 04	**I wonder ~.** – 궁금한 것 묻기
Day 05	**That is ~.** – 방법·이유 설명하기
1st Week	**Check Up**

DAY 01

Are you ~?

상대방에게 궁금한 것 묻기

101	Are you sure ~?	~이 확실합니까?
102	Are you ready to ~?	~할 준비가 되었나요?
103	Are you interested in ~?	~에 관심이 있습니까?
104	Are you going to ~?	~할 건가요?
105	Are you done with ~?	~은 다 끝냈어요?

Pattern 101

Are you sure ~?
~이 확실합니까?

Are you sure ~?는 미심쩍은 상황에서 상대방에게 궁금한 사항을 구체적으로 묻는 패턴입니다. Are you sure 뒤에는 전치사구나 '주어+동사'의 절을 붙여 사용할 수 있습니다.

0401 **진짜** 괜찮**습니까**?
Are you sure you're all right?

0402 너는 **정말** 가고 싶지 않은 **거야**?
Are you sure you don't want to go?

0403 이게 가장 빠른 길인 게 **확실합니까**?
Are you sure this is the quickest way?

0404 네가 혼자서 이 연습문제를 풀었다는 게 **정말이니**?
Are you sure you did this exercise by yourself?

Exercise

• 문을 확실히 잠갔나요? (lock, door)
➡ Are you sure you _____?

Answer Key : locked the door

실내가 너무 더워요

Customer_
이 안이 너무 더워요. Are you sure the heat is off?

Waiter_
틀림없어요. 코트를 벗으세요.

Customer_
창문 좀 열어도 될까요?

Waiter_ 물론이죠.

Pattern 102

Are you ready to ~?

~할 준비가 되었나요?

Are you ready to ~?는 어떤 일을 할 준비가 되어있는지 물어볼 때 쓰는 패턴입니다. 식당에서 웨이터가 주문하겠냐고 물을 때 흔히 Are you ready to ~?의 패턴을 사용합니다.

0405 대화할 준비가 되었나요?
Are you ready to talk?

0406 일을 시작할 준비가 되었어요?
Are you ready to start work?

0407 쇼핑갈 준비가 되었나요?
Are you ready to go shopping?

0408 주문하시겠습니까?
Are you ready to order?

약속을 취소하려는 상황

Woman_
Are you ready to go to a movie tonight?

Man_
저, 안 될 거 같아요.

Man_
어머니가 잠깐 들렀다 가라고 전화가 왔어요. 미안합니다.

Woman_
그러면 언제 시간이 되세요?

Exercise

• 등교할 준비가 되었니? (go, school)
➡ Are you ready to _____?

Answer Key : go to school

Pattern **103**

Are you interested in ~?
~에 관심이 있습니까?

be interested in은 '~에 관심이 있다.'라는 뜻으로 Are you interested in ~?은 '~에 관심 있어요?'라고 흥미나 관심이 있는지를 묻는 패턴입니다. 또한 '~할 생각 있어요?'라고 제안이나 권유의 의미로 물을 때에도 쓰입니다.

0409 자전거 타기에 흥미 있어요?
Are you interested in cycling?

0410 당신은 역사에 관심이 있습니까?
Are you interested in history?

0411 우리와 함께 저녁식사 하실래요?
Are you interested in joining us for dinner?

0412 파트 타임으로 일할 생각 있어요?
Are you interested in joining us on a part-time basis?

Exercise

• 절약하는 것에 관심 있나요? (spend, money)
  ➡ Are you interested in _____?

Answer Key : spending less money

주말에 야구경기 보러가자

Man_
이번 주말에 뭘 하실 생각이세요?

Woman_
특별한 일은 없어요.

Man_
Are you interested in going to a baseball game with me?

Woman_ 좋아요.

Pattern 104

Are you going to ~?
~할 건가요?

Are you going to 뒤에 동사원형을 써서 가까운 미래에 ~을 할 것인지를 물을 때에는 '~할 건가요?', '~할 예정인가요?'의 의미로 쓰입니다. 뒤에 명사형이 올 경우에는 go가 진행형의 의미로 '~에 가는 중인가요?'로 해석됩니다. going to는 gonna로 줄여서 쓸 수도 있습니다.

0413 당신의 낡은 오디오를 팔**려고 하나요**?
Are you going to sell your old stereo?
*stereo 오디오

0414 다른 사람들에게 얘기**할 건가요**?
Are you going to tell the others?

0415 일하러 가시**는 건가요**?
Are you going to work?

0416 하루 종일 집에만 계실 **건가요**?
Are you going to stay in all day?

Exercise

• 혼자 생활하실 건가요? (live)
➡ Are you going to _____?

Answer Key : live by yourself

쇼핑하러 갈거니?

Woman 1_
Are you going to the mall today?

Woman 2_
아니, 오늘은 안 갈 거야.

Woman 1_
그럼 내일 나랑 같이 갈래?

Woman 2_
그래, 재미있겠다.

Pattern **105**

Are you done with ~?
~은 다 끝냈어요?

done은 do의 과거분사형으로 '마친', '끝난'이란 뜻을 가집니다. 즉, finished의 의미인 것이죠. '~을 끝냈어요?'라고 물을 때에는 Are you finished?보다 Are you done with ~? 혹은 Are you through?의 패턴을 더 많이 사용합니다.

0417   그 피자 **다 먹은 거야?**
       Are you done with that pizza?

0418   보고서 **다 썼나요?**
       Are you done with the report?

0419   오늘 수업은 **다 끝났어요?**
       Are you done with all your classes today?

0420   잔은 **다 비웠어요?**
       Are you done with your drink?

Exercise

• 식사는 다 하셨나요? (meal)
  ➡ Are you done with _____?

Answer Key : your meal

숙제검사를 하는 엄마

Mom_
Are you done with your math homework?

Son_
그거 다음 주 까지 하면 돼요.

Mom_
발등에 불 떨어졌을 때 하지 말고, 미리 미리 해두지 그러니?

Son_ 알았어요.

DAY 02

Is it ~?

괜찮은지 묻기

106	Is it okay if ~?	~해도 괜찮아요?
107	Is it all right to ~?	~해도 괜찮을까요?
108	Is it possible ~?	~가 가능한가요?
109	Is that okay with ~?	~ 괜찮아요?
110	Would it be possible if ~?	~하면 가능한가요?

Pattern 106

Is it okay if ~?
~해도 괜찮아요?

누군가에게 조심성 있게 질문할 때 사용할 수 있는 패턴으로 '~해도 될까요?'라는 뜻입니다. if 대신에 'to+동사원형'의 형태로 바꾸어 쓸 수도 있습니다. 직장에서 "저 일찍 가도 될까요?"하고 허락을 받거나 약속 장소에 늦을 것 같을 때 "제가 늦어도 될까요?"하고 허락을 구할 때 쓰면 좋은 표현이 됩니다.

0421 제가 늦어도 **괜찮겠어요?**
Is it okay if I'm late?

0422 제가 먼저 가도 **괜찮겠어요?**
Is it okay if I go first?

0423 그거 나중에 돌려 줘도 **괜찮아요?**
Is it okay if I give it back to you later?

0424 친구와 같이 와도 **괜찮아요?**
Is it okay if my friend comes along?

Exercise

• 약 10분 후에 출발해도 괜찮을지 모르겠네요. (leave, ten minutes)
➡ Is it okay if _____?

Answer Key : I leave in about ten minutes

계획대로 일을 진행할까요?

Boss_ 아주 훌륭했어요.

Staff_ 정말 그렇게 생각하십니까?

Boss_ 물론이죠. 발표를 아주 잘했어요.

Staff_ 그런 말씀해주시니 고맙습니다. Then, is it okay if I go ahead?

Pattern 107

Is it all right to ~?

~해도 괜찮을까요?

Is it all right to ~?는 Is it okay if ~?와 같은 패턴으로, 형태만 변형한 것입니다. 상대방의 의사를 묻거나 허락을 구할 때 쓸 수 있습니다.

0425 이곳에 주차**해도 괜찮을까요**?
Is it all right to park here?

0426 제 개를 안으로 데려가**도 괜찮을까요**?
Is it all right to bring my dog inside?

0427 토니에게 말**해도 돼요**?
Is it all right to mention it to Tony?

0428 이 컵을 사용**해도 돼요**?
Is it all right to use this glass?

Exercise

• 이 전화를 써도 될까요? (use, phone)
➡ Is it all right to _____?

Answer key : use this phone

다음에 가져와도 될까요?

Nurse_
의료보험 카드 있습니까?

Patient_
네, 있습니다. 그런데 안 가져 왔는데요.

Nurse_
오, 의료보험 카드가 있어야 합니다.

Patient_
Is it all right to bring it on my next visit?

Pattern **108**

Is it possible ~?
~가 가능한가요?

possible은 '가능한'의 의미로 Is it possible ~?하면 '~이 가능한가요?' 하고 가능성을 묻는 패턴입니다. 그러나 상황에 따라서는 단순히 가능성을 묻는다기보다는 '그게 가당키나 한가요?'의 의미를 담기도 합니다. 따라서 문맥에서 그 의미가 무엇인지 잘 파악할 수 있어야 하겠습니다.

0429 거기에 10분 안에 간다는 것이 가능해?
Is it possible to go there in 10 minutes?

0430 그녀가 널 사랑한다는 것이 말이 돼?
Is it possible that she loves you?

0431 네가 몰랐다는 것이 말이 돼?
Is it possible that you didn't know?

0432 배터리가 나갔다는 게 가능해?
Is it possible that the battery's dead?

Exercise

- 할부로 해도 될까요? (pay, installment)
  ➡ Is it possible to _____?

Answer Key : pay in installments

항공편 예약을 변경할 때

Airline staff_
도와 드릴까요?

Visitor_
네, Is it possible to change my flight reservation?

Airline staff_
예약 번호 있으십니까?

Visitor_
네, 769512입니다.

Pattern 109

Is that okay with ~?
~ 괜찮아요?

이 표현은 '누가 ~하는데 또 다른 사람은 괜찮나요?' 하고 묻는 패턴으로 if와 함께 많이 쓰입니다. 예를 들어 Is that okay with you if I ~?라고 하면 '제가 ~하는데 당신은 괜찮겠어요?' 라는 뜻이 되는 것이죠.

0433 제가 여기서 담배를 피워도 **괜찮겠습니까?**
Is that okay with you if I smoke here?

0434 제가 당신 의자를 좀 빌려가도 **괜찮을까요?**
Is that okay with you if I borrow your chair?

0435 네가 아버지 차를 써도 네 아버지가 **괜찮으실까?**
Is that okay with your father if you use his car?

0436 당신이 일찍 가도 당신 상사는 **괜찮아 하실까요?**
Is that okay with your boss if you leave earlier?

Exercise

· 이 책을 좀 빌려가도 괜찮을까요? (borrow, this book)
➡ Is it okay with you _____?

Answer Key : if I borrow this book

둘이 약속시간을 정할 때

Girl 1_
우리 이번 토요일에 학교 앞에서 만날까?

Girl 2_
미안한데, 나 토요일에는 시간이 안 돼. 일요일에 만나자.

Girl 1_
좋아. 그러자. 10시경은 어때?
Is that okay with you?

Girl 2_
응, 괜찮아. 그럼 그때 만나자.

Pattern **110**

Would it be possible if ~?
~하면 가능한가요?

상대방에게 if 이하의 내용이 가능한지를 조심스럽게 묻는 패턴입니다. Is it possible ~?은 가능성에 의구심을 나타내는 역할도 하지만, Would it be possible if ~?는 순수하게 가능하게 가능성을 물을 때 사용합니다.

0437 내가 좀더 노력**하면 가능할까요?**
Would it be possible if I tried harder?

0438 우리가 스케줄을 다시 잡으**면 가능할까요?**
Would it be possible if we rescheduled?

0439 다음 주까지 기다리**면 가능할까요?**
Would it be possible if I waited until next week?

0440 이 식단을 따른**다면 가능할까요?**
Would it be possible if I followed this diet?

Exercise

- 저희가 둘러봐도 될까요? (look around)
  ➡ Would it be possible if _____?

Answer Key : we take a look around

항공 좌석 등급을 변경할 때

Passenger_ Would it be possible if you upgraded my seat from business to first class?

Airline staff_
물론이지요. 마일리지 카드를 갖고 계십니까?

Passenger_
네, 여기 있어요.

Airline staff_
좌석 등급을 올릴 수 있을 만큼 마일리지가 쌓인 것 같습니다.

DAY 03

Is there ~?

~이 있는지 확인하기

111	Is there ~?	~가 있나요?
112	Is there any ~?	~가 좀 있나요?
113	Is there anything ~?	뭔가 ~한 건 있습니까?
114	Is there anyone who ~?	~하는 사람이 있나요?
115	Is there something ~?	~한 뭔가가 있나요?

Pattern **111**

Is there ~?
~가 있나요?

정해져 있지 않은 어떠한 대상이나 물건을 찾는 말로 '~가 있나요?' 하고 물을 때 사용하는 패턴입니다. 근처에 있는 건물이 어디에 있는지 물을 때 간편하게 사용할 수 있습니다.

0441 공중전화 어디 **있나요?**
Is there a pay phone or something?

0442 이 근처에 버스정류장**이 있나요?**
Is there a bus stop around here?

0443 이 근방에 좋은 문방구**가 있나요?**
Is there a good stationary shop near here?

0444 시내에 큰 쇼핑몰**이 있나요?**
Is there a big shopping mall downtown?

Exercise

- 극장 근처에 주차장이 있어요? (parking place, theater)
  ➡ Is there _____?

Answer Key : a parking place near the theater

호텔에서 세탁물을 맡길 때

Hotel clerk_
안녕하십니까, 손님.

Guest_I'd like to get my shirt washed. Is there a laundry in this hotel?

Hotel clerk_
네, 지하에 있습니다.

Guest_감사합니다.

Pattern 112

Is there any ~?
~가 좀 있나요?

Is there 뒤에 막연한 어떤 사물이나 사람, 수량을 나타내는 any를 써서 '어떤 ~이 좀 있나요?' 하고 묻는 패턴입니다. 혹시 조금이라도 ~이 있는지 물어볼 때 사용할 수 있습니다.

0445 돈이 남아 **있나요**?
      Is there any money left?

0446 무슨 별다른 일이라도 **있는가**?
      Is there any news?

0447 다른 길**은 없어**?
      Is there any other way out?

0448 오늘 오후에 비가 올 가능성이 클까요?
      Is there any great likelihood of rain this afternoon?

Exercise

- 서두를 필요가 있습니까? (need, hurry)
  ➡ Is there any _____?

Answer Key : need to hurry

영어를 잘 말할 수 있는 방법

Man 1_
나는 너처럼 영어를 잘 하고 싶어.

Man 2_
무슨 소리야? 너 영어 전공했잖아.

Man 1_ 그래, 하지만 사실 영어를 잘 말하지 못해. Is there any way I can master English?

Man 2_
실은 나도 잘 모르겠어.

Pattern 113

Is there anything ~?
뭔가 ~한 건 있습니까?

Is there anything ~?도 Is there any ~?처럼 뭔가가 있는지를 묻는 패턴입니다. 단, 부정대명사인 anything 뒤에는 꾸미는 구나 절이 이어집니다.

0449 제가 해드릴 일이 있습니까?
Is there anything I can do for you?

0450 뭐 특별히 필요한 거 있어?
Is there anything else you need?

0451 빠트리고 말하지 않은 거 있어요?
Is there anything else that you haven't told me?

0452 저녁식사로 특히 원하는 거 있어요?
Is there anything in particular you'd like for dinner?

Exercise

• 필요한 거 있으세요? (need)
➡ Is there anything _____?

Answer Key : you need

못 먹는 음식이 있나요?

Woman 1_
7시에 저녁 먹으러 너희 집에 갈게.

Woman 2_Excellent. By the way, is there anything you can't eat?

Woman 1_
아니, 알레르기 같은 것은 전혀 없어.

Woman 2_
다행이다. 먹지 못할 음식을 만들고 싶지는 않거든.

Pattern **114**

Is there anyone who ~?
~하는 사람 있나요?

anyone 역시 사람을 나타내는 부정대명사로 여러 사람들 중 who 이하의 내용을 충족하는 누군가를 찾을 때 쓰는 패턴입니다.

0453 저를 도와**줄 사람 있나요?**
Is there anyone who can help me?

0454 혹시 이것을 고칠 **사람이 있나요?**
Is there anyone who can fix it?

0455 영어를 할 줄 아는 **사람 있나요?**
Is there anyone who can speak English?

0456 혹시 피터를 아는 **사람 있나요?**
Is there anyone who knows Peter?

Exercise

- 이거 어떻게 하는지 아는 사람 있나요? (how, do)
  ➡ Is there anyone _____?

Answer Key : who knows how to do this

요리 할 줄 아는 사람 있나요?

Boy 1_
난 패스트 푸드 먹는 거 싫어.

Boy 2_
나도. Is there anyone who can cook?

Boy 1_
아무도 없는 것 같은데.

Boy 2_
알았어. 자장면하고 짬뽕 시켜 먹자.

Pattern **115**

Is there something ~?
~한 뭔가가 있나요?

Is there anything ~?이 무언가가 있는지 없는지 모르는 상태에서 묻는 것과는 달리 Is there something ~?은 무언가가 있을 것이라고 생각한 상태에서 묻는 패턴입니다.

0457 내 얼굴에 **뭐** 묻었**어요**?
Is there something on my face?

0458 제가 **뭐** 잊**은 것이** 있습니까?
Is there something I am forgetting?

0459 나한테 숨기는 **거** 있어?
Is there something you're not telling me?

0460 먹고 싶은 **것** 있나요?
Is there something you want to eat?

Exercise

- 내게 할 말이 있나요? (want, tell)
  ➡ Is there something _____?

Answer Key : you want to tell me

무슨 문제가 있나요?

Clerk_
안녕하세요. 무엇을 도와 드릴까요?

Buyer_
네, 불만을 제기해야겠습니다.

Clerk_
Is there something wrong?

Buyer_웹사이트에서 스웨터를 하나 주문했는데 그것을 받아보니 구멍이 나 있더군요.

DAY 04

I wonder ~.

궁금한 것 묻기

116	I wonder why ~.	왜 ~한지 궁금해요
117	I wonder what ~.	~이 궁금해요
118	I wonder when ~.	언제 ~한지 궁금해요
119	I wonder if ~.	~할지 궁금해요
120	It's no wonder ~.	~인 것은 놀랄 일도 아니에요

Pattern **116**

I wonder why~.

왜 ~한지 궁금해요

wonder는 '이상하게 여기다', '~이 아닐까 생각하다'라는 뜻을 가진 동사로 뒤에 why와 함께 쓰여서 어떤 일에 대해 궁금해 할 때 쓸 수 있는 패턴입니다. why 뒤에는 '주어+동사'가 이어집니다.

0461 그가 어째 늦는지 모르겠어요.
I wonder why he is late.

0462 왜 난 아직도 솔로인걸까.
I wonder why I'm still single.

0463 나는 그녀가 왜 그렇게 했는지 궁금해요.
I wonder why she did that.

0464 나는 그가 왜 화났는지 궁금해.
I wonder why he's angry.

Exercise

- 내가 왜 초대받지 못 했는지 궁금해. (invite)
➡ I wonder why _____.

Answer Key : I wasn't invited

암벽 등반을 하는 이유

Man_
암벽 등반 해 본 적 있나요?

Woman_
No, I wonder why people go rock climbing.

Man_
왜냐하면 무척 재밌거든요.

Woman_
하지만 암벽 등반에는 많은 위험이 따르잖아요.

Pattern 117

I wonder what ~.
~이 궁금해요

I wonder what ~.은 what 이하에 나오는 내용에 대해 잘 모르거나 궁금할 때 쓸 수 있는 패턴입니다.

0465 무슨 일이 일어났을까?
      I wonder what happened.

0466 아빠는 뭐 하고 계실까?
      I wonder what dad's doing.

0467 그가 뭘 사길 원하는지 모르겠어요.
      I wonder what he wants to buy.

0468 지금은 그가 어떻게 생겼을지 궁금해요.
      I wonder what he looks like now.

Exercise

- 그녀가 뭐라고 말했을지 궁금해요. (say)
  ➡ I wonder what _____.

Answer Key : she said

새로 부임하는 사장님에 관해

Employee 1_
I wonder what the incoming CEO is like.

Employee 2_
강한 추진력으로 일을 처리하는 분이래.

Employee 1_
아주 젊다고 들었는데, 그는 아직 미혼일까?

Employee 2_
사생활은 베일에 가려 있어서 아는 사람이 없다더라.

Pattern **118**

I wonder when ~.
언제 ~한지 궁금해요

I wonder 다음에 시간을 나타내는 when이 와서, when 다음에 나오는 내용들이 언제 일어나는지 궁금하다는 뜻의 패턴입니다.

0469 세일이 **언제 끝나는**지 궁금해요.
I wonder when the sale is over.

0470 그가 **언제 돌아올**지 궁금해요.
I wonder when he's coming back.

0471 이 쿠폰 유효 기간이 **언제인지** 궁금해요.
I wonder when this coupon expires.

0472 제가 **언제 쉴 수 있을**지 궁금해요.
I wonder when I'll be able to take a break.

Exercise

• 언제 내 소포가 도착할지 궁금해요. (package, arrive)
  ➡ I wonder when _____.

Answer Key : my package arrives

출산 예정일이 언제인가요?

Woman 1_
I wonder when your baby is due.

Woman 2_
저는 출산 예정일보다 2주가 지났어요.

Woman 1_
오, 정말로요? 아주 불편하시겠어요.

Woman 2_ 네, 하지만 의사가 이번 주말까지 아기가 나오지 않으면 유도분만 하자고 했어요.

Pattern 119

I wonder if ~.
~할지 궁금해요

if는 '만약'이라는 뜻과 '~인지 아닌지'의 두 가지 뜻이 있는데, 여기에서는 후자의 뜻으로 쓰였습니다. 따라서 I wonder if ~.하면 '~인지 아닌지 궁금해요.'의 뜻이 됩니다. if 대신에 whether로 바꾸어 쓸 수도 있습니다.

0473 그가 집에 있을지 **궁금해요**.
I wonder if he is at home.

0474 그의 혈액형이 O형**인지 모르겠네요**.
I wonder if his blood type is O.

0475 이 책 찾는 것 좀 도와주실 수 있을지 모르겠네요.
I wonder if you could help me find this book.

0476 우리 사무실에 와서 한 잔 할 시간 있는지 모르겠네요.
I wonder if you're free to come to my office for a drink.

Exercise

- 오늘 비가 올지 안 올지 모르겠네요. (rain)
  ➡ I wonder if _____.

Answer Key : it'll rain today

웨딩 드레스 입은 모습을 보고

Woman_
스캇, 제니가 웨딩드레스 입은 모습 정말 예쁘지 않아요?

Man_
물론 예쁘죠. But I wonder if she's got cold feet.

Woman_
어머, 도대체 왜 그런 소리를 해요?

Man_
결혼 승낙하기 전에 아주 많이 망설였대요, 글쎄.

Pattern 120

It's no wonder ~.
~인 것은 놀랄 일도 아니에요

wonder가 '놀람'이라는 명사로, 앞에 no가 와서 '놀랄 일이 아니다.'라는 뜻을 나타냅니다. 다시 말하면 '~라는 것은 당연해요.'라는 뜻이 되겠죠. 그럴 만한 상황이라고 인정하는 분위기에서 할 수 있는 패턴입니다.

0477 그가 항상 늦는 **건 놀랄 일도 아니에요**.
It's no wonder he's always late.

0478 네가 그 남자를 싫어하는 **건 당연해**.
It's no wonder you don't like him.

0479 피곤**할 만하네**.
It's no wonder you're tired.

0480 **어쩐지** 당신의 영어가 많이 늘었더라고요.
It's no wonder your English has improved a lot.

Exercise

- 다들 오늘 어쩐지 풀이 죽어 있더라니. (look down)
➡ It's no wonder _____

Answer Key : everyone looked down today

살이 찌는데 이유가 있다

Man_
오, 정말 배부르다.

Woman_
점심에 뭐 먹었는데?

Man_
더블 치즈 버거.

Woman_
It's no wonder you've been gaining weight.

DAY 05

That is ~.

방법·이유 설명하기

121	That is how ~.	그게 바로 ~하는 방법이에요
122	That is what ~.	그게 바로 ~인 거예요
123	That is why ~.	그게 바로 ~한 이유예요
124	That is the way ~.	그게 바로 ~하는 방법이에요
125	That's because ~.	그건 바로 ~이기 때문이에요

Pattern **121**

That is how~.
그게 바로 ~하는 방법이에요

how가 '어떻게, ~하는 방법'의 뜻을 나타내므로 That is how ~.는 누군가에게 어떤 방법에 대해 이야기할 때 쓸 수 있는 패턴입니다. 예를 들어 음식을 요리하는 방법을 설명할 때에도, 그리고 누군가와 어떻게 사귀게 되었는지를 설명할 때에도 쓸 수 있답니다.

0481 그렇게 해서 제 아내를 만나게 되었어요.
That is how I met my wife.

0482 그렇게 해서 그 사건이 발생했어요.
That is how the accident took place.

0483 그것이 초코 칩 쿠키를 굽는 방법이죠.
That is how to bake chocolate chip cookies.

0484 그렇게 해서 사람들은 철이 들어요.
That is how people grow up.

Exercise

- 그런 식으로 우리는 잘 지내요. (get along with)
➡ That is how _____.

Answer Key : we get along with each other

출근은 어떻게 하나요?

Man 1_
너 출근은 어떻게 하니?

Man 2_
나는 보통 통근 버스를 이용해.

Man 1_
그거 비싸니?

Man 2_ 아니, 통근 버스 서비스 이용은 공짜야. That is how I save money on gas.

Pattern 122

That is what ~.
그게 바로 ~인 거예요

앞에서 설명한 내용을 That으로 받아서, That is what ~. 하면 '내가 ~하려던 것이 바로 그것이에요.'라는 뜻이 됩니다. 예를 들어 "그게 바로 제가 말하려던 거예요."라고 말할 때 쓸 수 있는 것입니다. what 뒤에 과거형 동사가 나올 경우에도 해석은 현재로 한답니다.

0485 그게 내가 말하고자 했던 거야.
That is what I was going to say.

0486 내가 두려워했던 것이 바로 그것이야.
That is what I was afraid of.

0487 그게 우리가 해야 하는 것이에요.
That is what we have to do.

0488 너무 많이 먹으면 그렇게 되는 거야.
That is what comes of eating too much.

Exercise

- 내가 생각하고 있었던 것이 바로 그거예요. (think)
➡ That is what _____.

Answer Key : I was thinking

나도 그렇게 생각했어요

Woman 1_
어떤 것이 더 낫다고 생각해?

Woman 2_
음, 이것이 더 비싸지만, 질이 더 나아.

Woman 1_
That's what I thought. 나 이거 살래.

Woman 2_ 좋은 생각이야.

Pattern **123**

That is why~.
그게 바로 ~한 이유예요

이 패턴은 흔히 That's why ~.라고 줄여서 말하며, 어떤 일을 하게 된 결과가 무엇인지를 설명할 때 쓸 수 있습니다. 따라서 이 말을 하기 위해서는 이전에 이유에 해당하는 문장이 있어야합니다.

0489 그러니까 그는 친구가 많은 **거예요**.
That's why he has so many friends.

0490 그래서 저는 지금 엄청 피곤**해요**.
That's why I'm so exhausted.

0491 그래서 내가 상관 않는 **거야**.
That's why I don't care.

0492 그래서 내가 아주 가난한 **거야**.
That's why I'm so poor.

Exercise

- 그래서 내가 그만두는 거야. (quit)
  ➡ That's why _____.

Answer Key : I quit

케이크를 주문하면서

Customer_
생일 케이크를 주문하고 싶어요.

Clerk_
도넛을 하나 드릴게요. 이건 서비스로 드리는 겁니다.

Customer_
That is why I love this place.

Clerk_
고맙습니다. 케이크는 내일까지 준비될 겁니다.

Pattern 124

That is the way~.
그게 바로 ~하는 방법이에요

way가 '방법', '수단'이라는 뜻이 있으므로, 이 패턴은 방법을 설명할 때 쓰는 말임을 알 수 있습니다. 그러나 '그런 식이야.', '그런 이치야.'와 같은 말을 할 때에도 That is the way ~.의 패턴을 많이 사용합니다.

0493 바로 그거예요.
That's the way it is.

0494 그게 세상 돌아가는 이치인걸요.
That's the way of the world.

0495 그게 도서관에 가는 방법이야.
That's the way to the library.

0496 그게 그 문제를 푸는 방법이야.
That's the way to solve the problem.

Exercise

- 그게 내가 좋아하는 방식이야. (like)
  ➡ That's the way _____

Answer Key : I like it

승진이 안되서 실망하는 동료

Employee 1_
너와 얘기하는 것도 오랜만이네. 네 일은 어때?

Employee 2_
글쎄, 경력이 부족해서 승진에서 제외됐다.

Employee 1_
That's the way it goes.

Employee 2_
알아, 하지만 꼭 승진하고 싶었는데.

Pattern **125**

That's because ~.

그건 바로 ~이기 때문이에요

That은 결과를 가리키고 because 이하는 결과에 대한 이유를 말합니다. 따라서 이 패턴은 어떠한 상황이나 결과에 대한 이유를 명료하게 설명할 때 쓸 수 있습니다. 예를 들어 "너 좀 안 좋아 보인다."라는 말에 "그건 바로 ~이기 때문이에요."라고 답하는 경우죠.

0497 **그건** 제가 몸이 좋지 않**기 때문이에요.**
That's because I don't feel well.

0498 **그건** 그가 절 싫어하**기 때문이에요.**
That's because he doesn't like me.

0499 **그건** 제가 몰랐**기 때문이에요.**
That's because I didn't know.

0500 **그건** 제가 너무 피곤하**기 때문이에요.**
That's because I am so tired.

Exercise

- 그건 그가 일을 잘 했기 때문이에요. (do, great job)
  ➡ That's because _____.

Answer Key : he did a great job

사과하지 않는 남자친구에게

Boyfriend_
너 내 어떤 메세지에도 답을 안 했어.

Girlfriend_
That's because I didn't want to see you.

Boyfriend_
너 아직도 화났어?

Girlfriend_
너는 네 행동에 대해 나에게 사과하지 않았어.

1st Week Check Up

1주 동안 25패턴 100문장을 공부했어요.

"영어로 바로바로 나올 때까지 연습해 보세요."

01. 네가 혼자서 이 연습문제를 풀었다는 게 정말이니?

02. 쇼핑갈 준비가 되었나요?

03. 파트 타임으로 일할 생각 있어요?

04. 하루 종일 집에만 계실건가요?

05. 오늘 수업은 다 끝났어요?

06. 제가 먼저 가도 괜찮겠어요?

07. 이곳에 주차해도 괜찮을까요?

08. 네가 몰랐다는 것이 말이 돼?

09. 제가 여기서 담배를 피워도 괜찮겠습니까?

10. 다음 주까지 기다리면 가능할까요?

11. 이 근방에 좋은 문방구가 있나요?

정답
01. Are you sure you did this exercise by yourself? 02. Are you ready to go shopping? 03. Are you interested in joining us on a part-time basis? 04. Are you going to stay in all day? 05. Are you done with all your classes today? 06. Is it okay if I go first? 07. Is it all right to park here? 08. Is it possible that you didn't know? 09. Is that okay with you if I smoke here? 10. Would it be possible if I waited until next week? 11. Is there a good stationary shop near here?

12. 돈이 남아 있나요?

13. 뭐 특별히 필요한 거 있어?

14. 혹시 이것을 고칠 사람이 있나요?

15. 나한테 숨기는 거 있어?

16. 나는 그가 왜 화났는지 궁금해.

17. 그가 뭘 사길 원하는지 모르겠어요.

18. 세일이 언제 끝나는지 궁금해요.

19. 그의 혈액형이 O형인지 모르겠네요.

20. 피곤할 만하네.

21. 그렇게 해서 제 아내를 만나게 되었어요.

22. 너무 많이 먹으면 그렇게 되는 거야.

23. 그래서 저는 지금 엄청 피곤해요.

24. 그게 세상 돌아가는 이치인걸요.

25. 그건 그가 절 싫어하기 때문이에요.

정답

12. Is there any money left? 13. Is there anything else you need? 14. Is there anyone who can fix it? 15. Is there something you're not telling me? 16. I wonder why he's angry. 17. I wonder what he wants to buy. 18. I wonder when the sale is over. 19. I wonder if his blood type is O. 20. It's no wonder you're tired. 21. That is how I met my wife. 22. That is what comes of eating too much. 23. That's why I'm so exhausted. 24. That's the way of the world. 25. That's because he doesn't like me.

2nd Week

의문사로 묻기

Day 01	Where · Who로 묻기
Day 02	When으로 묻기
Day 03	Why로 묻기
Day 04	How로 묻기
Day 05	Which로 묻기
2nd Week	Check Up

DAY 01

where · who로 묻기

126	Where can I ~?	어디서 ~할 수 있을까요?
127	Where are you ~ -ing?	당신은 어디서 ~을 하나요?
128	Where's a good place to ~?	~하기 좋은 곳은 어디죠?
129	Who is your ~?	당신의 ~는 누구죠?
130	Who is going to ~?	누가 ~할 거죠?

Pattern **126**

Where can I ~?
어디서 ~할 수 있을까요?

위치를 물어보거나 물건을 구입할 때 쓸 수 있는 패턴입니다. 예를 들어 "Where can I wash my hands?"는 직역하면 "제 손을 어디서 닦을 수 있을까요?"의 뜻인데, 실제로는 "Where's the washroom?" 화장실이 어디인지를 묻는 말입니다.

0501　어디서 셔틀버스를 탈 수 있나요?
Where can I catch the shuttle bus?

0502　어디서 화장품을 살 수 있나요?
Where can I buy cosmetics?

0503　열차 시간표를 어디서 구할 수 있습니까?
Where can I get a railroad timetable?

0504　어디에서 달러를 파운드로 환전할 수 있습니까?
Where can I exchange my dollars for pounds?

Exercise

• 택시를 어디서 탈 수 있습니까?
➡ Where can I _____?

Answer Key : find a taxi

상점의 위치를 묻는 표현

Woman_
실례합니다. Where can I buy film?

Man_
편의점에서 구입할 수 있습니다.

Woman_
여기서 가장 가까운 편의점이 어디에 있습니까?

Man_
모퉁이 근처에 가면 보일 겁니다.

Pattern 127

Where are you ~-ing?
당신은 어디서 ~을 하나요?

Where이 -ing형과 함께 쓰여서 어디에서 ~하고 있는지를 묻는 진행형의 의미를 나타냅니다. 하지만, 진행 중인 일뿐만 아니라 가까운 미래에 일어날 일에 대해서도 쓸 수 있는 패턴입니다.

0505 어디서 전화 하는 거야?
Where are you calling from?

0506 신혼여행은 어디로 갑니까?
Where are you going on your honeymoon?

0507 어디로 데려가는 거예요?
Where are you taking me?

0508 이 씨를 어디서 만날 건가요?
Where are you meeting Mr. Lee?

Exercise

• 휴가는 어디로 갈거니? (go, holiday)
➡ Where are you _____?

Answer Key : going on holiday

어디로 가는 중인가요?

Man 1_
Where are you heading?

Man 2_ 가족들을 만나러 텍사스 휴스턴으로 갑니다. Where are you going?

Man 1_
휴가를 즐기러 하와이에 가는 길입니다.

Man 2_
그거 좋겠군요. 즐거운 시간 갖기를 바랍니다.

Pattern **128**

Where's a good place to ~?
~하기 좋은 곳은 어디죠?

a good place하면 좋은 장소를 말합니다. 따라서 Where's a good place to ~?하면 물건을 구입할 때나 식당을 예약할 때 등 장소를 추천받을 때 쓰면 좋은 패턴입니다. a good place 대신에 the best place로 바꾸어 말할 수도 있습니다.

0509 한국 음식을 먹기 좋은 곳은 어디입니까?
Where's a good place to try Korean food?

0510 쇼핑하기 좋은 곳은 어디입니까?
Where's a good place to go shopping?

0511 첫 데이트하기 좋은 곳은 어디입니까?
Where's a good place to go on a first date?

0512 사진 찍기 좋은 곳은 어디입니까?
Where's a good place to take pictures?

Exercise

- 청바지 사기 좋은 곳은 어디입니까? (jeans)
➡ Where's a good place _____?

Answer Key : to buy jeans

만날 장소 정하기

Woman_
Where's a good place to get together?

Man_
어디서 만날지 너가 정해봐.

Woman_
그래 내가 고급스러운 커피숍을 알고 있어. 그곳은 어때?

Man_
그래, 너가 좋다면.

Pattern 129

Who is your ~?

당신의 ~는 누구죠?

"네가 가장 좋아하는 연예인은 누구니?"처럼 상대방이 관심을 갖고 있거나 관련된 사람을 묻고자 할 때 쓸 수 있는 기본적인 형태의 패턴입니다.

가장 좋아하는 배우는?

Woman 1_
Who is your favorite movie star?

0513 누가 당신의 애인입니까?
Who is your soul mate?

0514 당신이 가장 좋아하는 탤런트는 누구입니까?
Who is your favorite TV actor?

0515 누가 당신의 경쟁 상대입니까?
Who is your competition?

0516 당신의 신원 보증인은 누군가요?
Who is your reference?

 * reference 신원 보증인

Woman 2_
나는 장동건을 좋아해.

Woman 1_
오, 그래? 나도 좋아하는데. 그는 정말 잘생겼어.

Exercise

• 당신의 영웅은 누구입니까?
  ➡ Who is your _____?

Answer key : hero

Woman 2_ 그리고 그의 연기는 훌륭하지. 나는 그가 유명한 할리우드 스타가 되었으면 좋겠어.

Pattern **130**

Who is going to ~?
누가 ~할 거죠?

be going to는 '~할 것이다'라는 뜻으로 미래에 할 예정인 것을 말할 때 쓰는 구문입니다. 이에 who가 함께 쓰여서 Who is going to ~?하면 누가 앞으로 ~을 할 것인지를 묻는 패턴이 됩니다.

0517 비용은 **누가 지불**할 건가요?
Who is going to **pay for it?**

0518 음식 마련은 **누가 하나요?**
Who is going to **do the catering?**
＊ catering 요리 조달

0519 **누가 운전할 건가요?**
Who is going to **drive?**

0520 **누가 책임질 건가요?**
Who is going to **take responsibility?**

Exercise

• 누가 그것을 사용할 건가요? (use)
➡ Who is going to _____?

Answer Key : use it

사직하며 나누는 대화

Staff_
전 내일부로 일에서 사임합니다.

Boss_
Who is going to take over your job?

Staff_
그건 아직 결정되지 않았어요.

Boss_
음, 우리는 정말 당신을 그리워할 거예요.

DAY 02

when 으로 묻기

131	When are you ~ -ing?	언제 ~할 건가요?
132	When can I ~?	언제 ~할까요?
133	When was the last time ~?	마지막으로 ~한 게 언제예요?
134	When do you expect to ~?	언제 ~할 것 같아요?
135	When did you ~?	언제 ~했나요?

Pattern 131

When are you ~-ing?
언제 ~할 건가요?

현재 진행형이 때에 따라서는 가까운 미래의 일을 나타내므로, 여기에서는 가까운 미래에 일어날 일임을 전제하면서, 언제 ~할 것인지를 묻는 패턴입니다. 때에 따라서는 When are you going to ~?로 바꾸어 말할 수도 있습니다.

0521 **언제** 한국에 **옵니까**?
When are you coming to Korea?

0522 **언제** 결혼하**십니까**?
When are you getting married?

0523 **언제** 다시 전화**할건데**?
When are you calling back?

0524 **언제** 퇴원**하시죠**?
When are you checking out?

Exercise

- 넌 A레벨 시험을 언제 치니? (take)
  ➡ When are you _____?

Answer Key : taking the level A test

언제 떠나세요?

Boyfriend_나 아빠하고 대판 싸웠어. 여기에서 아빠와 이렇게 살 수는 없어.

Girlfriend_
무엇 때문에 싸운 건데?

Boyfriend_당신 때문이지.

Girlfriend_
When are you leaving?

Pattern 132

When can I ~?
언제 ~할까요?

자신이 언제 ~을 할 수 있는지를 물어볼 때 사용하는 패턴입니다. 내가 주체가 되어서 ~를 할 수 있는 시점을 물어볼 때에 사용할 수 있으며, 그 외에 상대방에게 언제쯤이면 내가 ~를 받을 수 있는지를 물어볼 때에도 사용할 수 있습니다.

0525 언제 너를 볼 수 있는 거야?
When can I see you?

0526 언제 결과를 알 수 있죠?
When can I get the result?

0527 언제 내 돈을 돌려줄 건데요?
When can I have my money back?

0528 언제 전화를 하실 건데요?
When can I expect your call?

Exercise

- 언제 당신 책을 볼 수 있죠? (read)
  ➡ When can I _____?

Answer Key : read your book

은행 계좌를 개설할 때

Bank staff_
양식 작성은 다 하셨나요?

Customer_
다 작성했습니다. 여기 있습니다.

Customer_
When can I use this bankbook?

Bank staff_
즉시 사용 가능합니다.

Pattern **133**

When was the last time ~?
마지막으로 ~한 게 언제예요?

"우리가 마지막으로 만난 게 언제였죠?"처럼 상대방에게 가장 최근에 했던 일이 언제인지 묻는 패턴입니다. When was the last time 뒤에는 과거형의 문장이 이어집니다.

0529 우리가 **마지막으로 만난 게 언제였죠**?
When was the last time we met?

0530 영화를 **마지막으로 본 게 언제예요**?
When was the last time you saw a movie?

0531 그녀의 소식을 **마지막으로 들은 게 언제인가요**?
When was the last time you heard from her?

0532 **마지막으로 헌혈한 게 언제예요**?
When was the last time you donated blood?

Exercise

• 마지막으로 신용 카드를 사용한 게 언제였습니까? (use, credit card)
➡ When was the last time _____?

Answer Key : you used your credit card

치과 검진에 관하여

Man 1_ 이가 아파.

Man 2_
When was the last time you went to the dentist?

Man 1_
한 3년은 된 것 같아.

Man 2_
그럼 이제 검진 받을 때가 됐네.

Pattern 134

When do you expect to ~?
언제 ~할 것 같아요?

상대방에게 언제 ~할 것으로 예상하는지 추측하는 시점을 묻는 패턴입니다. 예를 들어 약속을 잡으려 할 때 "언제 퇴근할 것 같아요?"하고 물을 때 사용할 수 있겠죠. expect는 -ing형과 함께 쓰여 expecting하면 '임신한'의 의미가 있다는 것도 참고로 알아 두세요.

0533 **언제 퇴근할 것 같아요?**
When do you expect to leave work?

0534 **언제 그를 다시 만날 것 같아요?**
When do you expect to see him again?

0535 **언제 그가 사무실로 돌아올 것 같아요?**
When do you expect to have him back in the office?

0536 그 프로젝트는 **언제 끝날 것 같아요?**
When do you expect to complete the project?

Exercise

- 당신은 당신 사업을 언제 시작할 것 같습니까? (start, business)
  ➡ When do you expect to _____?

Answer Key : start your own business

언제 다시 만날건가요?

Woman 1_
I wish my son didn't live so far away.

Woman 2_
When do you expect to see him again?

Woman 1_
잘 모르겠어요. 적어도 6개월은 더 있어야 할 것 같아요.

Woman 2_
저런, 아들이 보고 싶겠네요.

Pattern **135**

When did you ~?
언제 ~했나요?

과거에 ~한 일이 언제 있었는지를 묻는 패턴입니다. 몰랐던 사실을 접하게 되었거나 변화된 상황을 모르는 상태에서 상대방에게 그 시점을 물을 때 쓸 수 있습니다. when을 이용한 가장 기본적인 의문형입니다.

0537 **언제** 살을 뺐**나요**?
When did you lose weight?

0538 **언제** 여기 도착**했어요**?
When did you get here?

0539 **언제**부터 사진을 찍었**나요**?
When did you start taking pictures?

0540 **언제** 그건 배웠**어요**?
When did you learn to do that?

Exercise

- 시계는 언제 구했죠? (get)
➡ When did you _____?

Answer Key : get a watch

물건을 반품할 때

Customer_
이것을 반품하고 싶습니다.

Clerk_
좋습니다. When did you buy it?

Customer_
이틀 전에요. 여기 영수증 있습니다.

Clerk_
이 물건에 무슨 문제가 있습니까?

DAY 03

why 로 묻기

136	Why are you ~?	왜 ~해요?
137	Why are you ~ -ing?	왜 ~하고 있나요?
138	Why are you always ~?	당신은 왜 항상 ~해요?
139	Why don't I ~?	제가 ~할게요
140	Why didn't you ~?	왜 ~하지 않았어요?

Pattern **136**

Why are you ~?

왜 ~해요?

상대방이 한 행동에 대한 이유를 묻는 패턴으로, 기본적인 유형입니다. "왜 화가 났나요?", "왜 늦었나요?"하고 물을 때 이 패턴을 이용하죠. Why are you so ~?의 형태로도 많이 쓰입니다.

0541 왜 그렇게 나한테 화를 내?
Why are you angry with me?

0542 왜 이렇게 늦었나요?
Why are you so late?

0543 사람이 왜 이렇게 무례한 거예요?
Why are you such an unpleasant person?

0544 왜 그렇게 일찍 퇴근했어요?
Why are you home so early?

걱정이 있어 보이는 동료에게

Man 1_
Why are you so worried?

Man 2_
솔직히 말해서, 어젯밤에 집사람과 싸웠어요.

Man 1_
오, 당신들은 왜 서로 싸웠나요?

Man 2_
사실, 전 그녀가 종종 저를 무시한다고 느껴요.

Exercise

• 왜 너의 엄마를 그렇게 무서워 해? (afraid of)
➡ Why are you so _____?

Answer Key : afraid of your mother

Pattern **137**

Why are you ~ -ing?
왜 ~하고 있나요?

Are you -ing ~?의 형태에 의문사 Why를 붙인 패턴으로 "너 왜 울고 있니?"와 같이 현재 진행 중인 상황에 대해 묻고자 할 때 쓰입니다.

말을 걸어오는 외모의 이웃

Man_
Why are you talking to me?

0545 왜 여기에서 울고 있니?
Why are you crying here?

0546 왜 저한테 이 이야기를 하시죠?
Why are you telling me all this?

0547 왜 저한테 전화하셨어요?
Why are you calling me?

0548 왜 그런 식으로 쳐다보는 거죠?
Why are you looking at me like that?

Woman_
왜 안 돼요? 우린 이웃이잖아요.

Man_
하지만 평소에 절 무시하잖아요.

Exercise

- 왜 거짓말을 하죠? (lie)
  ➡ Why are you _____?

Woman_
전 그런 적 없어요! 절대로!

Answer Key : lying

Pattern **138**

Why are you always ~?
당신은 왜 항상 ~해요?

Why are you의 기본 패턴에 always를 추가해서 상대방이 반복적으로 하는 행동이나 습관에 대해 그 이유를 묻거나 불만을 표시하고자 할 때 쓰는 패턴입니다.

0549 그런 건 왜 만날 묻나요?
Why are you always asking me that?

0550 당신은 왜 항상 그렇게 비판적이죠?
Why are you always so critical?

0551 당신은 왜 항상 여기서 공부하죠?
Why are you always studying here?

0552 왜 걸핏하면 나만 갖고 그러세요?
Why are you always picking on me?
* pick on 괴롭히다

Exercise

- 당신은 왜 항상 저에게 친절하시죠? (good)
 ➡ Why are you always _____?

Answer Key : good to me

컴퓨터 앞에만 있는 아이

Mom_
Why are you always on the computer?

Son_
인터넷에서 동영상 강의 듣는 중이에요.

Mom_
오, 내가 오해했구나. 미안해.

Son_ 괜찮아요.

Pattern **139**

Why don't I ~?
제가 ~할게요

상대방에게 자신이 직접 하겠다고 제의를 할 때 쓰는 패턴입니다. 형태는 의문문이지만, 실제 쓰임은 Let me ~.나 I'll ~. 처럼 '제가 ~할게요.'의 의미로 더 많이 쓰입니다.

0553 **내가** 식탁 차릴**게**.
Why don't I set the table?

0554 난 음료 좀 마셔**야겠어**.
Why don't I get some punch?

0555 **제가** 술 한 잔 사줄**게요**.
Why don't I buy you a drink?

0556 제 전화번호를 드릴**게요**.
Why don't I give you my phone number?

카풀을 시작하기로 한 남녀

Man_
샐리, 너 우리 집 근처에 사는 거 맞지?

Woman_
어, 그런데 왜?

Man_ 카풀을 시작하면 어떨까 하고. Why don't I pick you up tomorrow?

Woman_ 그것 좋은 생각이네. 진짜 고마워!

Exercise

- 제가 모시러 갈게요. (pick up)
  ➡ Why don't I _____?

Answer Key : pick you up

Pattern **140**

Why did't you ~?
왜 ~하지 않았어요?

과거에 어떠한 일을 하지 않은 이유를 묻는 패턴으로, 책임을 묻는 경우에 쓰입니다. 반면에 Why don't you ~? 는 제안하는 말입니다. 헷갈리지 마세요.

0557 왜 거절하지 않으셨어요?
      Why didn't you just say no?

0558 왜 진작 말 안 했어요?
      Why didn't you tell us, then?

0559 왜 보고하지 않았죠?
      Why didn't you report this?

0560 왜 안 깨웠어요?
      Why didn't you wake me up?

동료의 생일을 뒤늦게 알았을 때

Woman 1_Why didn't you mention your birthday was today? 케익크라도 준비했을 텐데.

Woman 2_그냥 지나는 시간일 뿐인데 뭘. 그런 일로 난리법석 떨고 싶지 않아.

Woman 1_
넌 참 혼자만 알고 넘어가는 일이 많구나.

Woman 2_
마음으로 네 호의를 받을게.

Exercise

- 나한테 전화를 왜 하지 않았니? (call)
  ➡ Why didn't you _____?

Answer Key : call me

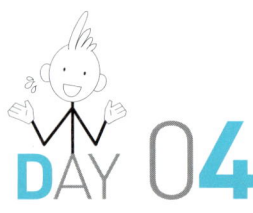

DAY 04

How로 묻기

141	How can I ~?	어떻게 하면 ~할 수 있을까요?
142	How do I ~?	~을 어떻게 하죠?
143	How do you like ~?	~가 어때요?/~을 어떻게 해 드릴까요?
144	How do you feel ~?	~은 어때요?/~을 어떻게 생각해요?
145	How come ~?	어째서 ~하죠?

Pattern **141**

How can I ~?
어떻게 하면 ~할 수 있을까요?

상대방에게 ~을 할 수 있는 방법을 묻는 말로, "어떻게 하면 제가 거기에 갈 수 있죠?"하고 가는 방법을 묻거나 "제가 어떻게 도와 드릴까요?"하고 도움을 제안할 때에 쓸 수 있는 패턴입니다.

0561 **어떻게** 가면 **됩니까?**
How can I get there?

0562 당신과 **어떻게** 연락할 수 있죠?
How can I get a hold of you?

0563 **어떻게 하면** 감사하다고 말할 수 있죠? (고마워서 **어쩌죠?**)
How can I thank you?

0564 **어떻게 하면** 살을 빨리 뺄 수 있죠?
How can I lose weight fast?

Exercise

• 그를 어떻게 찾죠? (find)
  ➡ How can I _____?

Answer Key : find him

옷 사이즈를 교환할 때

Customer_
저 좀 도와 주실래요?

Saleswoman_
Certainly, how can I help you?

Customer_
이 원피스를 교환하고 싶어요. 제게 너무 꽉 끼어요.

Saleswoman_
알겠습니다. 좀 더 큰 것으로 교환해 드리겠습니다.

Pattern 142

How do I ~?
~을 어떻게 하죠?

자신이 처한 상황에서 어떠한 방법으로 처리해야 하는지 모를 때 사용하는 패턴입니다. How can I ~?와 비슷한 의미이지만, How do I ~?에 자신의 의지가 더 들어가 있습니다.

0565 공항엔 **어떻게 가야 하죠**?
How do I get to the airport?

0566 프린트를 하려면 **어떻게 해야 돼요**?
How do I get it to print?

0567 그걸 **어떻게 여는 거예요**?
How do I open it?

0568 제가 **어떻게 부를까요**?
How do I address you?
*address 호칭하다, 부르다

Exercise

• 제가 이 옷 입으니까 어때요? (look)
  ➡ How do I _____?

Answer Key : look in this dress

인터넷 접속 방법을 모를 때

Woman_
How do I get on the internet?

Man_
웹 브라우저 아이콘을 클릭하면서 시작하는 거예요.

Woman_
이 파란색 'e' 자를 말하는 거예요?

Man_
바로 그거예요. 잘 해봐요.

Pattern **143**

How do you like ~?
~가 어때요?/~을 어떻게 해 드릴까요?

음식과 관련해서 많이 쓰이는 패턴으로, How do you like 뒤에 음식 이름을 붙여 말함으로써 음식의 조리 정도를 물을 때 쓸 수 있습니다. 그 외에도 물건의 상태, 어떤 것에 대한 느낌, 옷의 맵시 등을 물어볼 때에도 사용할 수 있습니다. How would you like ~?가 같은 뜻의 예의 있는 표현입니다.

0569 커피를 **어떻게 드시겠습니까**?
How do you like your coffee?

0570 새로 온 부장님 **어때**?
How do you like your new boss?

0571 내 새 옷이 마음에 드십니까?
How do you like my new dress?

0572 새로운 일은 **어때요**?
How do you like your new job?

Exercise

- 너의 새 학교는 어때? (school)
  ➡ How do you like _____?

Answer Key : your new school

새 옷을 입은 여자

Woman 1_
How do you like my new clothes?

Woman 2_
비싸 보이는데.

Woman 1_
원래는 그래. 하지만 세일할 때 산거야.

Woman 2_
잘 샀구나.

Pattern 144

How do you feel ~?
~은 어때요?/~을 어떻게 생각해요?

How do you feel ~?은 '느낌이 어떠세요?'로 상대방의 기분이나 느낌을 묻는 패턴입니다. 하지만, What do you think about ~?처럼 '~에 대해 어떻게 생각하세요?'의 의미로도 많이 사용됩니다. feel 뒤에는 대개 about이 함께 쓰입니다.

0573 이 문제에 대해 **어떻게 생각합니까**?
How do you feel about this problem?

0574 아이를 하나 더 갖는 것에 대해 **어떻게 생각해요**?
How do you feel about having another baby?

0575 내가 한 말에 대해 **어떻게 생각해**?
How do you feel about what I've said?

0576 여동생이 결혼하니 **기분이 어때요**?
How do you feel about your sister getting married?

Exercise

- 그 점에 대해 어떻게 생각합니까? (that)
  ➡ How do you feel _____?

Answer Key : about that

새로 옮긴 직장이 어떤가요?

Man 1_
How do you feel about your new job?

Man 2_
아주 좋아요. 맘에 들어요.

Man 2_
회사에 직원은 몇 명인데요?

Man 2_
공장 근로자가 약 600명, 사무실 근로자가 100명 정도 돼요.

Pattern 145

How come ~?

어째서 ~하죠?

How come ~?은 How did it come that ~?의 단축형으로, 구어체에서 많이 사용합니다. Why? '왜죠?'의 의미로 파악하면 이해하기 쉽죠. How come 뒤에는 현재나 과거 시제 모두 올 수 있습니다.

0577 **어째서** 문을 닫았**어요?**
How come you're closed?

0578 **어째서** 우리가 가야 **하지?**
How come we have to go?

0579 **왜** 이렇게 어려운 **거야?**
How come it's so hard?

0580 **어째서** 네 것이 항상 나은 **거야?**
How come yours is always better?

잠버릇이 독특한 친구에게

Man 1
Steve, how come you sleep under the bed?

Man 2
습관이 그렇게 됐어. 내 잠버릇인 걸 뭐.

Man 1
그래서 사람들이 '버릇은 제 2의 천성'이라고 하는거지.

Man 2
그런 것 같아.

Exercise

• 오늘 아침 너 왜 늦었니? (late)
➡ How come _____?

Answer Key : you were late this morning

DAY 05

Which로 묻기

146	Which is+비교급 ~?	어느 것이 더 ~해요?
147	Which ~ do you prefer?	어떤 ~을 좋아해요?
148	Which one do you ~?	어느 것을 ~하세요?
149	Which do you prefer, A or B ~?	A와 B 중에서 어느 것이 더 좋아요?
150	Which way ~?	어느 방법(길)이 ~하나요?

Pattern **146**

Which is + 비교급 ~?
어느 것이 더 ~해요?

Which is 뒤에 비교급을 써서, 두 가지 중에 어떤 것이 더 ~한가를 묻는 패턴입니다. 보통의 경우는 뒤에 A or B의 대상이 이어집니다. 사람의 경우는 Who를 사용해서 묻습니다.

0581 어느 것이 더 긴가요?
Which is long**er**?

0582 어느 것이 더 인기가 있나요?
Which is **more** popular?

0583 어느 것이 더 큰가요?
Which is bigg**er**?

0584 어느 것이 더 재미있나요?
Which is **more** interesting?

두 가지 중 선택할 때

Man_
이 가방 두 개 다 정말 좋은데, Which one is better?

Woman_
난 이 상표를 추천하고 싶어. 이것이 요즘 유행이거든.

Man_
그래, 그걸로 살래.

Woman_
좋은 생각이야.

Exercise

- 어느 것이 더 비싼가요? (expensive)
  ➡ Which is _____?

Answer Key : more expensive

Pattern 147

Which ~ do you prefer?
어떤 ~을 좋아해요?

여러 가지 중에 어떤 것을 좋아하는지 선택하게 하는 패턴입니다. 예를 들어 "어떤 색을 좋아하세요?"라고 물을 때나 "어떤 계절을 좋아하세요?"하고 물을 때 쓸 수 있습니다.

0585 어느 색을 좋아해요?
Which color do you prefer?

0586 어느 식당을 좋아해요?
Which restaurant do you prefer?

0587 당신은 어떤 종류의 커피를 선호하세요?
Which type of coffee do you prefer?

0588 당신은 어떤 브랜드의 치약을 선호하세요?
Which brand of toothpaste do you prefer?

Exercise

• 이 디자인들 중에 어떤 게 맘에 들어요? (design)
➡ Which _____ do you prefer?

Answer Key : of these designs

어떤 탄산음료를 좋아해요?

Man 1_
난 매우 목말라.

Man 2_
자판기에서 탄산음료 좀 사자.

Man 1_
좋아. Which soda do you prefer?

Man 2_
난 콜라가 가장 좋아.

Pattern **148**

Which one do you ~?
어느 것을 ~하세요?

Which one하면 둘 중 '어떤 것'을 가리키는 말로써 두 가지 중에 어떤 것을 선택할지 물을 때 흔히 사용할 수 있습니다. 상점에서 물건을 구입할 때 흔히 쓸 수 있습니다.

어떤 게 마음에 드니?

Woman 1_
봐! 이 스웨터들 정말 멋지다.
Which one do you prefer?

0589 어느 것이 필요하세요?
Which one do you **need**?

0590 어느 쪽이 더 좋아요?
Which one do you **like better**?

0591 어느 것이 가장 마음에 드나요?
Which one do you **like best**?

0592 어느 것을 사고 싶나요?
Which one do you **want to buy**?

Woman 2_
나는 울 종류가 더 좋아.

Woman 1_
울 종류가? 왜?

Exercise

- 어느 것을 갖고 싶으세요? (want, take)
  ➡ Which one do you _____?

Answer Key : want to take

Woman 2_
더 따뜻해 보이잖아.

Pattern **149**

Which do you prefer, A or B ~?
A와 B 중에서 어느 것이 더 좋아요?

A와 B의 실제 비교 대상을 제시하면서 두 가지 중에 어느 것이 더 좋은지를 묻는 패턴입니다. which를 이용한 의문문 중에 가장 보편적인 형태입니다.

0593 홍차와 커피 중 어느 것을 드시겠습니까?
Which do you prefer, tea or coffee?

0594 농촌 생활과 도시 생활 중 어느 쪽이 좋습니까?
Which do you prefer, farm life or city life?

0595 항공편과 배편 중 어느 쪽이 좋습니까?
Which do you prefer, by air or by ship?

0596 가이드 있는 여행과 없는 여행 중 어느 쪽이 좋습니까?
Which do you prefer, a trip with a guide or a trip without a guide?

Exercise

- 고양이와 개 중에 어느 것이 더 좋아요? (cat, dog)
➡ Which do you prefer, _____?

Answer Key : a cat or a dog

커피? 아니면 주스?

Man 1_
잠깐 쉽시다.

Man 2_
좋아요.

Man 2_
Which do you prefer, coffee or juice?

Man 1_
아무거나요.

Pattern 150

Which way~?
어느 방법(길)이 ~하나요?

way는 '방법', '길'이라는 뜻이 있죠. 따라서 어떤 일을 하는 방법을 선택하거나 길을 가다가 선택해야 하는 상황에 놓였을 때 이 패턴을 쓸 수 있습니다.

0597 우리가 **어느 길로** 가야 **하나요**?
Which way do we go?

0598 어느 쪽이 서쪽이죠?
Which way is west?

0599 당신은 시내로 갈 때 보통 **어느 길로** 가세요?
Which way do you usually go to town?

0600 어느 방법이 더 간단해요?
Which way is simpler?

Exercise

- 어느 방법이 더 좋아요?
  ➡ Which way _____?

Answer Key : is better

특정 장소로 가는 길을 물을 때

Man 1
Which way is the Seoul Museum of Art?

Man 2
신호등에서 유턴을 해야 합니다.

Man 1
제가 잘못된 방향으로 가고 있나요?

Man 2
네, 하지만 거의 도착했어요.

2nd Week
Check Up

1주 동안 25패턴 100문장을 공부했어요.
"영어로 바로바로 나올 때까지 연습해 보세요."

---

01. 어디서 셔틀버스를 탈수 있나요?

02. 어디서 전화 하는 거야?

03. 사진 찍기 좋은 곳은 어디입니까?

04. 당신이 가장 좋아하는 탤런트는 누구입니까?

05. 누가 운전할 건가요?

06. 언제 퇴원하시죠?

07. 언제 너를 볼 수 있는 거야?

08. 영화를 마지막으로 본 게 언제예요?

09. 언제 그가 사무실로 돌아올 것 같아요?

10. 언제 살을 뺐나요?

11. 왜 그렇게 일찍 퇴근했어요?

 정답 **01.** Where can I catch the shuttle bus? **02.** Where are you calling from? **03.** Where's a good place to take pictures? **04.** Who is your favorite TV actor? **05.** Who is going to drive? **06.** When are you checking out? **07.** When can I see you? **08.** When was the last time you saw a movie? **09.** When do you expect to have him back in the office? **10.** When did you lose weight? **11.** Why are you home so early?

12. 왜 여기에서 울고 있니?.

13. 당신은 왜 항상 여기서 공부하죠?

14. 내가 식탁 차릴게.

15. 왜 안 깨웠어요?

16. 당신과 어떻게 연락할 수 있죠?

17. 프린트를 하려면 어떻게 해야 돼요?

18. 커피를 어떻게 드시겠습니까?

19. 아이를 하나 더 갖는 것에 대해 어떻게 생각해요?

20. 어째서 네 것이 항상 나은 거야?

21. 어느 것이 더 인기가 있나요?

22. 당신은 어떤 브랜드의 치약을 선호하세요?

23. 어느 것을 사고 싶나요?

24. 홍차와 커피 중 어느 것을 드시겠습니까?

25. 우리가 어느 길로 가야 하나?

정답 12. Why are you crying here? 13. Why are you always studying here? 14. Why don't I set the table? 15. Why didn't you wake me up? 16. How can I get a hold of you? 17. How do I get it to print? 18. How do you like your coffee? 19. How do you feel about having another baby? 20. How come yours is always better? 21. Which is more popular? 22. Which brand of toothpaste do you prefer? 23. Which one do you want to buy? 24. Which do you prefer, tea or coffee? 25. Which way do we go?

3rd Week

능력 · 가능성 표현하기

Day 01	**I can't ~.** – 못하는 것 말하기
Day 02	**I'm good at ~.** – 능력 표현하기
Day 03	**might/could/~chance** – 가능성 표현하기
Day 04	**It seems ~.** – 추측하기
Day 05	**If you ~.** – 가정하기
2nd Week	**Check Up**

DAY 01

I can't ~.
못하는 것 말하기

151	I can't believe ~.	~라니 믿을 수가 없어요
152	I can't wait ~.	빨리 ~하고 싶어요
153	I can't stand ~.	~를 못 참겠어요
154	I can't stop -ing ~.	~를 멈출 수가 없어요
155	I can't think of ~.	~가 생각이 안 나요

Pattern **151**

I can't believe ~.

~라니 믿을 수가 없어요

"I can't believe it."은 우리가 자주 접했던 문장입니다. 이 문장은 "그것을 믿을 수 없을 만큼 놀랍다."라는 뜻을 가지고 있지요. 즉, I can't believe ~.는 '어떻게 그런 일이 ~.'의 정도로 해석되며, 놀라움이 아닌 실제로 '믿을 수 없다'라고 말하고 싶다면 can't 대신에 don't를 사용합니다.

0601 그가 살아있**다는** 걸 믿을 수 없어요.
I can't believe he's alive.

0602 그것이 공짜**라는** 걸 믿을 수 없어요.
I can't believe it's free.

0603 그들이 그렇게 했**다는** 걸 믿을 수 없어요.
I can't believe they did that.

0604 이런 일이 일어난다는 것이 믿어지지 않아요.
I can't believe this is happening.

Exercise

내가 시험에 합격했다니 믿을 수가 없어. (pass, exam)
➡ I can't believe _____.

Answer Key : I passed the exam

믿을 수가 없다라는 표현

Man 1
서울에서 언제 올림픽이 열렸죠?

Man 2
1988년도예요.

Man 1
벌써 20년 이상이 지났네요.

Man 2
I can't believe it was so long ago.

Pattern **152**

I can't wait ~.
빨리 ~하고 싶어요

I can't wait ~.는 '~을 기다릴 수 없다.' 즉, ~을 빨리 하고 싶어서 참을 수가 없을 때 쓰면 좋은 패턴입니다. 예를 들어 "당신이 정말 보고 싶어요." 혹은 "시험 결과를 빨리 알고 싶어요."라고 말하는 경우에 쓸 수 있습니다.

0605 도저히 **기다릴 수 없어요.**
I can't wait any/much longer.

0606 내 휴가를 **기다릴 수가 없어.**
I can't wait for my vacation.

0607 당신이 **정말 보고 싶어요.**
I can't wait to see you.

0608 **당장** 이사 들어가**야겠습니다.**
I can't wait to move in.

Exercise

- 한국에 어서 가 보고 싶군요. (go, Korea)
➡ I can't wait _____.

Answer key : to go to Korea

피곤해서 자고 싶어요

Woman_
무슨 일 있어? 너 너무 피곤하게 보여.

Man_ 정말로 나 피곤해. 캠핑에서 방금 돌아왔어. I can't wait to sleep.

Woman_
그래. 정말 피곤하게 보인다. 가서 얼른 자는 게 좋겠다.

Man_
고마워. 다음에 보자.

Pattern **153**

I can't stand ~.
~를 못 참겠어요

stand는 흔히 '서다', '일어서다'의 뜻으로 쓰이는데, 여기에서는 '참다', '견디다'의 뜻으로 쓰였습니다. 따라서 I can't stand ~.는 '~를 참을 수 없다.', '~을 견딜 수 없다.'라고 해석할 수 있겠죠.

0609 그와 헤어지는 **건 견딜 수 없어요**.
I can't stand parting from him.

0610 나는 그가 **꼴도 보기 싫어**!
I can't stand the sight of him!

0611 소리가 **참기 힘들** 정도로 커요.
I can't stand the noise.

0612 수업 시간에 지루함을 **견딜 수 없어**.
I can't stand the boredom in class.

참기 힘들만큼 더운 날씨

Woman 1_
I can't stand this weather.
너무 더워.

Woman 2_
그러게, 좀 더 시원한 옷으로 입어야겠다.

Woman 1_
우리 내일 소매 없는 옷 입자.

Woman 2_
나도 그 얘기하려던 참이야.

Exercise

- 우리 시어머니 때문에 견딜 수가 없어요. (mother-in-law)
➡ I can't stand _____.

Answer key : my mother-in-law

Pattern **154**

I can't stop -ing ~.
~를 멈출 수가 없어요

stop은 '그만두다', '중지하다'의 의미로 흔히 쓰입니다. 따라서 I can't stop -ing ~.는 '~하는 것을 그만두지 못하다.', '멈추지 못하다.'라는 뜻이 되는데, 자신의 의지와 상관없이 어떤 행동을 멈출 수가 없다는 말을 할 때 사용할 수 있습니다.

0613 당신에 대한 생각이 **떠나질 않아요**.
I can't stop **think**ing about you.

0614 그의 일을 방해하는 것을 **멈출 수 없어요**.
I can't stop **interrupt**ing his work.

0615 긴장돼서 떨리는 **게 멈추지 않아요**.
I can't stop **shak**ing from the adrenaline.

0616 기침을 **멈출 수가 없어요**.
I can't stop **cough**ing.

Exercise

- 그대를 향한 사랑을 멈출 수가 없어요. (love)
➡ I can't stop _____.

Answer Key : loving you

코를 고는게 고민인 환자

Doctor_
뭐가 문제인가요?

Patient_
You see, I can't stop snoring at night.

Doctor_
얼마나 오랫동안 그래 왔나요?

Patient_ 넉 달이요.

Pattern **155**

I can't think of ~.
~가 생각이 안 나요

think of는 '~에 대해 생각하다'라는 뜻으로 I can't think of ~.는 사람 이름이나 특정 정보 등이 갑자기 떠오르지 않을 때 쓸 수 있는 패턴입니다.

상점 이름이 생각나지 않을 때

Man 1_
명동에 있는 좋은 한국 식당을 아시나요?

Man 2_Yeah, but I can't think of the name. 생각이 날 듯 말듯 하네요.

0617 지금 당장은 그의 이름이 생각나지 않네요.
I can't think of his name at the moment.

0618 선생님께 어떤 선물을 사드려야 할지 안 떠오르네요.
I can't think of a gift to buy for my teacher.

0619 이 영화에 누가 나오는지 생각이 안 나요.
I can't think of the actor who's in this movie.

0620 해결책이 떠오르지 않아요.
I can't think of a solution.

Man 1_
오, 생각해 보세요.

Exercise

- 더 나은 사람은 없을 것 같네요. (better)
➡ I can't think of _____.

Man 2_
노력 중이에요.

Answer Key : anyone better

DAY 02

I'm good at ~.

능력 표현하기

156	I'm good at ~.	저는 ~를 잘 해요
157	I'm not very good at ~.	저는 ~에는 별로 소질이 없어요
158	I'm too … to ~.	너무 …해서 ~할 수 없어요
159	I'm not … enough to ~.	저는 ~할 정도로 …하지 않아요
160	I'll be able to ~.	~할 수 있을 거예요

Pattern **156**

I'm good at ~.

저는 ~를 잘해요

be good at은 '~을 잘하다'라는 뜻으로, I'm good at ~.하면 자신이 잘 하는 것을 자랑할 때 쓸 수 있는 패턴입니다.

0621 저는 테니스를 잘 쳐요.
I'm good at tennis.

0622 저는 숨을 잘 참거든요.
I'm good at holding my breath.

0623 저는 사진을 잘 찍어요.
I'm good at taking pictures.

0624 저는 역사는 잘 하지만 산수는 별로 못해요.
I'm good at history but not so hot at arithmetic.

Exercise

- 전 노래를 잘해요. (sing)
  ➡ I'm good at _____.

Answer Key : singing

스쿼시를 가르쳐 줄게요

Man 1_
전 스쿼시 치는 걸 배우고 싶어요.

Man 2_
정말요? I'm good at squash. 기꺼이 기초를 가르쳐 줄게요.

Man 1 정말 고마워요.

Man 2_ 천만에요.

Pattern 157

I'm not very good at ~.
저는 ~에는 별로 소질이 없어요

I'm good at ~.의 반대로 자신이 잘 할 수 없는 것을 말할 때는 not을 붙여 말하면 됩니다. 흔히 I'm not good at ~.은 I'm poor at ~.으로도 바꾸어 말할 수 있죠. 여기에서는 very를 넣어 I'm not very good at ~.이라고 했기 때문에 '아주 잘하는 것은 아닌' 즉, 별로 소질이 없다는 정도의 뉘앙스입니다.

0625 전 절약하는데 별로 소질이 없어요.
 I'm not very good at saving.
 *save 절약하다

0626 전 영어를 말하는데 별로 소질이 없어요.
 I'm not very good at speaking English.

0627 전 마음을 읽는데 별로 소질이 없어요.
 I'm not very good at reading minds.

0628 저는 이름을 기억하는데 별로 소질이 없어요.
 I'm not very good at remembering names.

Exercise

- 저는 편지를 쓰는데 별로 소질이 없어요. (write)
 ➡ I'm not very good at _____.

Answer Key : writing letters

스케이트 타는 것에 소질이 없어요

Woman_ 아, 정말 죄송해요. 괜찮으세요?

Man_ 괜찮아요. But I'm not very good at skating.

Woman_ 저도 마찬가지예요. 혹시, 남아메리카에서 오셨나요?

Man_ 네, 맞아요. 원래는 아르헨티나 출신이에요.

Pattern **158**

I'm too ··· to ~.
너무 …해서 ~할 수 없어요

too … to ~는 '너무 …해서 ~할 수 없다.' 라는 뜻이라는 것은 잘 알고 있겠죠? 이 구문이 I'm과 함께 쓰여서 너무 ~해서 할 수 없는 것에 대해 말할 때 쓰입니다.

0629 너무 숨이 차서 더 이상 못 가겠어요.
I'm too breathless to go any farther.

0630 너무 바빠서 그를 만나지 못하겠어요.
I'm too busy to meet him.

0631 너무 피곤해서 갈 수 없어요.
I'm too tired to go.

0632 저는 포기하기에는 너무 젊어요.
I'm too young to give up.

Exercise

- 너무 긴장돼서 먹지를 못하겠어요. (nervous)
➡ I'm too _____ to _____.

Answer Key : nervous, eat

너무 피곤해요

Wife_
I'm too tired to cook.

Husband_
그러면 내가 라면을 끓일게요.

Wife_
라면이 없어요. 미안해요. 중국집에서 뭘 좀 사다 먹어요.

Husband_
좋아요, 그럽시다.

Pattern 159

I'm not … enough to ~.
저는 ~할 정도로 …하지 않아요

… enough to ~는 '~할 정도로 충분히 …하다'라는 뜻으로 I'm not과 함께 쓰여서 '저는 ~할 만큼 …하지 않아요.'라는 뜻이 됩니다. 예를 들어 판매원이 뭘 사라고 자꾸 권하면 "전 아직 ~를 살만큼 돈이 없어요."라는 말을 할 때 쓸 수 있습니다.

0633 저는 차를 살 **만큼** 경제적 여유가 없어요.
I'm not rich enough to afford a car.

0634 저는 아직 잠을 잘 **만큼** 피곤하진 않아요.
I'm not tired enough to go to bed yet.

0635 저는 고득점을 할 **만큼** 열심히 공부하지 않아요.
I'm not studying hard enough to get a high score.

0636 저는 거짓말을 할 **만큼** 영리하지 않아요.
I'm not smart enough to lie.

Exercise

- 전 이 영화를 볼 나이가 되지 않았어요. (old, see, movie)
➡ I'm not _____ enough to _____.

Answer key : old, see this movie

큰 집에 살만큼 부자가 아니다

Man 1_
토미, 당신은 혼자 사나요?
(Tommy, do you live alone?)

Man 2_
아니요, 전 가족과 함께 살아요.
(No, I live with my family.)

Man 1_
그러면 당신 집은 정말 크겠군요.
(Then your house must be very big.)

Man 2_
아니요. I am not rich enough to live in a big house.
(No, 전 큰 집에서 살만큼 부자가 아니에요.)

Pattern **160**

I'll be able to ~.
~할 수 있을 거예요

I can의 미래형으로 be able to를 이용해서 미래에 ~을 할 수 있음을 말하는 패턴입니다. '할 수 없을 것이다.' 라고 말할 때에는 will의 부정형인 won't를 써서 I won't be able to ~.라고 말하면 된답니다.

0637 쿠폰을 얻을 수 있을 거예요.
I'll be able to get a coupon.

0638 제가 할 수 있을 거예요.
I'll be able to do it myself.

0639 당신 컴퓨터를 고칠 수 있을 거예요.
I'll be able to fix your computer.

0640 이제 훨씬 편하게 잘 수 있을 거예요.
I'll be able to sleep much better now.

퇴근 후 약속 잡기

Man 1_
퇴근 후에 영화 보러 갈래?

Man 2_
좋아. 몇 시에 만나고 싶은데?

Man 1_
I'll be able to leave the office at six.

Man 2_
그럼 7시 정각에 ABC 마트에서 만나자.

Exercise

- 난 다시 사랑에 빠질 수 있을 거예요. (fall, love)
  ➡ I'll be able to _____.

Answer Key : fall in love again

DAY 03

might / could / ~chance
가능성 표현하기

161	I might ~.	저는 ~일지도 몰라요
162	I might have+p.p. ~.	저는 ~했을지도 몰라요
163	You could ~.	당신은 ~할 수도 있어요
164	You could have+p.p. ~.	당신은 ~할 수도 있었어요
165	There's a good chance ~.	~할 가능성이 높아요

Pattern 161

I might ~.
저는 ~일지도 몰라요

might는 '~할지도 모르다.'라는 뜻을 지닌 조동사입니다. 약간의 가능성을 나타내는 말이지요. 따라서 I might ~. 하면 확실하지 않은 상황에서 '그럴 가능성도 있어요.' 정도의 뉘앙스로 말할 때 쓸 수 있습니다.

0641 저는 어쩌면 그것을 할 수 있을지도 몰라요.
I might do that.

0642 저는 다음 주에 없을지도 몰라요.
I might be away next week.

0643 제가 틀렸을지도 몰라요.
I might be wrong.

0644 내가 복권이라도 당첨될지 누가 알아요.
I might win the lottery, you never know.

Exercise

- 저는 늦을지도 몰라요. (late)
  ➡ I might _____.

Answer Key : be late

전화가 끊길지 몰라요

Woman_
왜 이래요?

Man_
전파 방해예요. 잠깐요. I might lose you, okay?

Woman_
안돼요. 끊어지면 안돼요.

Man_
알아요. 거의 다 왔어요.

Pattern 162

I might have + p.p. ~.
저는 ~했을지도 몰라요

과거에 '~이었을지도 몰라.', '~했을지도 몰라.' 하고 추측하는 말을 할 때나 '~할 뻔 했었어.' 하고 가능성을 나타내는 말을 할 때에 쓰이는 패턴입니다.

0645 저는 부자가 **될 수 있었을지도 몰라요.**
I might have been a rich man.

0646 **제가 실수를 했는지도 몰라요.**
I might have made a mistake.

0647 안에 그의 전화번호가 **있었을지도 몰라요.**
I might have had his number inside.

0648 저는 그녀와 **결혼할 뻔 했었어요.**
I might have married her.

Exercise

• 1등 상을 탈 수 있었을지도 몰라요. (win, prize)
  ➡ I might have _____

Answer key : won the first prize

비행기를 놓쳤을지 몰라요

Airline staff_
안녕하세요. 뭘 도와드릴까요?

Visitor_
안녕하세요. Actually, I might have missed my flight.

Airline staff_
몇 시 비행기였는지 여쭤 봐도 될까요?

Visitor_
오후 7시 이륙 예정이었어요.

Pattern **163**

You could ~.
당신은 ~할 수도 있어요

You could ~.는 You can ~.의 과거형 형태를 띠고 있지만, 능력을 나타내는 과거형의 말이 아니라, '공손' 또는 '가정', '가능성'의 의미로 사용됩니다.

0649 당신은 그것을 할 수도 있어요.
You could do it.

0650 당신은 상처 받을 수도 있어요.
You could get hurt.

0651 당신은 나에게 다이아몬드를 사줄 수도 있잖아요.
You could buy me diamonds.

0652 당신은 좀더 좋은 직장을 얻을 수도 있어요.
You could get a better job.

Exercise

• 당신 말이 옳을 수도 있어요. (right)
➡ You could _____.

Answer Key : be right

친구 좋다는게 뭐야~

Man 1
야, 왜 이렇게 우울해 보여?

Man 2
어…, 나 해고 당했어.

Man 1
괜찮아? 술 한 잔 할래? You could use a friend.

Man 2
아니야, 괜찮을 거야. 아무튼 고마워.

Pattern 164

You could have + p.p. ~.
당신은 ~할 수도 있었어요

You could ~.가 현재 사실에 대한 '가정', '가능성'을 의미한다면 You could have+p.p. ~.는 '~할 수도 있었어요.' 하고 과거 사실에 해당되는 내용을 말할 때 쓰입니다. 대개 원망이나 질책의 말을 할 때 많이 사용합니다.

0653 당신은 내게 **말해줄 수도 있었잖아요.**
You could have told me.

0654 전화로 **말할 수도 있었잖아요.**
You could have told me over the phone.

0655 당신은 그것을 어딘가에 **잃어버릴 수도 있었잖아요.**
You could have lost it somewhere.

0656 당신은 딱지를 **뗄 수도 있었어요.**
You could have gotten a ticket.

Exercise

- 미리 경고해 줄 수도 있었잖아요. (warn)
  ➡ You could have _____.

Answer key : warned me

현금지급기에서 서비스 받을수도 있잖아

Man_작은 가게에 갔더니 현금만 받더군. 과자를 사고 싶었는데, 못 샀어.

Woman_You could have gone to an ATM and got a cash advance.

Man_
급한 일이었으면 그랬겠지. 하지만 높은 수수료를 내기 싫었어.

Woman_
그래, 편의점을 찾아보자.

Pattern **165**

There's a good chance ~.
~할 가능성이 높아요

good chance에서 chance는 '기회'가 아니라 '가능성'을 의미합니다. 따라서 good chance하면 '상당히 높은 가능성'을 말하는 것이 되죠. ~일 가능성이 다분한 일을 말할 때 이 패턴을 사용할 수 있습니다. 가능성이 적을 때에는 There's a slim chance ~. 혹은 There's little chance ~.로 말합니다.

0657 재검표 **가능성이 커요.**
There's a good chance of recounts.
* recount 재검표

0658 이길 **가능성이 커요.**
There's a good chance of winning.

0659 그들이 늦을 **가능성이 커요.**
There's a good chance that they will be late.

0660 전임직을 제의받을 **가능성이 큽니다.**
There's a good chance that I may be offered a full-time job.

Exercise

- 그가 약간은 가지고 있을 가능성이 커요. (have, some)
  ➡ There's a good chance that _____.

Answer Key : he has some

비올 가능성이 커요

Mom_
우산 가져가라, 존.

Son_
왜요? 오늘 화창한데요.

Mom_
There's a good chance of rain this afternoon.

Son_
그럴 거 같지 않은데요.

DAY 04

It seems ~.

추측하기

166	It seems that ~.	~인 것 같아요
167	You seem to ~.	당신은 ~한 것 같아요
168	It seems like ~.	~인 것 같아요
169	It seems as if ~.	~인 것 같아요
170	What seems to be ~?	무엇이 ~인 것 같나요?

Pattern **166**

It seems that ~.
~인 것 같아요

자신의 생각을 간접적으로 완곡하게 말하려고 할 때 쓰는 패턴으로 that은 생략하기도 합니다. '(제가 보기엔) ~인 것 같아요.'의 의미입니다. that 뒤에는 '주어+동사'의 절 형태가 이어집니다.

0661 그는 거기에 없었던 **것 같아요**.
It seems that he was not there.

0662 그 상점이 곧 문을 닫을 **것 같아요**.
It seems that the store will close soon.

0663 우리는 돈을 다 쓴 **것 같아요**.
It seems that we spent all our money.

0664 제 말이 그의 감정을 상하게 한 **것 같아요**.
It seems that my remark has hurt his feelings.

Exercise

- 그는 아픈가 봐요. (ill)
  ➡ It seems that _____.

Answer Key : he is ill

옷이 클 것 같아요

Woman 1_
저 셔츠 어떤 것 같아?

Woman 2_
멋져. But it seems that it is too big for you.

Woman 1_
난 그것이 정말 마음에 들어. 한 번 입어 봐야 할 것 같아.

Woman 2_ 그래.

Pattern **167**

You seem to ~.
당신은 ~한 것 같아요

사람을 주어로 한 형태로 seem과 함께 쓰여서 '당신 ~한 것 같아요.' 라는 뜻을 나타냅니다. 주어가 2인칭이라서 seems가 아니라 seem의 형태로 말합니다.

0665 잘하고 있는 **것 같은데요**.
You seem to be doing just fine.

0666 **당신은** 치즈를 좋아하는 **것 같아요**.
You seem to like cheese.

0667 **당신은** 운동신경이 상당히 좋은 **것 같아요**.
You seem to be very athletic.

0668 **당신은** 다른 사람들과 사이좋게 지내는 **것 같아요**.
You seem to get along with other people.

Exercise

- 너 피곤해 보여. (tired)
➡ You seem to _____.

Answer key : be tired

야근이 잦은 것 같아요

Man 1_
You seem to work overtime a lot.

Man 2_
응, 우리는 야근이 많은 편이야.

Man 1_
야근 수당 있어?

Man 2_
아니. 우리 회사는 야근 수당 없어.

Pattern **168**

It seems like ~.
~인 것 같아요

It seems ~.와 거의 같은 뜻이지만 It seems like ~.가 좀더 완곡한 뜻의 패턴입니다. It seems like 뒤에는 명사나 명사절의 형태가 이어집니다.

0669 그의 잘못**인 것 같아요**.
It seems like his fault.

0670 좋은 생각 **같아요**.
It seems like a good idea.

0671 제가 이 집으로 이사 온 게 엊그제 **같아요**.
It seems like yesterday that I moved to this house.

0672 당신은 나이가 들수록 얼굴이 더 좋아지는 **것 같아요**.
It seems like the older you grow, the better you look.

Exercise

- 완벽한 계획 같은데요. (perfect)
  ➡ It seems like _____.

Answer Key : a perfect plan

변명하지 말아요

Man_
나 요새 살이 붙는 것 같아.

Woman_
운동을 좀 더 자주 해야지.

Man_
하지만 운동할 시간이 없는걸.

Woman_
It seems like a poor excuse.

Pattern **169**

It seems as if ~?

~인 것 같아요

as if는 '마치 ~인 것 같다.'의 의미를 지닌 가정법입니다. 이 표현 역시 '(제가 보기엔) ~인 것 같은데요.'라는 뜻입니다.

0673 우리 길을 잃은 **것 같아요**.
It seems as if we're lost.

0674 그가 뭔가를 숨기고 있는 **것 같아**.
It seems as if he's hiding something.

0675 전에 이것을 들어본 **것 같아요**.
It seems as if I've heard this before.

0676 전에 이곳에 와본 **것 같아요**.
It seems as if I've been here before.

Exercise

- 엔진이 과열된 것 같은데요. (engine, overheat)
  ➡ It seems as if _____.

Answer Key : the engine is overheated

할아버지께서 편찮으세요

Man_
무슨 일인지 말해 봐.

Woman_
할아버지께서 몇 주째 편찮으셔.

Man_
그가 곧 회복할 것 같으니?

Woman_
It seems as if he will not recover.

Pattern **170**

What seems to be ~?
무엇이 ~인 것 같나요?

문제가 발생했을 경우 상대방의 의견을 구할 때 쓰기 좋은 패턴입니다. 그 외에도 병원에서 의사가 환자에게 "어디가 아프세요?"라고 물을 때에도 이 패턴을 사용할 수 있습니다.

0677 **무슨** 문제 **있나요**?
What seems to be the trouble?

0678 **무엇이** 중요한 **것 같습니까**?
What seems to be important?

0679 **어떤 것이** 가장 좋은 거래 **같아요**?
What seems to be the best deal?

0680 점수가 **어떻게** 되는 것 **같아요**?
What seems to be the score?

의사가 어디 아프냐고 물을 때

Doctor_
What seems to be the problem?

Patient_ 배가 아파요.

Doctor_
언제부터 아프셨어요?

Patient_
어젯밤 저녁 식사 후부터예요.

Exercise

- 그들의 불만이 무엇인 것 같아요? (complaint)
  ➡ What seems to be _____?

Answer key : their complaint

DAY 05

If you ~?

가정하기

171	If you have any ~.	당신이 ~을 가지고 있다면 ~
172	If you don't mind ~.	괜찮으시다면 ~
173	If you ask me ~.	제 생각에는 ~
174	If I were you ~.	내가 당신이라면 ~
175	If there's ~.	만약 ~이 있다면

Pattern 171

If you have any ~.
당신이 ~을 가지고 있다면 ~

if의 '만약 ~이라면'이라는 말과 have '가지다'라는 말이 함께 쓰여서 If you have any ~.하면 상대방에게 '시간이 있다면 ~', '질문이 있다면 ~', '돈이 있다면 ~' 등의 말을 할 때 쓸 수 있습니다.

0681 시간**이 있다면**, 제가 이사하는 것 좀 도와주시겠어요?
If you have any **time**, can you help me move?

0682 걱정거리**가 있다면**, 저에게 지금 말씀해 주세요.
If you have any **concerns**, tell me now.

0683 양말 가진 **게 있으면**, 좀 갈아 신으렴.
If you have any **socks**, change them.

0684 표지판 갖고 있는 **거 있으시면**, 걸어 놓으세요.
If you have any **signs**, display them.

Exercise

- 돈이 있다면 나에게 줘. (give)
  ➡ If you have any _____.

Answer key : money, give it to me

문의사항이 있으면 언제든 전화하세요

Visitor_ 한국 호텔에서 거길 어떻게 가야 하는지 좀 가르쳐 주시겠습니까?

Clerk_ 그러실 필요 없어요. 저희가 9시에 모시러 갈테니, 로비에서 기다리시기만 하면 됩니다.

Visitor_ 그렇게 해 주시면 좋죠, 감사합니다.

Clerk_ If you have any other questions, just feel free to call.

Pattern 172

If you don't mind ~.
괜찮으시다면 ~

Would you mind ~?가 '~한다면 꺼리시겠습니까?' 즉, '~하는 것 괜찮아요?', '~해 주시면 안 될까요?' 하고 부탁하거나 양해를 구하는 패턴인데 반해, 이 패턴은 앞뒤가 바뀌어서 '꺼리시지 않는다면, ~하겠습니다.', '괜찮으시다면, ~하겠습니다.'의 뜻입니다.

0685 **괜찮으시다면**, 좀 쉬고 싶습니다.
If you don't mind, I need a break.

0686 **괜찮으시다면**, 담배 좀 피우고 싶습니다.
If you don't mind, I want to smoke.

0687 **괜찮으시다면**, 나중에 전화 좀 주세요.
If you don't mind, give me a call later.

0688 이런 말 여쭤 봐도 되는지 모르겠는데, 여기가 어디죠?
If you don't mind my asking, where am I?

Exercise

• 괜찮으시다면, 토요일에 쉬고 싶은데요. (take off)
➡ If you don't mind, I _____.

Answer Key : I'd like to take Saturday off

마음을 잘 읽어주는 사람에게

Woman_ If you don't mind my saying so, I think you are a ringer.

Man_
오, 정말 고마워요.

Woman_
당신은 하루 종일 제가 원하는 것을 해 주었어요. 왜죠?

Man_
모르겠어요. 그래야 할 것 같아서요.

Pattern **173**

If you ask me ~.
제 생각에는 ~

직역하면 '상대방이 내 생각을 묻는다면 ~.' 입니다. 즉, 자신의 생각이나 의견을 말하려고 할 때, 돌려서 말하는 것으로 실제는 '내 생각을 말하자면 ~.' 이 됩니다. 겸손한 어조의 패턴입니다. if you ask me는 문장의 후반부에 쓸 수도 있습니다.

0689 제 생각에는, 이것은 완전히 시간 낭비입니다.
If you ask me, this is a complete waste of time.

0690 제 생각에는, 그는 약간 괴짜입니다.
He's a bit of a nut, if you ask me.

0691 제 생각에는, 그녀는 이미 결혼한 것 같은데요.
If you ask me, she's already married.

0692 제 생각에는, 그 계획은 성공할 것 같은데요.
If you ask me, the plan will be successful.

Exercise

• 내 생각에는, 그는 불평을 너무 많이 하는 것 같아. (complain)
➡ If you ask me, _____.

Answer Key : he complains too much

여름 휴가지를 추천할 때

Man_ 제가 여름 휴가로 어디를 가야 한다고 생각해요?

Woman_ If you ask me, spa vacations are the best.

Man_ 왜요?

Woman_ 왜냐하면 마사지도 받을 수 있고, 마음대로 편하게 지낼 수 있으니까요.

Pattern 174

If I were you ~.
내가 당신이라면~

가정법 과거를 배울 때 꼭 외워야 했던 패턴입니다. 주어가 I이지만, be동사를 was가 아닌 were로 써야 합니다. "If I were a bird, I would fly to you. 내가 새라면 너에게 날아갈 텐데."라는 표현 기억하시죠? If I were ~ 다음에는 I would/wouldn't ~.가 이어집니다.

0693 내가 너라면, 그를 도와줄 거야.
If I were you, I would help him.

0694 내가 너라면, 그런 것은 하지 않을 거야.
If I were you, I wouldn't do such a thing.

0695 내가 너라면, 그녀에게 사과할 거야.
If I were you, I would apologize to her.

0696 내가 너라면, 한 학기 휴학할 거야.
If I were you, I'd take a semester off.

Exercise

- 내가 너라면 조심할 거야. (careful)
  ➡ If I were you, _____.

Answer Key : I'd be careful

이직을 권유하는 표현

Man 1_
난 내 상사를 참을 수 없어.

Man 2_
왜 그러는데?

Man 1_
내 상사는 항상 나를 괴롭혀.

Man 2_
If I were you, I'd start looking for another company.

Pattern 175

If there's ~.
만약 ~이 있다면

보통 If there's anything ~.이란 말로 쓰이며, 주로 상대방에게 도움을 주고 싶을 때 이 패턴을 이용합니다. 예를 들어 "만약 문제가 생기면 연락하세요."와 같은 말을 할 때죠.

필요한게 있으면 언제든 얘기해

Passenger_
실례지만, 손을 닦게 물티슈가 있으면 좋겠는데요.

Waitress_
어렵지 않습니다, 손님. 금방 가져다 드릴게요.

0697 일이 생기**면** 연락해.
If there's a problem, let me know.

0698 나한테 할 말 **있으면** 지금 해.
If there's anything you need to tell me, tell me now.

0699 필요**하면**, 언제라도 전화해.
If there's anything you need, call me any time.

0700 제가 할 수 있는 일**이 있다면**, 기꺼이 도울게요.
If there's anything I can do, I'd be happy to help.

Passenger_
고마워요. 유람선 여행이 이렇게 좋은 줄 몰랐는데요.

Exercise

- 남은 음식이 있으면, 냉장고에 넣어. (food, fridge)
  ➡ If there's _____ left over, _____.

Answer Key : any food, put it in the fridge

Waitress_ 다행입니다, 손님.
And if there's anything else you need, just let me know.

3rd Week Check Up

1주 동안 25패턴 100문장을 공부했어요.

"영어로 바로바로 나올 때까지 연습해 보세요."

---

01. 그것이 공짜라는 걸 믿을 수 없어요.

02. 당신이 정말 보고 싶어요.

03. 수업 시간에 지루함을 견딜 수 없어.

04. 기침을 멈출 수가 없어요.

05. 지금 당장은 그의 이름이 생각나지 않네요.

06. 저는 사진을 잘 찍어요.

07. 전 절약하는데 별로 소질이 없어요.

08. 너무 피곤해서 갈 수 없어요.

09. 저는 거짓말을 할 만큼 영리하지 않아요.

10. 쿠폰을 얻을 수 있을 거예요.

11. 저는 다음 주에 없을지도 몰라요.

정답 **01.** I can't believe it's free. **02.** I can't wait to see you. **03.** I can't stand the boredom in class. **04.** I can't stop coughing. **05.** I can't think of his name at the moment. **06.** I'm good at taking pictures. **07.** I'm not very good at saving. **08.** I'm too tired to go. **09.** I'm not smart enough to lie. **10.** I'll be able to get a coupon. **11.** I might be away next week.

12. 저는 그녀와 결혼할 뻔 했었어요.

13. 당신은 좀 더 좋은 직장을 얻을 수도 있어요.

14. 당신은 내게 말해줄 수도 있었잖아요.

15. 그들이 늦을 가능성이 커요.

16. 제 말이 그의 감정을 상하게 한 것 같아요.

17. 당신은 운동신경이 상당히 좋은 것 같아요.

18. 그의 잘못인 것 같아요.

19. 전에 이곳에 와본 것 같아요.

20. 어떤 것이 가장 좋은 거래 같아요?

21. 양말 가진 게 있으면 좀 갈아 신으렴.

22. 괜찮으시다면, 나중에 전화 좀 주세요.

23. 제 생각에는 이것은 완전히 시간낭비입니다.

24. 내가 너라면, 한 학기 휴학할 거야.

25. 필요하면, 언제라도 전화해.

정답 12. I might have married her. 13. You could get a better job. 14. You could have told me. 15. There's a good chance that they will be late. 16. It seems that my remark has hurt his feelings. 17. You seem to be very athletic. 18. It seems like his fault. 19. It seems as if I've been here before. 20. What seems to be the best deal? 21. If you have any socks, change them. 22. If you don't mind, give me a call later. 23. If you ask me, this is a complete waste of time. 24. If I were you, I'd take a semester off. 25. If there's anything you need, call me any time.

4th Week
계획 · 해야할 일 말하기

Day 01	**I will ~.** – 계획 말하기 1
Day 02	**I have to ~.** – 해야 할 일 말하기
Day 03	**be going to** – 계획 말하기 2
Day 04	**You should ~.** – 해야 할 일 조언하기
Day 05	**Do you have to ~?** – 해야 할 일 묻기
4th Week	**Check Up**

DAY 01

I will ~.
계획 말하기 1

176	I'll get ~.	저는 ~할 거예요/제가 ~할게요
177	You'll have to ~.	당신은 ~해야 할 거예요
178	I'll check ~.	~은 제가 알아볼게요
179	I'll take care of ~.	~은 내가 처리할게요/돌봐줄게요
180	Will you ~?	~해 줄래요?

Pattern **176**

I'll get ~.
저는 ~할 거예요 / 제가 ~할게요

get은 여러 가지 뜻이 있기 때문에 다양한 상황에서 쓰일 수 있습니다. 대표적인 뜻으로는 '~을 얻다', '손에 넣다', '이해하다', '시키다', '~하게 하다' 등이 있습니다. I'll과 함께 get을 적절하게 이용해서 자신이 미래에 ~을 할 것인지를 말할 수 있습니다.

0701 다시 연락**하죠**.
I'll get back to you.

0702 **제가** 해결방안을 강구**하겠습니다**.
I'll get something worked out.

0703 **제가** 가져다 드릴**게요**.
I'll get it for you.

0704 **나는** 꼭 복수할 거야!
I'll get the last laugh!

Exercise

• 나 늦을 거야. (back)
➡ I'll get _____.

Answer Key : back late

약을 갖다 줄게요

Man 1
체한 것 같아요. 도움이 될 만한 약을 구할 수 있을까요?

Man 2_
물론이죠. I'll get you some.

Man 1_
심한 두통도 있어요.

Man 2_
I'll get you something for that, too.

Pattern **177**

You'll have to ~.
당신은 ~해야 할 거예요

지하철 방송 중 환승역에서 갈아타야 한다고 할 때 이 패턴을 이용한 문장을 들은 기억이 있을 것입니다. 'You will have to transfer ~.'하고 말이죠. 이 패턴은 자신의 의견을 상대방에게 강하게 전달할 때 쓸 수 있습니다.

0705 당신은 주황색 선으로 갈아타**셔야 합니다**.
You'll have to transfer to the orange line.

0706 당신은 11시까지는 돌아와**야 할 겁니다**.
You'll have to be back by eleven.

0707 당신은 다른 직업을 알아봐**야 할 겁니다**.
You'll have to find another job.

0708 시스템을 재부팅**해야 할 거예요**.
You'll have to reboot the system.

Exercise

• 자리에 앉으세요! (sit)
➡ You'll have to _____!

Answer key : sit down

신림역에 가려고 합니다

Woman_
신림역에 가려고 하는데요. 도와주시겠어요?

Man_ 물론이죠. 여기서 지하철을 타면 돼요. Then, you'll have to transfer at *Shindorim*.

Woman_
신도림역에서요? 네, 알겠습니다. 고맙습니다.

Man_
천만에요. 안내 방송을 들으면 문제없을 거예요.

Pattern **178**

I'll check ~.
~은 제가 알아볼게요

check은 '정확한지 확인하다', '(완료, 이상 유무 등을 보이기 위해) 표시를 해 두다', '시간 등을 확인하다' 등의 다양한 뜻이 있으므로, 상황에 따라서 적절하게 사용할 수 있습니다. 특히, I'll check 뒤에 'if 주어+동사'의 형태가 이어져서 '~를 알아볼게요.' 라는 의미로 많이 쓰입니다.

0709 잔고를 **확인해 볼게요.**
I'll check my balance.
* balance 잔여분

0710 그녀가 오늘 오후에 시간이 되는지 **알아볼게요.**
I'll check if she can be available this afternoon.

0711 시간표가 인터넷에 나와 있는지 **확인해 볼게요.**
I'll check if the timetable is listed on the internet.

0712 책임자에게 **확인하여** 바로 전화 드리겠습니다.
I'll check with the manager and call you back.

Exercise

• 그들이 집에 돌아왔는지 확인해 볼게요. (be back)
➡ I'll check _____.

Answer Key : if they're back home

좌석 위치를 변경하려는 승객

Desk clerk_
도와 드릴까요?
(May I help you?)

Visitor_
네, 저는 출입구 쪽 줄이 아닌 좌석에 앉고 싶어요.
(Yes, I would like to change my seat for one not in the exit row.)

Desk clerk_ I'll check to see if there is an open seat. 창가 좌석을 원하시나요?
(비어있는 좌석이 있는지 알아보겠습니다. Do you want a window seat?)

Visitor_
네, 가능하다면요.
(Yes, if possible.)

Pattern 179

I'll take care of ~.

~은 내가 처리할게요/돌봐줄게요

take care of는 '~를 돌보다'라는 말 이외에도 '~를 처리하다'라는 뜻도 있습니다. 따라서 "제가 처리할게요.", "제가 보살펴 줄게요."라는 말을 할 때 이 패턴을 쓸 수 있습니다.

0713 내가 알아서 처리할게요.
I'll take care of it.

0714 일은 내가 알아서 할게요.
I'll take care of the business.

0715 내가 계산할게요.
I'll take care of the check.
 ＊take care of the check 계산하다

0716 내가 설거지 할게요.
I'll take care of the dishes.

Exercise

- 내가 당신 개를 돌봐줄게요.
 ➡ I'll take care of _____.

Answer Key : your dog

내가 처리할게

Man 1_
누가 요리를 하지?

Man 2_
내가 할 거야.

Man 1_
그래? 나도 돕고 싶은데.

Man 2_
That's okay. I'll take care of the cooking.

Pattern 180

Will you ~?
~해 줄래요?

Will you ~?는 Could you ~?처럼 상대방에게 무언가를 해달라고 부탁할 때 쓰는 패턴입니다.

0717 그 후추 좀 건네 **주시겠습니까?**
Will you pass me the pepper?

0718 내일 오시**겠어요?**
Will you come tomorrow?

0719 직불 카드 받으**시나요?**
Will you accept a debit card?
* debit card 직불 카드

0720 슈퍼마켓에 들러 달걀과 우유 좀 사오**겠니?**
Will you call in at the supermarket for some eggs and milk?

Exercise

• 얘기 좀 그만하세요. (talk)
 ➡ Will you please _____?

Answer Key : stop talking

사과를 받아주세요

Man_잠깐요. 우리 처음부터 다시 시작해요. 제 이름은 조지예요. 그쪽은요?

Woman_
그냥 옆 집 사는 여자라 생각해요

Man_아이 참. 이러지 마세요. 죄송하다고요. Will you accept my apology?

Woman_
좋아요. 제 이름은 수잔이에요.

DAY 02

I have to ~.

해야 할 일 말하기

181	I have to ~.	~해야 해요
182	I should ~.	~해야겠어요
183	I need to ~.	~해야 해요
184	I'd better ~.	~하는 게 좋겠어요
185	I've got to ~.	~해야겠어요 / ~해야 해요

Pattern 181

I have to ~ .
~해야 해요

친구가 만나자고 전화가 왔을 경우, "나는 집에 있어야만 해."하고 거절하는 말을 할 때 바로 이 패턴을 쓸 수 있습니다. have to는 '~해야만 한다'라는 must의 뜻이 있습니다. 이 패턴은 자신의 정황상 할 수 밖에 없는 경우에 쓰입니다.

0721 난 살을 **빼야만 해**!
I have to go on a diet!

0722 하루 종일 집에만 있어**야 해요**.
I have to stay home all day.

0723 사전을 찾아봐**야 해요**.
I have to look it up in a dictionary.

0724 당장 환불 받아**야겠어**.
I have to get the refund on this right now.

Exercise

• 난 비디오 테이프들을 반납해야 해. (return)
➡ I have to _____

Answer Key : return some videotapes

회의를 취소해야겠어요

Employee 1_
I have to call off the meeting.

Employee 2_
왜요?

Employee 1_
두통이 있어요.

Employee 2_
그럼, 다음 주에 하도록 하죠.

Pattern **182**

I should ~.

~해야겠어요

'I have to ~.'보다 의미가 다소 완화된 패턴으로 '~해야겠어.' 정도의 뉘앙스입니다. 약간의 의무감이 내포된 표현입니다.

0725 10시까지는 돌아올게.
I should be back by 10:00.

0726 너 시간될 때 봐야지.
I should see you when you have time.

0727 도울 일이 있는지 가봐**야겠다**.
I should go see if I can help.

0728 안 잊게 적어 놔**야겠어**.
I should be writing this down.

Exercise

- 나는 병원에 가서 주사를 맞아야겠어. (injection)
  ➡ I should go see a doctor and _____.

Answer key : take an injection

농담을 하려는 남자

Man 1_
I should start with a joke, right?

Man 2_ 하하하. 아, 진심이시군요. 아니요, 그러지 마세요. 시간이 충분치 않아요.

Man 1_
무슨 시간이요?

Man 2_
유머 감각을 기르실 시간 말이죠.

Pattern 183

I need to ~.
~해야 해요

직역하면 'I have to ~.'처럼 '~해야 한다.'의 의미이지만, 실제로는 '~할 필요가 있다.' 정도의 뉘앙스입니다. 강요보다는 필요에 의해 해야 한다고 생각하는 경우인 것이죠.

0729 잔디를 깎아야 **해요**.
      I need to mow the lawn.

0730 집중해야 돼요.
      I need to concentrate.

0731 상점에 가야 하는데요.
      I need to go to the store.

0732 어디 묵을 곳을 찾아야 해요.
      I need to find somewhere to stay.

Exercise

- 화장실 가야겠어요. (toilet)
  ➡ I need to _____.

Answer Key : go to the toilet

돌아가 봐야 돼요

Woman_
막 저녁을 차리려던 참이었어요. 같이 먹어도 좋은데.

Man_
But I need to get back. 아직 짐을 푸는 중이라서.

Woman_ 다음주는요? 같은 시간 괜찮아요? 우리 친구하자고요. 이젠 이웃인데.

Man_
좋아요. 다음 주엔 한가할 것 같아요.

Pattern 184

I'd better ~.
~하는 게 좋겠어요

I'd better은 had better의 축약형으로 부정형은 had better not입니다. I'd better ~.하면 '저는 ~하는 편이 좋겠어요.', '~하는 게 낫겠어요.' 정도의 의미입니다.

0733 난 양치질 **좀 해야겠**네요.
I'd better go floss.

0734 제가 가서 확인해 보는 **게 낫겠어요**.
I'd better go and make sure.

0735 난 버스를 타는 **게 낫겠어요**.
I'd better take a bus.

0736 난 다음 주유소에서 가솔린을 가득 채워 넣**어야겠어**.
I'd better fill up with petrol at the next station.

Exercise

- 난 이제 가야겠어요. (go)
  ➡ I'd better _____.

Answer Key : go now

피곤해서 쉬어야겠어요

Man 1_
이제 어디로 가시겠어요? 사무실이요? 호텔이요?

Man 2_
I'd better go back to the hotel.
좀 피곤해서요.

Man 1_
아직 시차 극복이 안 되었겠는데요.

Man 2_
오늘밤 잠을 푹 자고 나면, 훨씬 나아지겠죠.

Pattern 185

I've get to~.
~해야겠어요/~해야 해요

have to의 구어체가 've got to입니다. have to는 '~해야 한다'라는 뜻인데, 좀더 발음하기 쉽게 이렇게 된 것입니다. 구어체로는 gotta가 있습니다. '~해야 해요'라고 말할 때 이 패턴을 쓰면 됩니다.

0737 내 방 청소를 **해야 해**.
I've got to tidy my room.
* tidy 말끔히하다

0738 얘기 **좀 해요**.
I've got to talk to you.

0739 이번에는 꼭 합격**해야 해요**.
I've got to pass this time.

0740 제 동생 결혼식에 참석을 **해야 한다고요**.
I've got to get to my brother's wedding.

Exercise

• 난 오늘 지불해야 할 청구서가 몇 장 있어. (pay, bill)
➡ I've got to _____.

Answer key : pay some bills today

Woman 1_
좀 더 계시다 가시지 그러세요?

Woman 2_
I'd love to, but I've got to go.

Woman 1_
계시다가 저녁이나 드시고 가지 그래요.

Woman 2_
죄송합니다. 다른 약속이 있어서요.

DAY 03

be going to

계획 말하기 2

186	I'm going to ~.	~할 거예요
187	I'm not gonna ~.	~하지 않을 거예요
188	Are you going to ~?	~할 건가요?
189	Aren't you going to ~?	~ 안 할 건가요?
190	It's going to be ~.	~할 거예요

Pattern **186**

I'm going to ~.
~할 거예요

가까운 미래에 하고자 하는 일을 말하는 패턴으로, I'm gonna ~.로도 자주 말합니다. 정해진 미래의 일을 하려고 할 때 will보다 더 많이 사용합니다.

0741 먼저 씻을**게요**.
I'm going to **freshen up first**.
※ freshen up (세수·목욕 등을 하여) 기분이 상쾌해지다

0742 전 마음 가는대로 **할 거예요**.
I'm going to **follow my heart**.

0743 그녀를 태워다 줄 **거예요**.
I'm going to **give her a ride**.

0744 새 차를 한 대 살 **거예요**.
I'm going to **buy a new car**.

Exercise

• 나는 3kg을 뺄 거야. (lose)
➡ I'm going to _____.

Answer Key : lose 3kg

여행을 계획하는 남자

Man 1
제가 듣기로 당신은 고향으로 여행할 계획이 있다고 들었습니다.

Man 2
Yes, I'm going to take in Chicago on my way home.

Man 1 좋겠네요.

Man 2
당신도 좋다면 우리와 함께 갈 수 있습니다.

Pattern **187**

I'm not gonna ~.
~하지 않을 거예요

I'm going to ~.에 not을 붙인 것으로, '~하지 않을 거예요.'처럼 앞으로의 계획을 말하거나 '~하지 않을게요.'처럼 의지를 표현할 때 쓸 수 있는 패턴입니다.

0745 난 그런 실수는 **하지 않을 거야.**
I'm not gonna make that mistake.

0746 난 당신에게 그것에 대해 말**하지 않을 거예요.** 그건 비밀이에요.
I'm not gonna tell you about it; it's private.

0747 난 겁먹**지 않을 거야.**
I'm not gonna be intimidated.

0748 그렇게 많은 돈을 내지는 않을 거야.
I'm not gonna pay that much.

Exercise

- 너에게 상처를 주지 않을 거야. (hurt)
➡ I am not gonna _____.

Answer Key : hurt you

무인도에서 구조를 기다리며

Man 1_
우리가 구조되려면 얼마나 걸릴까?

Man 2_
열흘이 걸릴 수도 있고, 10년이 걸릴 수도 있지.

Man 1_
I'm not gonna survive for that long.

Man 2_
물론 넌 견딜 거야. 이 섬은 낙원이니까.

Pattern **188**

Are you going to~?
~할 건가요?

가까운 미래에 대해 묻는 be going to 구문을 사용한 것으로, "오늘 갈 건가요?", "그 사람과 헤어질 건가요?"와 같이 상대방의 마음을 떠보려고 할 때 쓸 수 있습니다.

0749 그녀와 헤어질 **생각이야**?
Are you going to break up with her?

0750 그 집을 살 **건가요**?
Are you going to buy that house?

0751 다른 직장을 알아**보려고**?
Are you going to look for another job?

0752 오늘 아침에 시카고로 가시나요?
Are you going to go to Chicago this morning?

Exercise

• 그 제안을 받아들일 건가요? (offer)
➡ Are you going to _____?

Answer Key : take the offer

사표 낼 건가요?

Employee 1_
Are you going to hand in your resignation?

Employee 2_
섣불리 말하지 말아요.

Employee 1_
오, 미안해요. 내가 오해했군요.

Employee 2_ 내가 말하고자 했던 바는 그저 내 월급에 만족하지 않는다는 거예요.

Pattern 189

Aren't you going to ~?
~을 안 할 건가요?

"그거 안 살 건가요?", "공부 안 할 건가요?"처럼 상대방에게 미래에 할 일에 대해 부정형으로 물을 때 이 패턴을 쓸 수 있습니다.

0753 아무 말도 **안 할 거야**?
Aren't you going to say anything?

0754 유학 가지 **않을 거니**?
Aren't you going to study abroad?

0755 잠 안 잘 **거야**?
Aren't you going to sleep?

0756 그거 안 살 **건가요**?
Aren't you going to buy it?

Exercise

- 나에게 인사 안 할 건가요?
 ➡ Aren't you going to _____?

Answer key : say hello to me

공부 안 하는 아들에게

Mom_
Aren't you going to study?

Son_
이미 했어요.

Mom_
하긴 언제 해. 컴퓨터 당장 꺼!

Son_
알겠어요, 엄마.

Pattern 190

It's going to be ~.
~할 거예요

비인칭 주어 it을 be going to와 함께 써서, "날이 추워질 거야.", "괜찮을 거야."와 같이 상황이나 기분, 날씨 등이 어떻게 될 거라는 예상을 말할 때 쓸 수 있습니다.

0757 날이 추워질 **거야**.
It's going to be cold.

0758 괜찮을 **거야**.
It's going to be fine.

0759 정말 멋진 밤이 될 **거야**.
It's going to be such a wonderful evening.

0760 이제부터 재미 있을 **건데요**.
It's going to be interesting from now on.

Exercise

- 기분 좋은 날이 될 거야. (good)
  ➡ It's going to be _____.

Answer Key : a good day

겨울 방학이 곧 다가온다

Man_
이제 기말 시험이 다가오는데 공부는 좀 했어?

Woman_
그래. 시험이 얼마 안 남았어. 열심히 해야지.

Man_ After exams, it's going to be the winter vacation.
계획은 잡았어?

Woman_
응, 이번 방학 때 커피숍에서 아르바이트 할 생각이야.

DAY 04

You should ~.
해야 할 일 조언하기

191	You should try to ~.	~해 봐야 해요
192	Maybe you should ~.	~하는 게 좋겠어요
193	You should see if ~.	~인지 확인해 봐요
194	You shouldn't ~.	~하면 안 돼요
195	You should have ~.	~했어야 했어요

Pattern 191

You should try to~.
~해 봐야 해요

try to가 '해 보다', '시도하다', '애쓰다', '노력하다' 등의 뜻으로 의무를 나타내는 should와 함께 쓰여서 '~해 봐야 해요'라고 약간은 강제성을 띤 권유를 할 때 쓰는 패턴입니다.

음식을 좀더 먹으라는 권유

Man_
You should try to eat a bit more.

0761 건강에 좋은 걸 먹도록 노력**해 봐야 해요**.
You should try to eat healthy.

0762 넌 네 숙제를 마쳐**야 할 거야**.
You should try to complete your homework assignment.

0763 넌 그와 잘 지내려고 노력**해야 해**.
You should try to get along with him.

0764 넌 좀더 신중하려고 노력**해야 해**.
You should try to be more careful.

Woman_
왜요? 그럴 필요 없어요. 배고프지 않아요.

Man_
당신은 우리가 두 달 전에 만났을 때보다 야위어 보여요.

Exercise

• 기억하도록 노력해 봐.
➡ You should try to _____.

Answer Key : remember

Woman_
그래요?

Pattern 192

Maybe you should ~.
~하는 게 좋겠어요

maybe는 '아마'라는 뜻이 있습니다. 그것이 You should ~. '당신은 ~해야 해요.'라는 상대방에게 권유하는 말과 함께 쓰여서 무엇을 해야 한다고 권유는 하지만 강하게 어필하지 못하고, '~하는 게 좋겠어요.' 혹은 '~하는 게 어떤가요?' 정도로 자신감이 떨어질 때 쓸 수 있는 패턴입니다.

0765 그녀한테 전화해 보는 게 어떤가요?
Maybe you should call her.

0766 다음으로 미루는 게 좋겠어요.
Maybe you should put it off.
▸ put off 연기하다, 미루다

0767 당신도 한번 시도해 보지 그래요.
Maybe you should give it a try.

0768 그녀에게 그 일에 대해 말하는 게 좋겠어요.
Maybe you should tell her about it.

Exercise

- 걱정은 그만하는 게 좋겠어요. (worry)
  ➡ Maybe you should _____.

Answer Key : stop worrying

술을 너무 많이 마셨어요

Bartender_
맥주 한 잔 더 하시겠어요?

Customer_
네, 그거 좋죠.

Bartender_ Maybe you should slow down. 오늘밤 술을 너무 많이 드시는 것 같아요.

Customer_
그래요? 몰랐네요.

Pattern 193

You should see if ~.
~인지 확인해 봐요

if가 여기서는 '만약'이 아닌 '~인지 아닌지'의 뜻으로 쓰였습니다. 따라서 ~인지 아닌지 알아보라고 상대방에게 권유나 부탁을 할 때 말할 수 있는 패턴입니다.

0769 상영 중인 볼만한 영화가 있는지 알아 봐요.
You should see if there are any good movies playing.

0770 페인트가 다 말랐는지 확인해 봐요.
You should see if the paint is dry.

0771 시간이 나는지 확인해 보세요.
You should see if you get sometime off.

0772 표가 있는지 알아 봐요.
You should see if there are tickets available.

Exercise

- 그가 당신을 기다리고 있는지 확인해 봐요. (wait for)
➡ You should see if _____.

Answer Key : he is waiting for you

약이 있는지 확인해보세요

Husband_
배가 아파요.

Wife_
You should see if we have some medicine.

Husband_
없어요. 이미 확인해 봤어요.

Wife_
어쩌죠. 이 근처 약국들은 일요일에는 7시에 문을 닫아요.

Pattern 194

You shouldn't ~ .
~하면 안 돼요

"TV를 너무 많이 봐선 안 돼."와 같이 명령이나 금지의 말을 할 때 쓸 수 있는 패턴입니다. shouldn't는 should not의 축약형으로 don't의 의미입니다.

0773   음주 운전을 해서는 안 돼요.
       You shouldn't drink and drive.

0774   이 안에서 음식을 먹어선 안 돼요.
       You shouldn't be eating in here.

0775   지방을 식이요법에서 완전히 빼서는 안 돼요.
       You shouldn't cut fat out of your diet completely.

0776   엄마에게 거짓말하면 안 돼.
       You shouldn't lie to your mom.

Exercise

- 그를 그냥 놔둬선 안 돼요. (let)
  ➡ You shouldn't _____.

Answer Key : let him

텔레비전을 너무 보면 안된다

Mom_
오늘은 더 이상 텔레비전을 보지 말자. 내일 다시 봐.

Son_
안 돼요. 정말 재미있단 말이에요. 제발요.

Mom_
You shouldn't watch too much television.

Son_
30분만 더 볼게요.

Pattern 195

You should have ~.
~했어야 했어요

should have 뒤에 p.p.형이 쓰여서 '~했었어야 했는데 ~하지 않았다.'라는 의미로 쓰입니다. 과거 일에 대한 아쉬움이나 후회, 충고의 말을 할 때 쓸 수 있습니다.

0777 내 말을 들었어야지.
You should have listened to me.

0778 햄 요리를 했어야죠.
You should have cooked a ham.

0779 나한테 도움을 청하지 그랬어요.
You should have come to me.

0780 당신은 좀 더 일찍 일어났어야 했어요.
You should have got up earlier.

Exercise

• 당신은 더 연습을 했어야 했어요.
➡ You should have _____.

Answer Key : practiced more

인사를 하지 그랬니?

Man 1_
나 어제 길에서 널 봤어.

Man 2_
You should have said hello to me.

Man 1_그러려고 했어. 근데 여자 애랑 같이 가더라고, 그래서 방해하지 않으려고 그랬지.

Man 2_
아, 그 앤 내 여동생이야.

DAY 05

Do you have to ~?
해야 할 일 묻기

196	Do I have to ~?	제가 ~해야 하나요?
197	Do you have to ~?	~해야 하나요?
198	Why do I have to ~?	왜 제가 ~해야 하나요?
199	Why do you have to ~?	왜 ~해야 하나요?
200	I don't have to ~.	전 ~할 필요가 없어요

Pattern **196**

Do I have to ~?
제가 ~해야 하나요?

이 패턴은 '내가 ~해야 하나요?'의 뜻으로 크게 두 가지의 경우에 쓰입니다. 첫 번째는 무엇을 해야 하는지 모르는 상황에서 상대방에게 자신이 해야 할 행동에 대해 물어볼 때이고, 두 번째는 '제가 굳이 ~를 해야 하나요?'하고 불만을 표출할 때 쓸 수 있습니다.

0781 **제가 갈아타야 하나요?**
Do I have to transfer?

0782 **전부 다 써야 하나요?**
Do I have to fill out everything?
※ fill out 작성하다

0783 **빌기라도 할까요?**
Do I have to beg?

0784 **제가 왜 그렇게 했는지를 조목조목 설명해야 하나요?**
Do I have to spell out why I did it?
※ spell out 한 자 한 자 읽어가다

기차표를 예매해야 하는지

Visitor_ 부산행 왕복표를 구하고 싶은데요. 몇 시에 부산행 열차가 있나요?

Ticket agent_
매시 정각에 있습니다. 하지만, 오늘은 매진입니다.

Visitor_ Do I have to make a reservation to take a train to Pusan tomorrow?

Ticket agent_
그게 낫겠네요.

Exercise

- 제가 그걸 말해야 하나요? (say)
  ➡ Do I have to _____?

Answer Key : say it

Pattern 197

Do you have to ~?
~해야 하나요?

"지금 가야 하나요?"처럼 상대방에게 아쉬움이나 불만이 섞인 톤으로 말할 때 쓰거나 "그녀를 데리러 가야 하나요?"처럼 상대방이 처한 상황이 궁금해서 물어볼 때 쓸 수 있는 패턴입니다.

0785 지금 가야 **하나요?**
Do you have to go now?

0786 야근**해야 하나요?**
Do you have to work overtime?

0787 그녀를 태우러 가야 **하나요?**
Do you have to pick her up?

0788 **당신은** 직장에서 양복을 입어**야 하나요?**
Do you have to wear a suit for work?
＊ suit 정장

Exercise

• 오늘 밤에 공부해야 해요? (study)
  ➡ Do you have to _____?

Answer Key : study tonight

김밥에 오이를 넣어야 하나요?

Customer_ When you make Gimbab, do you have to add cucumber?

Hostess_
네, 그건 왜 묻죠?

Customer_
왜냐하면 전 오이 알레르기가 있어서요.

Hostess_
알겠어요. 오이 대신 시금치를 넣을게요.

Pattern 198

Why do I have to ~?
왜 제가 ~해야 하나요?

Do I have to ~? '제가 ~해야 하나요?'에 이유를 묻는 의문사 Why와 함께 쓰여서 '제가 왜 ~를 해야 하죠?' 하고 불만을 나타내는 말을 할 때 쓰는 패턴입니다. Why 이외에 다른 의문사를 써서 장소나 방법을 묻는 의문문을 만들 수도 있습니다.

0789 내가 왜 같이 가야 하죠?
Why do I have to come?

0790 왜 제가 결정해야 하죠?
Why do I have to make a decision?

0791 내가 왜 이걸 입어야 하는 거죠?
Why do I have to wear this?

0792 내가 왜 그들과 함께 살아야 하죠?
Why do I have to live with them?

수학 공부를 해야하는 이유

Son_
Mom, why do I have to study mathematics?

Mom_
훌륭한 과학자가 되려면 수학이 필요하단다.

Son_
하지만, 너무 어려워요.

Mom_
얘야, 고생 끝에 낙이 오는 거란다.

Exercise

- 내가 왜 그걸 지불해야 하죠? (pay)
  ➡ Why do I have to _____?

Answer Key : pay for it

Pattern **199**

Why do you have to ~?
왜 ~해야 하나요?

Do you have to ~? 앞에 Why라는 의문사를 붙여서 상대방에게 '왜 꼭 ~해야 하나요?', '왜 그런 식이죠?' 하고 불만을 나타낼 때 쓰는 패턴입니다.

0793 대체 **왜** 이러는 **거예요**?
Why do you have to do this?

0794 왜 이 워크샵에 참석해야 하죠?
Why do you have to attend this workshop?

0795 왜 그렇게 부정적인 거죠?
Why do you have to be so negative?

0796 왜 그런 식으로 생각하는 거죠?
Why do you have to think that way?

Exercise

- 왜 그렇게 멍청하게 구는 거죠? (loser)
  ➡ Why do you have to _____?

Answer Key : be such a loser

왜 회피하는 거죠?

Man_
지금 제게 대답해 주시겠어요?

Woman_
숙고해 보고, 내일 대답해 줄게요.

Man_
Why do you have to beat around the bush?

Woman_
왜냐하면 당신이 생각하는 것처럼 간단하지 않기 때문이에요.

Pattern 200

I don't have to ~.
전 ~할 필요가 없어요

have to와 don't가 함께 쓰여서 don't need '~할 필요가 없다.'의 의미입니다. 대개는 상대방에게 "내가 왜 그래야 하죠?", "그럴 필요 없어요."처럼 불만을 나타내거나 그럴 이유가 없다고 말할 때 쓸 수 있습니다.

0797 내가 **뭐 하러** 거짓말 **하겠어요**.
I don't have to lie about this.

0798 이런 얘기 들을 **필요 없어요**.
I don't have to listen to this.

0799 이런 대접**은 못 참아요**.
I don't have to take this.

0800 이 문제에서 저는 어느 한 쪽을 지지할 필요가 없어요.
I don't have to take sides in this matter. ＊take sides 편들다

Exercise

• 난 당신을 믿을 필요가 없어요. (believe)
➡ I don't have to _____.

Answer Key : believe you

비밀을 지켜줄게요

Man 1_ 정말 뭐라고 고맙다는 말을 해야 될지 모르겠네. 자네가 날 살렸어.

Man 2_
제가 여기에 있었던 게 다행이지요 뭐.

Man 1_ 제임스, I know I don't have to mention this. 이 일은 우리 둘 만의 비밀이야. 알겠지?

Man 2_
알겠어요. 비밀로 할게요.

4th Week Check Up

1주 동안 25패턴 100문장을 공부했어요.
"영어로 바로바로 나올 때까지 연습해 보세요."

01. 다시 연락하죠.

02. 시스템을 재부팅해야 할 거예요.

03. 시간표가 인터넷에 나와 있는지 확인해 볼게요.

04. 내가 계산할게요.

05. 직불 카드 받으시나요?

06. 당장 환불 받아야겠어.

07. 안 잊게 적어 놔야겠어.

08. 상점에 가야 하는데요.

09. 난 양치질 좀 해야겠네요.

10. 얘기 좀 해요.

11. 새 차를 한 대 살 거예요.

정답

01. I'll get back to you. 02. You'll have to reboot the system. 03. I'll check if the timetable is listed on the internet. 04. I'll take care of the check. 05. Will you accept a debit card? 06. I have to get the refund on this right now. 07. I should be writing this down. 08. I need to go to the store. 09. I'd better go floss. 10. I've got to talk to you. 11. I'm going to buy a new car.

12. 난 그런 실수는 하지 않을 거야.

13. 그녀와 헤어질 생각이야?

14. 잠 안 잘 거야?

15. 괜찮을 거야.

16. 건강에 좋은 걸 먹도록 노력해 봐야 해요.

17. 다음으로 미루는 게 좋겠어요.

18. 상영 중인 볼만한 영화가 있는지 알아 봐요.

19. 엄마에게 거짓말하면 안 돼.

20. 나한테 도움을 청하지 그랬어요.

21. 제가 갈아타야 하나요?

22. 야근해야 하나요?

23. 내가 왜 이걸 입어야 하는 거죠?

24. 왜 그렇게 부정적인 거죠?

25. 이런 대접은 못 참아요.

정답
12. I'm not gonna make that mistake. **13.** Are you going to break up with her? **14.** Aren't you going to sleep? **15.** It's going to be fine. **16.** You should try to eat healthy. **17.** Maybe you should put it off. **18.** You should see if there are any good movies playing. **19.** You shouldn't lie to your mom. **20.** You should have come to me. **21.** Do I have to transfer? **22.** Do you have to work overtime? **23.** Why do I have to wear this? **24.** Why do you have to be so negative? **25.** I don't have to take this.

3rd Month
심화 패턴

1st Week
확인·확신하기/완료형 표현하기

2nd Week
기분·느낌 말하기

3rd Week
특정 동사 표현

4th Week
특정 구문으로 표현하기

1st week

확인 · 확신하기 / 완료형 표현하기

Day 01	**Let me ~.** – 확인하기
Day 02	**I'm sure ~.** – 확신하기
Day 03	**He told me that ~.** – 간접적으로 말하기
Day 04	**I have+p.p ~.** – 경험·계속해 온 것 말하기
Day 05	**Have you ~?** – 경험·기타 사항 묻기
1st Week	**Check Up**

DAY 01

Let me ~.

확인하기

201	Let me check ~.	~를 확인해 볼게요
202	Let me think about ~.	~에 대해 생각해 볼게요
203	Let me see if ~.	~인지 볼게요
204	Let me know if ~.	~하면 알려 주세요
205	Let me know what ~.	~을 알려 주세요

Pattern **201**

Let me check ~.
~를 확인해 볼게요

I'll check ~.의 의미로 "스케줄을 확인해 볼게요.", "시스템을 점검해 볼게요."와 같이 약속을 잡거나 기기의 성능을 확인하는 경우에 쓸 수 있는 패턴입니다.

0801 내 스케줄을 확인해 볼게요.
      Let me check my schedule.

0802 기록을 확인해 볼게요.
      Let me check the records.

0803 제 컴퓨터를 확인해 볼게요.
      Let me check my computer.

0804 출석을 부를게요.
      Let me check the attendance.

고장난 기기를 확인해 보겠다는

Bank staff_
뭘 도와 드릴까요, 손님?

Customer_
내 카드가 현금인출기에 끼었어요.

Bank staff_
Let me check the machine.

Customer_
고맙습니다.

Exercise

- 맥박을 재어 보겠습니다. (pulse)
  ➡ Let me check _____.

Answer Key : your pulse

Pattern 202

Let me think about ~.
~에 대해 생각해 볼게요

누군가가 어떤 제안을 했을 때, 바로 대답하기 어렵거나 애매한 상황일 경우 "Let me think about it. 그것에 대해 생각해 볼게요."라고 말할 때 쓰이는 패턴입니다.

0805 당신의 제안**에 대해 생각해 볼게요**.
Let me think about your proposal.

0806 이 계획**에 대해 생각해 볼게요**.
Let me think about this plan.

0807 제 자신**에 대해 생각해 볼게요**.
Let me think about myself.

0808 어떻게 이 문제를 풀 수 있는지 생각해 볼게요.
Let me think about how to solve this problem.

Exercise

- 당신의 충고에 대해 생각해 볼게요. (advice)
  ➡ Let me think about _____.

Answer key : your advice

생각해 볼게요

Mom_
이번 주말에 대구에 올 거니? 나 너와 할 일이 있는데.

Daughter_ Let me think about it. 왜냐하면 결혼기념일이 이번 주 일요일이거든요.

Mom_
오, 이틀이면 돼. 토요일 밤에 돌아갈 수 있단다.

Daughter_
그렇다면, 가도록 할게요.

Pattern 203

Let me see if ~.
~인지 볼게요

see가 '확인하다', '알아보다' 라는 뜻으로 쓰여서, Let me see if ~.하면 '~인지 어쩐지 확인해 볼게요.' 라는 의미를 나타냅니다. 보통 어떤 요청이나 부탁을 받았을 때 그것이 가능한지 확인해 본다고 말하는 경우 쓸 수 있는 패턴입니다.

0809 그가 집에 있는**지 볼게요**.
Let me see if he's at home.

0810 제가 고칠 수 있는**지 볼게요**.
Let me see if I can fix it.

0811 예약 가능한**지 볼게요**.
Let me see if I can make a reservation.

0812 그 친구 메일 주소가 있는**지 볼게**.
Let me see if I have his email address.

Exercise

• 아내가 괜찮아할지 한번 볼게요. (okay)

  ➡ Let me see if _____

Answer Key : if it's okay with my wife

짐을 모두 챙겼는지 확인할 때

Son_
엄마, 우리 서둘러야겠어요. 갈 준비는 다 됐죠?

Mom_애야, 잠시만. Let me see if I packed everything in the bag.

Son_
엄마, 우산도 챙기셨죠?

Mom_
어머나, 하마터면 잊을 뻔 했어. 그거 가지고 갈게!

Pattern 204

Let me know if ~.
~하면 알려 주세요

음식점에서 종업원이 손님에게 "필요한 게 있으시면 말씀하세요."라고 말할 때처럼, 상대방에게 현재나 미래에 일어나게 될 일에 대해 알려달라고 말할 때 쓸 수 있는 패턴입니다. if는 '~인지 아닌지'의 의미가 아닌, '~한다면'의 의미로 쓰였습니다.

0813 일이 생기면 연락해요.
Let me know if there's a problem.

0814 필요한 게 있으면 말씀하세요.
Let me know if you need anything.

0815 오타가 있으면 알려 주세요.
Let me know if there are any typos.
* typo 오타

0816 그것을 갖게 되면 말씀해 주세요.
Let me know if you get it.

Exercise

- 뭐 하나라도 없어지면 알려 줘요. (anything, miss)
➡ Let me know if _____.

Answer Key : anything is missing

마음이 바뀌면 알려줘~

Woman_
오늘 밤에 우리랑 같이 갈래?

Man_
잘 모르겠어. 할 일이 태산같이 쌓였거든.

Woman_우리도 늦게까지 있진 않을 거야. Anyway, let me know if you change your mind.

Man_
그럴게. 고마워.

Pattern **205**

Let me know what~.
~을 알려 주세요

무엇을 하면 될지 알려주세요

what 이하에 나오는 내용에 대해서 알려달라고 말하는 패턴입니다. what 이외에도 how, when 등의 의문사를 붙여서 구체적인 내용을 알려 달라고 부탁하는 말을 할 수 있습니다. 앞에 Could you를 붙여서 말하면 좀 더 공손한 패턴이 됩니다.

0817 네가 어떻게 생각하는지 알려 줘.
Let me know what you think.

0818 필요한 게 있으면 말씀하세요.
Let me know what you are looking for.

0819 오늘 배운 걸 알려 줘.
Let me know what you learned today.

0820 뭘 원하는지 알려 주세요.
Let me know what you want.

Woman_
출장을 가게 됐어. 그래서 집 좀 대신 봐 줬으면 해.

Man_
그러지 뭐. Let me know what I need to do.

Woman_ 그냥 우편물은 온 거 받아 주고, 고양이 먹이 주고, 또 식물에 물을 좀 줬으면 좋겠어.

Man_ 그 정도야 할 수 있지. 하지만 말해 두겠는데, 나 식물 같은 거 관리 못해서 잘 죽여.

Exercise

- 파티에 무엇을 가져가면 되는지 알려 주세요. (bring, party)
  ➡ Let me know what _____

Answer Key : to bring to the party

DAY 02

I'm sure ~.

확신하기

206	I'm sure ~.	저는 ~을 확신해요
207	I'm not sure ~.	저는 ~인지 잘 모르겠어요
208	I'm certain ~.	저는 ~라고 확신해요
209	I'm suspicious of/about ~.	저는 ~가 미심쩍어요
210	I have doubts ~.	저는 ~가 의심스러워요

Pattern 206

I'm sure ~.
저는 ~을 확신해요

I'm sure 뒤에 '주어+동사'가 와서 that 이하에 오는 내용을 확신한다는 말을 할 때 쓸 수 있습니다. 보통은 that이 생략되어 쓰입니다.

0821 저는 그들이 꼭 올 거라고 생각해요.
I'm sure that they will come.

0822 난 네 말이 옳다고 확신해.
I'm sure that you are right.

0823 이거면 충분할 거예요.
I'm sure this is enough.

0824 그녀가 곧 전화할 거예요.
I'm sure she'll call soon.

Exercise

- 그는 이걸 좋아할 거야. (like)
  ➡ I'm sure _____.

Answer Key : he'll like it

청혼을 하겠다는 친구

Man_
오늘 밤에 샐리에게 청혼할 거야.

Woman_ 정말?

Man_
응. 그녀가 받아줄까?

Woman_
I'm sure she'll be surprised.

Pattern 207

I'm not sure ~.
저는 ~인지 잘 모르겠어요

'I'm sure ~.'에 not을 붙인 것으로 자신이 생각하는 것에 대해 자신이 없을 때 사용하는 패턴입니다. I'm not sure 뒤에는 that절 이외에도 what, how, if, why 등이 이끄는 절이 올 수 있습니다.

0825 무슨 일인지 확실하지 않아요.
I'm not sure what's happening.

0826 언제 그녀를 마지막으로 봤는지 확실히 모르겠어요.
I'm not sure when I saw her last.

0827 그가 왜 갑자기 일을 그만뒀는지 모르겠어요.
I'm not sure why he suddenly quit his job.

0828 그가 시간에 맞출 수 있을지 모르겠어요.
I'm not sure if he can make it.

Exercise

• 오늘 널 만날 시간이 있을지 모르겠어. (time, meet)
➡ I'm not sure that _____

Answer Key : I'll have time to meet you today

아내에게 줄 선물을 고르는 남편

Customer_
아내에게 줄 생일 선물을 찾으려고 합니다.

Clerk_
네, 어떤 것을 찾고 계십니까?

Customer_ I'm not sure what I should buy. 저를 도와주셔야 할 것 같아요.

Clerk_
귀걸이가 어떻습니까?

Pattern 208

I'm certain ~.
저는 ~라고 확신해요

I'm sure ~.과 같은 뜻의 다른 패턴으로 뒤에는 that 절이 이어집니다. that은 생략해도 됩니다. I'm certain ~.은 It is certain ~.으로 바꾸어 쓰기도 합니다.

사실인 게 확실해요

Employee 1_
Tom이 사직했다고요? 농담이겠죠.

0829 분명히 그녀는 나를 보았**어요**.
I'm certain that she saw me.

0830 당신이 거절할 **것이 확실해요**.
I'm certain that you will just say no.

0831 그가 거짓말하고 있는 **것이 확실해요**.
I'm certain that he is lying.

0832 그 젊은 남자가 제 정신이 아닌 **것이 확실해요**.
I'm certain that the young man has gone mad.

Employee 2_
I'm certain that it's true.

Employee 1_
그는 아주 열심히 일했는데, 믿을 수가 없어요.

Exercise

- 그들에게는 도움이 꼭 필요해요. (need, help)
  ➡ I'm certain that _____.

Answer Key : they will need help

Employee 2_
저도 그래요. 하지만 사실이에요.

Pattern 209

I'm suspicious of/about ~.
저는 ~가 미심쩍어요

"난 그가 의심스러워요."하고 말할 때처럼 사람이나 사물이 의심스럽다고 말할 때 쓰는 패턴입니다. I'm suspicious 뒤에는 of나 about을 써서 말합니다.

어떤 사람이 의심스럽다고 말할 때

Man_
I'm suspicious of him.

0833 저는 모든 것이 다 **의심스러워요**.
I'm suspicious of everything.

0834 저는 그녀의 동기가 매우 **의심스러워요**.
I'm very suspicious about her motives.

Woman_
뭐가 의심스러운지 알고 있어요.

0835 저는 낯선 사람들이 **의심스러워요**.
I'm suspicious about new people.

Man_
어떻게요? 전 그에 대해 아무에게도 말한 적이 없는 걸요.

0836 저는 제 남자친구가 다른 여자들과 데이트를 하는지 **의심스러워요**.
I'm suspicious of my boyfriend dating other girls.

Exercise

- 저는 그의 행동이 의심스러워요. (behavior)
  ➡ I'm suspicious of _____.

Answer Key : his behavior

Woman_
그의 행동이 그가 의심스럽다는 걸 말해 주잖아요.

Pattern 210

I have doubts ~.
저는 ~가 의심스러워요

'~에 대해 의심이 든다.', '~에 믿음이 안 간다.'라고 말할 때 I have doubts ~.의 패턴을 사용합니다. 반면 "I have no doubt."하면 "조금도 의심하지 않는다."라는 뜻이랍니다.

0837 그의 변명이 의심스러워요.
I have doubts about his excuses.

0838 난 교양 학교에 믿음이 안 가는데.
I have doubts about finishing school.
* finishing school 교양 학교

0839 저는 이 이론에 믿음이 안 가요.
I have doubts about this theory.

0840 저는 그의 경험에 믿음이 안 가요.
I have doubts about his experience.

Exercise

- 난 당신 지능이 의심스러워요. (intelligence)
  ➡ I have doubts about _____

Answer Key : your intelligence

네 영어 실력이 의심스러워!

Man_
난 정말로 어떻게 영어를 공부해야 하는지 모르겠어.

Woman_
네가 살면서 영어 공부 한 적이 있어?

Man_
물론이지! 날 무시하지 마. 난 알파벳은 쓸 수 있다고.

Woman_ Um... I have doubts whether you can write your name in English.

DAY 03

He told me that ~.
간접적으로 말하기

211	He said if ~.	그는 …하면 ~한다고 했어요
212	He told me that ~.	그가 ~라고 내게 말했어요
213	I told you to ~.	내가 ~라고 했잖아요
214	I told him not to ~.	내가 그에게 ~하지 말라고 했어요
215	I asked him to ~.	내가 그에게 ~하라고 부탁했어요

Pattern **211**

He said if ~.
그는 …하면 ~한다고 했어요

"그가 가능하면 참석하겠다고 했어요."처럼 어떤 일이 생겼을 경우 하겠다는 제 3자의 말을 상대방에게 옮길 때 쓰면 좋은 패턴입니다.

0841 그는 가능**하면**, 참석하겠다고 **했어요**.
He said if he could, he would attend.

0842 그가 가능**하면**, 아이를 많이 갖겠다고 **했어요**.
He said if he could, he would have many children.

0843 그는 일요일에 비가 **오면**, 경기가 취소될 **거라고 했어요**.
He said if it rains on Sunday, the race will be cancelled.

0844 그가 말하길, 그가 아프**면** 집에 있을 거라고 **했어요**.
He said if he were sick, he would stay home.

Exercise

• 그는 가능하면, 제게 월급을 올려주겠다고 했어요. (give, raise)
➡ He said if _____.

Answer Key : he could he would give me a raise

의사가 뭐래?

Man 1_
의사가 뭐래?

Man 2_
He said if I were ill, I'd better be in the hospital.

Man 1_
그래야 할 것 같아?

Man 2_
응. 그게 나을 것 같아.

Pattern 212

He told me that ~.
그가 ~라고 내게 말했어요

He said to me, "~."을 간접적으로 말할 때 쓰는 패턴으로, '그는 저에게 ~라고 말했어요.'라는 뜻입니다. '그녀가 말했어요.'라고 할 때는 주어를 He가 아닌 She를 쓰면 되겠죠.

0845 그는 제가 집에 가도 좋다고 내게 말했어요.
He told me that I might go home.

0846 그는 곧 짬이 생기겠다고 내게 말했어요.
He told me that he would be free in a few minutes.
*free 한가한

0847 그는 취직했다고 내게 말했어요.
He told me that he got the job.

0848 그는 제가 질투하라고 그런 일을 했다고 말했어요.
He told me that he did that to make me jealous.

Exercise

- 그는 나에게 내가 성공할 것이라고 말했어요. (should, succeed)
➡ He told me that _____

Answer key : I should succeed

그는 도울수 있다고 말했어

Woman 1_
그가 너보고 뭐래?

Woman 2_
He told me that he could help me.

Woman 1_
다행이다.

Woman 2_
네, 그의 말을 듣고 한시름 놓았죠.

Pattern 213

I told you to ~.
내가 ~라고 했잖아요

비가 와서 우산을 새로 샀다는 남편에게 "제가 우산 가져가라고 했잖아요."처럼 자신이 이전에 말한 것을 왜 지키지 않았냐는 불만을 표시할 때 쓰는 패턴입니다. 이 패턴의 부정형은 I told you not to ~.입니다.

0849 밖에서 기다리**라고 했잖아요**.
I told you to wait outside.

0850 날 내버려두**라고 했잖아요**.
I told you to leave me.

0851 나한테 전화하지 말**라고 했잖아요**.
I told you to stop calling me.

0852 다른 사람에게 물어보**라고 했잖아요**.
I told you to ask someone else.

Exercise

- 저리 가라고 했잖아. (go)
  ➡ I told you to _____.

Answer Key : go away

Son_
완전히 젖었어요.

Mom_
그래도 싸지. I told you to take an umbrella.

Son_
깜빡했어요.

Mom_
수건으로 말리고, 따뜻한 우유 좀 마셔.

Pattern 214

I told him not to ~.
내가 그에게 ~하지 말라고 했어요

I told him to ~.에 not을 써서 부정으로 바꾼 패턴으로, I told you not to ~.에서 you를 him으로 바꾼 형태입니다.

0853 나는 그에게 그런 장소에 가지 말라고 했어요.
I told him not to go to such a place.

0854 나는 그에게 걱정하지 말라고 했어요.
I told him not to worry about it.

0855 나는 그에게 운전하지 말라고 했어요.
I told him not to drive.

0856 나는 그에게 여기서 테니스를 치지 말라고 했어요.
I told him not to play tennis here.

Exercise

- 나는 그에게 술을 많이 마시지 말라고 했어요. (too much)
➡ I told him not to _____.

Answer key : drink too much

밤늦게 외출한 아이를 걱정하며

Sister_
마이클이 집에 없어요.

Mom_
I told him not to go out at night.

Sister_
오, 그는 핸드폰도 받지 않아요.

Mom_
걱정하지 말아라. 곧 돌아올 거다.

Pattern **215**

I asked him to ~ .
내가 그에게 ~하라고 부탁했어요

여기서 ask는 '부탁하다'는 의미로 쓰여서 자신이 다른 사람에게 무언가를 부탁했다는 말을 전할 때 쓸 수 있는 패턴입니다.

0857 그 사람한테 좀 봐 달라고 부탁했어요.
I asked him to take a look at.

0858 그 사람에게 미용사를 바꾸라고 부탁했어요.
I asked him to change stylists.

0859 나는 그에게 돈을 좀 빌려달라고 부탁했어요.
I asked him to lend me some money.

0860 나는 그에게 사적인 질문은 그만하라고 부탁했어요.
I asked him to stop asking me personal questions.

Exercise

- 나는 그에게 조심해서 운전하라고 부탁했어요. (carefully)
➡ I asked him to _____.

Answer Key : drive carefully

친구에게 시내 구경을 부탁했어

Man 1_
친구에게 얘기해 봤어?

Man 2_
응. I asked him to show me around the city.

Man 1_
그렇게 해 준대?

Man 2_
응, 오늘 만나기로 했어.

DAY 04

I have + p.p. ~.

경험 · 계속해 온 것 말하기

216	I've been ~.	계속 ~하고 있었어요
217	I've done ~.	~을 다 했어요
218	I've heard ~.	~에 대해 들었어요
219	최상급 + I've ever p.p.	내가 지금까지 ~한 것 중 최고예요
220	I've never p.p. ~.	나는 ~한 적이 없어요

Pattern 216

I've been ~.
계속 ~하고 있었어요

'have+p.p.'의 형태로 현재완료 시제입니다. 과거 어느 순간에 시작된 일을 아직도 하고 있는 중이라고 할 때에 I've been 다음의 동사에 -ing를 붙여 말합니다. "당신을 기다리고 있었어요."처럼 어떤 말을 꺼낼 때 시작하는 표현으로 쓰면 좋습니다.

0861 이번 주 **내내** 똑같은 꿈을 꿨어요.
I've been having this dream all week.

0862 난 새 소파를 사려고 마음먹고 있었어요.
I've been meaning to buy a new sofa.

0863 며칠 동안 **내내** 당신에게 문자를 했다고요.
I've been texting you for days.

0864 당신을 기다리고 있었어요.
I've been waiting for you.

Exercise

• 난 네 생각 많이 했어. (think of)
➡ I've been _____.

Answer key : thinking of you a lot

하루종일 차 서빙만 했어요

Woman 1_
차 좀 마실래요?

Woman 2 괜찮아요.
I've been serving it all day.
화장실 좀 써도 돼요?

Woman 1_
그럼요. 저 쪽으로 가세요.

Woman 2_
고맙습니다.

Pattern 217

I've done ~.
~을 다 했어요

done은 do의 과거분사로 여기에서는 finished와 같이 '끝낸', '마친'의 의미로 쓰였습니다. "I've done."만으로도 "난 끝냈어요."의 의미로 쓰일 수 있습니다.

0865 전 경험이 **있어요**.
I've done it before.

0866 할 수 있는 건 **다 했어요**.
I've done all that I can.

0867 그것에 대해 할 만큼 말**했어요**.
I've done enough talking about it.

0868 난 오늘 일을 많이 **했어요**.
I've done a lot of things today.

Exercise

· 최근에 열심히 했어요. (lately)
➡ I've done _____

Answer Key : very well lately

술을 끊었다는 동료에게

Man 1_
저는 작년 여름에 술을 끊었습니다.

Man 2_
당신은 결심이 대단하군요.

Man 1_
느끼는 바가 있어서 술을 끊었죠.

Man 2_
I've done this thing before 하지만 3일만에 포기했습니다.

Pattern **218**

I've heard ~.
~에 대해 들었어요

heard는 hear '듣다'의 p.p.형으로 "말씀 많이 들었어요."처럼 인사하는 말을 할 때 쓸 수 있는 패턴입니다.

0869 말씀 많이 **들었어요**.
I've heard a lot about you.

0870 다 **들어본** 얘기예요.
I've heard all this.

0871 난 그녀에 관해 좀 이상한 이야기를 **들었어요**.
I've heard some odd tales about her.

0872 전에도 이런 논쟁을 **했었잖아요**.
I've heard these arguments before.

Exercise

• 난 그의 이야기를 전에 모두 들었어요. (his story)
➡ I've heard _____.

Answer key : all his stories before

당신에 대해 많이 들었어요

New Employee_ 안녕하세요. 저는 김세환입니다. 업무 시작 준비가 되셨다 알려 드리려고요.

Boss_
I've heard a lot of good things about you.

New Employee_
감사합니다. 실망시켜드리지 않도록 노력하겠습니다.

Boss_
좋아요. 회사에 입사한 걸 환영합니다!

Pattern 219

최상급 + I've ever p.p.
내가 지금까지 ~한 것 중 최고예요

'내가 지금까지 ~한 것 중 최고예요.' 라고 사람이나 사물, 혹은 음식 등을 극찬할 때 쓸 수 있는 패턴입니다. 최상급 뒤에는 that절이 와서 앞의 내용을 꾸며 주는데, 대개는 that이 생략되어 쓰입니다.

0873 제겐 **최고의 소식**이에요.
It's the best news I've ever heard.

0874 넌 **내가** 만난 사람 **중에서 가장 운이 좋은** 사람이야.
You're the luckiest guy I've ever met.

0875 이렇게 아름다운 건 처음 봐요.
The most beautiful thing I've ever seen.

0876 지금까지의 휴가 중 최고였어요.
This has been the nicest holiday that I've ever had.

Exercise

- 이건 내가 여태껏 먹어 본 가장 맛있는 저녁식사예요.
  ➡ _____ I've ever had.

Answer key : This is the best dinner

야간 택시 안에서

Passenger_This is the cleanest cab I've ever been in. 정식으로 일하시는 거 맞아요?

Taxi driver_예. 낮교대 근무하는 사람과 같이 쓰고 있습니다.

Passenger_ 밤교대 근무를 더 선호하시나요?

Taxi driver_예. 밤엔 손님들이 더 여유가 있죠. 스트레스나 차도 덜 있고, 팁도 많고요.

Pattern **220**

I've never p.p. ~.
나는 ~한 적이 없어요

never는 '한번도 ~않다' not ever의 의미이므로, '지금까지 ~한 경험이 없다.'고 말할 때 쓸 수 있는 패턴입니다. 길을 가다가 누군가가 "우리 전에 본 적이 있지 않나요?"하고 물어볼 때, "전에 당신을 본 적이 없어요."하고 말할 때도 쓸 수 있습니다.

0877 전에 당신을 **본 적이 없는**데요.
I've never seen you before.

0878 난 사랑에 빠진 **적이 없어요**.
I've never been in love.

0879 그렇게 무서웠던 **적이 없어요**.
I've never been so scared.

0880 나는 지난 1년 동안 하루도 **결석한 일이 없어요**.
I've never missed a day of attendance in the past year.

Exercise

• 나는 톨스토이 책은 한 권도 읽어보지 않았어요. (any books)
➡ I've never read _____

Answer Key : any books by Tolstoy

콘택트렌즈 껴 봤어요?

Woman_ 뭐가요?

Man_
항상 그 안경 써요? 렌즈를 껴볼 생각은 해 봤어요?

Woman_ 음, 렌즈 있어요. But I've never worn them. 모르겠어요. 눈에 뭘 댄다는 거 자체가….

Man_
렌즈를 끼면, 지금보다 훨씬 좋아 보일 거예요.

DAY 05

Have you ~?

경험 · 기타 사항 묻기

221	Have you got ~?	~ 있어요?
222	Have you ever+p.p. ~?	~해본 경험 있어요?
223	Have you seen ~?	~을 본 적 있어요?
224	Have you heard ~?	~에 대해 들었어요?
225	Have you noticed ~?	~를 알고 있었나요?

Pattern 221

Have you got ~?
~ 있어요?

have got은 have의 뜻으로 Have you got ~?은 Do you have ~?의 의미로 생각하면 됩니다. 상대방이 ~을 가지고 있는지 물어볼 때 쓸 수 있는 패턴입니다.

0881 자녀가 **있습니까**?
Have you got any kids?

0882 후식 먹을 수 **있겠어요**?
Have you got room for some dessert?

0883 여권을 가지고 **있습니까**?
Have you got your passport with you?

0884 무슨 정보 **없나요**?
Have you got any news?

Exercise

- 신문을 가지고 계십니까? (newspaper)
  ➡ Have you got _____?

Answer Key : a newspaper

현금을 가지고 있어요?

Clerk_
Have you got cash?

Customer_
아니오, 저는 신용 카드만을 가지고 있습니다.

Clerk_
죄송합니다, 이 카운터에서는 현금만 받고 있습니다.

Customer_
그러면 어디에서 신용 카드로 계산할 수 있을까요?

Pattern 222

Have you ever + p.p. ~?
~해 본 경험 있어요?

ever는 '이제까지', '언젠가'의 뜻으로, Have you ever+p.p. ~?하면 이전에 ~했던 경험이 있는지 묻는 말입니다.

그와 얘기해 본 적 있나요?

Woman 1_
Have you ever talked to Tommy?

0885 일등석에 타 본 일이 있나요?
Have you ever flown first class?

0886 외국에 가 본 적이 있나요?
Have you ever been abroad?

0887 학교에서 가르친 일이 있습니까?
Have you ever taught at the school?

0888 한국 음식 먹어 봤나요?
Have you ever tried Korean food?

Woman 2_
응, 한 번. 왜 묻는데?

Woman 1_
내 생각에 그는 유머 감각이 뛰어나.

Exercise

- 대만에 가 본 적이 있나요? (Taiwan)
  ➡ Have you ever _____?

Answer key : been to Taiwan

Woman 2_
어쩌면 그는 네가 바라는 이상형이겠네.

Pattern 223

Have you seen ~?
~을 본 적 있어요?

"엄마, 제 가방 보셨어요?"라고 물건을 찾는 말을 하거나 "그 영화를 본 적이 있나요?"하고 경험을 물어보는 말을 할 때 쓸 수 있는 패턴입니다. 현재완료 경험의 용법으로, ever와 함께 써서 Have you ever seen ~?으로도 쓰입니다.

0889 왕과 나를 보셨어요?
Have you seen *the King and I*?

0890 내 책가방 보셨어요?
Have you seen my backpack?

0891 판다를 본 적이 있습니까?
Have you seen a panda?

0892 오늘 신문 봤어요?
Have you seen today's paper?

Exercise

• 당신은 이 발레를 전에 본 적이 있나요? (ballet)
➡ Have you seen _____?

Answer key : this ballet before

제 가방 본 적 있나요?

Man 1_
Have you seen my bag anywhere?

Man 2_
당신이 탁자 위에 올려놓은 것 같은데요.

Man 1_
오, 저기 있네요. 고마워요.

Man 2_ 천만에요.

Pattern 224

Have you heard ~?
~에 대해 들었어요?

무엇에 대해 들어본 적이 있는지를 묻는 패턴으로 Did you hear ~?의 의미로 생각하면 됩니다.

0893 앨리스에게서 무슨 **소식 있었어요**?
Have you heard anything from Alice?

0894 그녀가 사직할 생각이라는 **얘기를 들었어요**?
Have you heard of her intention to resign?
* resign 사직하다

0895 그들의 이혼에 **대해 들으셨어요**?
Have you heard about their divorce?

0896 그녀의 최신 음반은 **들어봤니**?
Have you heard her latest record?
* latest 최신의

Exercise

- 그 소식 들었어요? (news)
  ➡ Have you heard _____?

Answer key : the news

그 정보에 대해 들었어요?

Man_
Have you heard about the art exhibit at the museum?

Woman_
네, 그걸 보고 싶었어요.

Man_
토요일에 무슨 계획 있어요?

Woman_
아니요, 주말 내내 한가해요.

Pattern **225**

Have you noticed~?
~를 알고 있었나요?

notice는 '알아채다'라는 뜻으로, 상대방에게 누군가의 외모나 행동이 변화된 것을 알고 있었느냐고 묻거나 어떠한 사실에 대해서 알고 있었는지를 물어볼 때 쓸 수 있는 패턴입니다.

0897 최근 그녀에게서 달라진 점을 **눈치 채셨어요?**
Have you noticed a difference in her recently?

0898 배리가 매일 조금 일찍 퇴근하는 거 알고 있어요?
Have you ever noticed that Barry leaves a little early every day?

0899 만화책이 얼마나 인기 있는지 **아세요?**
Have you noticed how popular comic books are becoming?

0900 4시쯤 되면 에어컨이 꺼진다는 거 알고 있었어요?
Have you noticed that they turn the air-conditioning off at around four?

Exercise

- 그의 실수를 눈치 챈 적 있나요? (mistake)
  ➡ Have you noticed _____?

Answer Key : his mistake

그 사실을 알고 있었어요?

Wife_ Have you noticed anything strange about Tom lately? 그애 가방에서 담배를 봤어요.

Husband_
아뇨! 톰은 이제 열다섯 살인데. 어떻게 해야 하죠?

Wife_ 나도 잘 모르겠어요. 하지만, 우리 둘 중 한 사람이 그 아이와 얘기를 좀 해야 할 것 같아요.

Husband_
그래요. 그러면 당신이 그 애와 얘기해 볼래요?

1st Week Check Up

1주 동안 25패턴 100문장을 공부했어요.
"영어로 바로바로 나올 때까지 연습해 보세요."

01. 출석을 부를게요.

02. 이 계획에 대해 생각해 볼게요.

03. 그 친구 메일 주소가 있는지 볼게.

04. 필요한 게 있으면 말씀하세요.

05. 네가 어떻게 생각하는지 알려줘.

06. 이거면 충분할 거예요.

07. 그가 왜 갑자기 일을 그만뒀는지 모르겠어요.

08. 분명히 그녀는 나를 보았어요.

09. 전 모든 것이 다 의심스러워요.

10. 그의 변명이 의심스러워요.

11. 그는 가능하면 참석하겠다고 했어요.

 정답 01. Let me check the attendance. 02. Let me think about this plan. 03. Let me see if I have his email address. 04. Let me know if you need anything. 05. Let me know what you think. 06. I am sure this is enough. 07. I'm not sure why he suddenly quit his job. 08. I'm certain that she saw me. 09. I'm suspicious of everything. 10. I have doubts about his excuses. 11. He said if he could, he would attend.

12. 그는 제가 집에 가도 좋다고 내게 말했어요.

13. 나한테 전화하지 말라고 했잖아요.

14. 나는 그에게 여기서 테니스를 치지 말라고 했어요.

15. 그 사람에게 미용사를 바꾸라고 부탁했어요.

16. 난 새 소파를 사려고 마음먹고 있었어요.

17. 난 오늘 일을 많이 했어요.

18. 전에도 이런 논쟁을 했었잖아요.

19. 이렇게 아름다운 건 처음 봐요.

20. 나는 지난 1년 동안 하루도 결석한 일이 없어요.

21. 후식 먹을 수 있겠어요?

22. 일등석에 타 본 일이 있나요?

23. 오늘 신문 봤어요?

24. 그녀의 최신 음반은 들어봤니?

25. 4시쯤 되면 에어컨이 꺼진다는 거 알고 있었어요?

정답

12. He told me that I might go home. 13. I told you to stop calling me. 14. I told him not to play tennis here. 15. I ask him to change stylists. 16. I've been meaning to buy a new sofa. 17. I've done a lot of things today. 18. I've heard these arguments before. 19. The most beautiful thing I've ever seen. 20. I've never missed a day of attendance in the past year. 21. Have you got room for some dessert? 22. Have you ever flown first class? 23. Have you seen today's paper? 24. Have you heard her latest record? 25. Have you noticed that they turn the air-conditioning off at around four?

2nd Week

기분 · 느낌 말하기

Day 01	**I feel like ~.** – 오감 동사
Day 02	**I'm in the mood ~.** – 기분·느낌 말하기
Day 03	**I'm so glad ~.** – 기쁨 표현하기
Day 04	**I'm afraid of ~.** – 걱정 표현하기
Day 05	**I was surprised to ~.** – 기타 감정 표현하기
2nd Week	**Check Up**

DAY 01

I feel like ~.

오감동사

226	feel like ~	~처럼 느껴져요
227	look like ~	~처럼 보여요
228	sound like ~	~처럼 들려요
229	It smells ~.	~ 한 냄새가 나요
230	It tastes ~.	~ 한 맛이 나요

Pattern 226

feel like ~
~처럼 느껴져요

차를 타고 가다가 멀미가 나서 "토할 것 같아요."라고 말하거나 "울고 싶은 심정이에요."라고 말할 때 쓸 수 있는 패턴으로, feel like 뒤에는 명사나 '주어+동사'의 절의 형태가 이어집니다.

0901 난 토할 **것 같아요**.
I feel like I'm gonna throw up.
* throw up 토하다

0902 울고 싶은 심정이에요.
I feel like crying.

0903 오늘은 닭고기를 먹고 싶어요.
I feel like eating chicken today.

0904 커피를 한 잔 마시고 싶어요.
I feel like a cup of coffee.

Exercise

• 때때로 직장을 그만둘 생각이 나요. (quit, job)
➡ Sometimes I feel like _____.

Answer Key : quitting my job

민원 편지를 쓰고 싶어요

Man 1_
출근 시간에는 이 지역 모든 버스는 만원이에요.

Man 2_
사실, 이 지역의 버스는 충분하지 않거든요.

Man 1_
Sometimes I feel like writing a letter to the mayor.

Man 2_
그것 좋은 생각인데요!

Pattern 227

look like ~
~처럼 보여요

look like는 '~을 닮다(=resemble)'의 의미로도 쓰이는 말로써, 인물이나 사물이 '~인 것처럼 보인다.'라고 말할 때 쓸 수 있는 패턴입니다. 또한 "비가 올 것 같아요."처럼 '~할 것 같다.'라는 말을 할 때에도 사용됩니다. look like 뒤에는 명사구나 절이 옵니다.

0905 당신은 신수가 훤해 **보이네요**.
You **look like** a million bucks.
※ buck = dollar

0906 넌 엄마를 **닮았구나**.
You **look like** your mother.

0907 그 사람 괜찮아 **보이는데**.
He **looks like** a nice guy.

0908 당신은 교수님처럼 **보여요**.
You **look like** a professor.

Exercise

- 비가 올 것 같아요. (rain)
  ➡ _____ looks like _____.

Answer key : It, rain

살이 좀 빠져 보여요

Man_
You look like you've lost some weight.

Woman_
사실, 몇 파운드 살이 쪘어요.

Man_ 오, 죄송해요.

Woman_ 괜찮아요.

Pattern 228

sound like ~
~처럼 들려요

feel like, look like처럼 sound를 써서 '~처럼 들리다'라는 말을 할 때에 쓰는 패턴입니다. 그러나 문맥상 상대방이 '~인 것처럼 말하다.'라고 표현할 때에도 쓸 수 있습니다. sound like 뒤에도 명사구나 절이 옵니다.

0909 그 경보음은 천둥소리 같아요.
The alarm sounds like thunder.

0910 제 남편처럼 말씀하시네요.
You sound like my husband.

0911 네 제안은 위험한 생각처럼 들려.
Your suggestion sounds like a dangerous idea.

0912 당신 말은 곧 승진할 것처럼 들리네요.
You sound like you'll get promoted sometime soon.

Exercise

• 당신은 데이트 때문에 좀 긴장하고 있는 것처럼 들리네요. (nervous, date)
➡ You sound like you're _____ about _____.

Answer Key : a little nervous, your date

당신은 준비가 되어있군요

Woman 1_
저곳에서 일하고 싶어요.

Woman 2_
일자리야 거기서 거기잖아요.

Woman 1_
하지만 많은 여자들이 그 일을 하고 싶어해요. 그래서 가치가 있죠.

Woman 2_
행운을 빌어요. You sound like you're prepared.

Pattern 229

It smells ~.
~한 냄새가 나요

It smells ~.는 형용사와 함께 쓰여서 '~한 냄새가 난다.'라고 말할 때 쓸 수 있는 패턴입니다. 뒤에 like를 붙여서 It smells like ~.로 쓸 때에는 '~와 같은 냄새가 난다.'라는 뜻입니다. like 뒤에는 명사구나 절이 와야 합니다.

0913 좋은 **냄새가 나요**.
It smells sweet.

0914 장미**향이 나요**.
It smells like roses.

0915 이곳엔 생선 비린**내가 나요**.
It smells like fish in here.

0916 곰팡이 **냄새가 심하게 나요**.
It smells awfully musty.

　　　※ musty 곰팡이 내가 나는

Exercise

· 남자 화장실은 지린내가 나요.
➡ In the men's room it smells like _____.

Answer Key : pee

향수가게에서

Customer_
향기는 어떤가요?

Saleswoman_
틀림없이 마음에 드실 거예요.
샘플 향 맡아 보실래요?

Customer_
네. It smells like freesias.

Saleswoman_
다른 것도 보여 드릴까요?

Pattern 230

It tastes ~.
~한 맛이 나요

이 패턴은 맛과 관련된 형용사 salty(짠), flat(싱거운), sour(신), hot(매운), spicy(양념 맛이 강한) 등을 이용해서 '~한 맛이 나다.'라는 말을 할 수 있습니다. It tastes ~. 역시도 like와 함께 써서 It tastes like ~. '~와 같은 맛이 나다.'라고 말할 수 있습니다.

0917 음식이 싱거워요.
It tastes flat.

0918 초콜릿 맛이 나요.
It tastes like chocolate.

0919 내 입맛에 꼭 맞아요.
It tastes just right to me.

0920 어느 식당 수프 못지않게 맛있네요.
It tastes as good as any restaurant soup.

Exercise

• 맛이 나아졌어요.
➡ It tastes _____.

Answer Key : better

맛이 이상해요

Man 1_
이 우유 좀 먹어보고 맛이 어떤지 봐.

Man 2_
It tastes funny.

Man 1_
유통기한이 언제까지야?

Man 2_
오, 이 우유는 유통기한이 지났어.

DAY 02

I'm in the mood ~.

기분·느낌 말하기

231	…make me feel ~.	…는 ~한 느낌이 들게 해요
232	It's like ~.	~인 것 같아요
233	Do you feel like ~?	~하고 싶나요? / ~할래요?
234	I'm in the mood ~.	~하고 싶어요
235	I'm not in the mood ~.	~하고 싶지 않아요

Pattern 231

··· make me feel ~.
···는 ~한 느낌이 들게 해요

Boyz II Men의 히트곡 중에는 "You Make Me Feel Brand New 당신은 날 새롭게 느끼게 해요"가 있습니다. 바로 이러한 말을 할 때 make me feel을 사용할 수 있는 것이죠. 느낌에 대한 대상은 주어로, 그에 대한 느낌은 feel 뒤에 써서 말하면 됩니다.

0921 당신은 항상 **날 기분 좋게 해요**.
You always make me feel better.

0922 그녀는 **나로 하여금 열등감을 느끼게 해요**.
She makes me feel inferior.

0923 **고립된 느낌이 들거든요**.
It makes me feel isolated.

0924 그 약이 **날 멍하게 만들어요**.
Those drugs make me feel dizzy.

Exercise

• 넌 날 특별하다고 생각하게 해줘.
➡ You make me feel _____.

Answer Key : special

비가 와서 술 한잔 하고 싶어

Employee 1_
This rain makes me feel like drinking this evening.

Employee 2_
전적으로 동감합니다.

Employee 1_
퇴근 후에 한 잔 합시다.

Employee 2_
좋아요.

Pattern 232

It's like ~.
~인 것 같아요

like가 '~같은'의 뜻으로, 어떤 상황이나 사물을 비유적으로 말할 때 쓸 수 있는 패턴입니다. "옆집 개가 꼭 사자 같아."라고 말할 때 이 패턴을 사용해서 한번 말해 보세요.

0925 이거 꼭 영화 '스크림'의 한 장면 **같지 않나요**?
It's like one of those "Scream" movies, huh?

0926 양키즈 경기에 온 **것 같아요**.
It's like being at a Yankee game.

0927 여기 완전히 사우나 **같아요**.
It's like a sauna in here.

0928 꿈이 실현된 것 **같아요**.
It's like a dream come true.

Exercise

• 감시당하는 것 같아요. (watch)
  ➡ It's like we're _____.

Answer Key : being watched

사자같은 개를 보고

Elder brother_ 봐! 개 한마리가 우리 집 현관에 앉아있어.
It's like a lion. 누구네 개지?

Little sister_
제이슨의 개야.

Elder brother_
왜 여기 있는 걸까?

Little sister_
글쎄, 모르겠네.
그에게 알려줘야겠다.

Pattern **233**

Do you feel like ~?

~하고 싶나요? / ~할래요?

"한국 음식 어때요?"하고 음식점을 고르며 대화를 나누거나, "운동하러 갈래요?"와 같이 상대방의 의중을 물을 때 이 패턴을 쓸 수 있습니다. feel like는 '~하고 싶다', '~한 느낌이다'라는 뜻이지만, '~하고 싶나요?' 외에 '~할래요?'의 의미로 의역하면 더 쉽게 이해할 수 있습니다.

0929 테니스 치러 **갈래요?**
Do you feel like playing tennis?

0930 라켓볼 치러 헬스장에 **갈래요?**
Do you feel like going to the health club for some racquetball?

0931 오늘 저녁 먹으러 나**갈래요?**
Do you feel like going out for dinner tonight?

0932 점심을 배달시켜 먹고 **싶나요?**
Do you feel like ordering lunch in?

Exercise

- 뭐 좀 먹을래요? (something)
  ➡ Do you feel like _____?

Answer Key : eating something

중국 음식 먹을래요?

Woman_ 나 어디 가서 뭐 좀 먹어야겠어. 너도 배고프니?

Man_ 응, 너무 배고프다.

Woman_ 쇼핑몰에 새로운 중국집이 생겼어. Do you feel like Chinese food?

Man_ 언제든지 좋아.

Pattern 234

I'm in the mood ~.
~하고 싶어요

in the mood는 '~할 기분이다'라는 뜻으로 I'm in the mood ~, 하면 '나는 ~하고 싶은 기분이에요.' 하고 현재의 심정을 나타내는 패턴입니다. in the mood 뒤에는 'for+명사/동명사' 혹은 'to+동사원형'이 올 수 있습니다. 단순히 기분을 나타내는 말부터 하고 싶은 행동이나 먹고 싶은 것을 말할 때에 쓸 수 있습니다.

0933 난 닭요리가 먹고 **싶어요**.
   I'm in the mood for chicken.

0934 난 춤추고 싶은 기분이야.
   I'm in the mood for dancing.

0935 나는 음악을 듣고 **싶어요**.
   I'm in the mood to listen to the music.

0936 나는 식사를 하고 **싶어요**.
   I'm in the mood for a knife and fork.

Exercise

- 진짜 놀고 싶어요. (play)
  ➡ I'm really in the mood _____.

Answer Key : to play

딸의 남자친구를 기다리며

Father_
그를 빨리 만나보고 싶구나.

Daughter_
좋아요. 그 사람 한 시간 후에 아빠를 만나러 올 거예요.

Father_
I'm in the mood for a little one-on-one. 어때?

Daughter_
아빠, 저 지금 힐 신고 있잖아요.

Pattern 235

I'm not in the mood ~.
~하고 싶지 않아요

뭐든 먹을 기분이 아니에요

Mom_
아침에 뭘 먹고 싶니?

"I'm not in the mood."하면 그 문장 자체로 "그럴 기분이 아니에요."라는 뜻이 있습니다. mood 뒤에 어떠한 내용을 이어서 '~을 할 기분이 아니다.' 혹은 '~을 하고 싶지 않다.' 는 심정을 말할 때에 쓸 수 있습니다.

0937 난 농담할 기분이 아니에요.
I'm not in the mood for jokes.

0938 나는 그걸 하고 싶지 않아요.
I'm not in the mood to do it.

Son_
I'm not in the mood for eating anything.

0939 난 그거 보고 싶지 않은데요.
I'm not in the mood to see that.

0940 나는 디스코텍에 갈 기분이 아니야.
I'm not in the mood to go to a disco.

Mom_
어디 아픈 건 아니지?

Exercise

- 집에서 나가고 싶은 기분이 아니야. (leave, house)
  ➡ I'm not in the mood _____.

Answer Key : to leave the house

Son_
아니에요. 막 자다 깨서 입맛이 없어요.

DAY 03

I'm so glad ~.

기쁨 표현하기

236	I'm so glad ~.	~해서 정말 기뻐요 / ~해서 다행이에요
237	I'm happy with ~.	~에 만족해요
238	I'd be happy to ~.	~하면 정말 좋겠어요 / 기꺼이 ~하겠어요
239	I'm willing to ~.	기꺼이 ~할게요 / ~할 용의가 있어요
240	It's nice to ~.	~해서 반갑네요 / ~해서 좋네요

Pattern **236**

I'm so glad ~.

~해서 정말 기뻐요/~해서 다행이에요

"I'm so glad to see/meet you."는 우리가 처음 만난 사람과 하는 인사말로 익숙한 표현입니다. I'm so glad ~.는 I'm so pleased.와 I'm so happy.의 양쪽의 감정을 겸하고 있으며, 더 격식을 갖추어 말하려면 I'm so delighted ~.라고 하면 됩니다.

0941 맘에 든다니 정말 다행이다.
I'm so glad you like it.

0942 그가 나아지고 있다는 소식을 들으니 정말 기뻐요.
I'm so glad to hear he's feeling better.
* feel better (기분이) 나아지다

0943 절 기억해 주셔서 정말 기뻐요.
I'm so glad that you remember me.

0944 우린 둘 다 직업이 있어서 다행이에요.
I'm so glad we both have jobs.

Exercise

- 비가 그쳐서 정말 다행이에요. (rain, stop)
  ➡ I'm so glad _____.

Answer Key : the rain has stopped

선물을 받고 기뻐하는 여자

Man_
이건 당신 생일 선물이에요.

Woman_
오, 고마워요. 정말 멋지군요.

Man_
I'm so glad you like it.

Woman_
하지만 이러시지 않으셔도 돼요.

Pattern 237

I'm happy with ~.
~에 만족해요

happy가 '행복한'이라는 뜻 외에 '만족한'이라는 뜻이 있습니다. I'm happy with ~.는 with 뒤에 나오는 내용에 만족한다는 뜻으로, 흔히 결과나 성과에 만족한다고 할 때 많이 사용하는 패턴입니다.

0945 전 제 아파트에 만족해요.
I'm happy with my apartment.

0946 전 제 외모에 만족해요.
I'm happy with my appearance.

0947 나는 그 결과에 만족해.
I'm happy with the result.

0948 난 지금 내 모습에 만족해요.
I'm happy with how I look right now.

Exercise

- 전 제 새 직업에 만족해요. (job)
  ➡ I'm happy with _____.

Answer Key : my new job

내 차에 만족해요

Man 1_
당신은 새 차를 사야 할 것 같아요.

Man 2_
아니요.
I'm happy with my car.

Man 1_
진심이에요?
너무 낡아 보이는데요.

Man 2_
정말이에요. 저는 이 차를 앞으로 3년 동안 더 탈 거예요.

Pattern **238**

I'd be happy to ~.
~하면 정말 좋겠어요/기꺼이 ~하겠어요

'~을 하게 되면 정말 좋겠다.', '기꺼이 ~하겠다.'라는 의미입니다. 예를 들어 상대방이 "도와주시겠어요?"하고 물을 때 "I'd be happy to help you."라고 대답하면 부탁하는 사람도 부담을 덜고, 도와주겠다고 하는 사람도 기분 좋은 대화가 될 것입니다.

0949 제가 **기꺼이** 바꿔 드릴**게요**.
I'd be happy to trade with you.

0950 너를 데리고 갈 수 있**다면** 정말 **좋겠다**.
I'd be happy to take you.

0951 **기꺼이** 도와 드릴**게요**.
I'd be happy to help you.

0952 당신과 함께 외출**하면** 정말 **좋겠어요**.
I'd be happy to go out with you.

Exercise

- 당신의 추천서를 기꺼이 써 드리죠. (reference letter)
  ➡ I'd be happy to _____.

Answer Key : write you a reference letter

기꺼이 도와드릴게요

Woman 1_
제가 다음 주에 집들이를 해요. 도와주실 수 있으세요?

Woman 2_ 먼저 제 일정을 좀 보고요. 어디 보자…. 그럴게요. I'd be happy to give you a hand.

Woman 1_
좋아요. 화요일 저녁에 시간을 비워두실 수 있나요?

Woman 2_
네, 가능할 것 같아요.

Pattern 239

I'm willing to ~ .
기꺼이 ~할게요/~할 용의가 있어요

적극적인 태도를 나타내는 우리말 부사 표현 '기꺼이'에 해당하는 영어 부사 표현은 찾기가 힘듭니다. 따라서 이때 동사 표현인 be willing to ~를 활용하여 '기꺼이 ~하겠다'라는 의미를 전달할 수 있습니다. 적극적 의지가 반영된 패턴이므로 특히 다른 이를 돕는 일이나 남들이 꺼리는 일에 나설 때 이 패턴을 쓰면 좋습니다.

0953 **기꺼이 대가는 치를게요.**
I'm willing to pay the price.

0954 **기꺼이 다른 사람들을 돕고 싶어요.**
I'm willing to help others.

0955 **좋은 점수를 받으려면 그 정도 희생쯤은 할 용의가 있어요.**
I'm willing to make the sacrifice in order to get a good grade.

0956 **전에 경험해 보지 못한 것이라면 도전할 용의가 있어요.**
I'm willing to challenge whatever I've never experienced before.

Exercise

- 제가 기꺼이 같이 가 드릴게요. (come with)
➡ I'm willing to _____.

Answer Key : come with you

시력이 좋지 않은 환자

Oculist_
수술이 고통스러울 수도 있습니다.

Patient_ I'm willing to take the pain for perfect eyesight. 수술 비용이 총 얼마나 되죠?

Oculist_
음, 수술비도 상당할 텐데요.

Patient_
그것 참 안 좋은 소식이군요.

Pattern 240

It's nice to ~.

~해서 반갑네요 / ~해서 좋네요

"It's nice to meet you. 만나서 반가워요."라고 인사할 때 많이 접했던 패턴으로, 인사할 때 외에도 무척 기쁘고 반가운 상황일 때 쓸 수 있습니다.

0957 내 팬도 있다니 반갑네요.
It's nice to have fans.

0958 이곳에 오니 좋군요.
It's nice to be here.

0959 모든 게 정상으로 돌아와서 좋네요.
It's nice to have things back to normal.

0960 당신 소식을 들으니 반갑네요.
It's nice to hear from you.

Exercise

- 다시 만나서 반갑습니다. (see)
  ➡ It's nice to _____.

Answer Key : see you again

새롭게 출발하게되어 좋다

Employee 1_ 일하러 다시 오니까 너무 좋은데.

Employee 2_ 나도 널 보니 반갑다. 너 활기차 보이는데. 좋은 일 있어?

Employee 1_별로 없는데. 그냥 새해 첫날을 시작하려니 기분이 좋은 것 뿐이야.

Employee 2_나도 그래. It's nice to have a fresh start.

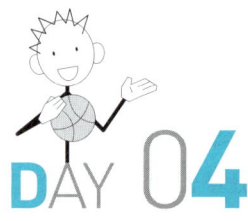

DAY 04

I'm afraid of ~.

걱정 표현하기

241	I'm afraid of ~.	~이 두려워요
242	I'm worried about ~.	~이 걱정돼요
243	I'm nervous about ~.	~때문에 긴장돼요 / ~이 걱정돼요
244	I'm disappointed ~.	~에 실망했어요
245	It's frustrating ~.	~에 짜증이 납니다 / ~해서 답답합니다

Pattern 241

I'm afraid of ~.
~이 두려워요

두렵거나 무서운 상황에 처해 있거나 어떤 사물이 무섭다고 말할 때 쓸 수 있는 패턴입니다. of 뒤에는 명사나 동명사가 이어지며, I'm afraid that 뒤에는 '주어+동사'의 절 형태가 이어집니다.

0961 전 제 상사가 두려워요.
I'm afraid of my boss.

0962 난 시험에 불합격하는 것이 두려워요.
I'm afraid of failing the test.

0963 난 살찌는 게 두려워요.
I'm afraid of gaining weight.

0964 난 개가 무서워요.
I'm afraid of dogs.

Exercise

- 난 혼자되는 것이 두려워요. (alone)
  ➡ I'm afraid of _____.

Answer Key : being alone

학교에 가지 않으려는 아들

Son_
나 학교 가고 싶지 않아요.

Mom_ 왜?

Son_
I'm afraid of my teacher. I'm afraid he will yell at us.

Mom_
그는 그러시지 않을 거야.

Pattern 242

I'm worried about ~.
~이 걱정돼요

be worried 하면 '걱정된다'라는 뜻으로 "네가 걱정 돼.", "당신 건강이 걱정 돼요."라고 말할 때 쓸 수 있는 패턴입니다.

0965 그녀가 **걱정돼요**.
I'm worried about her.

0966 저는 발표가 **걱정이에요**.
I'm worried about the presentation.

0967 월요일에 수학 시험이 **걱정돼**.
I'm worried about the math quiz on Monday.

0968 여름방학 동안 아이들이 시간을 허비할까 봐 **걱정돼요**.
I'm worried about the kids wasting their time over the summer.

Exercise

- 난 내 건강이 걱정돼. (health)
  ➡ I'm worried about _____.

Answer Key : my health

아파보이는 친구에게

Woman_
너 정말 피곤해 보인다. 괜찮아?
I'm worried about you.

Man_
나 아파. 열이 있는 것 같아.

Woman_
너 병원에 가보지 그래.

Man_
안 그래도 그러려고 했어.

Pattern **243**

I'm nervous about ~.
~ 때문에 긴장돼요 / ~이 걱정돼요

nervous는 '초조한', '불안한'이라는 뜻이 있습니다. 따라서 이 패턴은 앞으로 일어날 일에 대해서 긴장되고 걱정되는 심정을 나타낼 때 쓸 수 있습니다.

0969 난 구직 면접 **때문에 긴장 돼.**
I'm nervous about my job interview.

0970 나는 새로운 사람들을 만나는 **것이 걱정돼요.**
I'm nervous about meeting new people.

0971 전 제 독창 부분**이 걱정돼요.**
I'm nervous about my solo.
※ solo 독창곡

0972 난 고등학교에 가는 것 **때문에 긴장 돼.**
I'm nervous about going to high school.

Exercise

- 저는 이 시연 때문에 정말 긴장돼요. (tryout)
  ➡ I'm so nervous about _____

Answer Key : this tryout

내일 볼 수학 시험이 걱정이다

Student 1_
I'm nervous about the math test tomorrow.

Student 2_
왜? 난 네가 수학을 잘 하는 줄 알고 있었는데.

Student 1_
난 전혀 공부를 하지 않았어.

Student 2_
지금이라도 그리 늦진 않았어.

Pattern 244

I'm disappointed ~.
~에 실망했어요

믿었던 사람이나 기대했던 일에 실망했을 때는 "I'm disappointed." 혹은 "It's disappointing."이라고 합니다. 전자는 "나는 실망했다."는 뜻이고, 후자는 "그것은 실망스럽다"는 뜻입니다. '~에 실망했어.'를 표현하려면 I'm disappointed 뒤에 in이나 at, with 혹은 that절을 사용해서 실망한 내용을 구체적으로 말하면 됩니다.

0973 너한테 **실망했어**.
I'm disappointed in you.

0974 모든 표가 매진되어서 **실망했어요**.
I'm disappointed that all tickets were sold out.

0975 전 제가 초대받지 못해서 **실망했어요**.
I'm disappointed that I didn't get an invitation.

0976 난 그의 태도에 **실망했어요**.
I'm disappointed with his attitude.

Exercise

- 제 시험 성적 때문에 실망했어요. (test grade)
  ➡ I'm disappointed with _____.

Answer Key : my test grade

그녀에게 실망했어요

Man_
I'm disappointed in Marry.

Woman_
왜, 무슨 일인데?

Man_ 그녀는 나에게 거짓말을 했어. 어떻게 감히 그녀가 그럴 수 있는지!

Woman_
어머! 나라도 화났겠다.

Pattern 245

It's frustrating ~.
~에 짜증이 납니다 / ~해서 답답합니다

frustrating은 '좌절감을 일으키는'이라는 뜻이지만, It's frustrating ~.하면 '~에 짜증이 나다.', '~해서 답답하다.' 라는 의미에 더 가깝습니다. 예를 들어 "교통 체증에 짜증이 납니다."와 같은 말을 하는 상황에 쓸 수 있는 것이죠. 더 강하게 어필하고 싶을 때에는 frustrating 앞에 so를 붙여서 말하면 됩니다.

0977 오래 기다려야 하는 것이 **짜증이 납니다.**
It's frustrating to have to wait so long.

0978 출퇴근 교통 정체 속에 있으면 **짜증이 납니다.**
It's frustrating to be stuck in rush hour traffic.

0979 내가 그런 곳에서 일을 하는게 **짜증이 납니다.**
It's frustrating for me to work in a place like that.

0980 네가 틀렸다는 것을 알지 못하는 것이 정말 **짜증이 나.**
It's so frustrating that you can't see that you're wrong.

Exercise

• 시어머니와 함께 사는 게 정말 답답해. (live with)
  ➡ It's frustrating _____

Answer Key : to live with my mother-in-law

동료들과 어울리는 게 어렵다

Woman 1_
It's so frustrating to associate with my colleagues.

Woman 2_
왜 그러는데?

Woman 1_ 사람들이 항상 말하기를 내가 말수가 적다고 해. 뭐라고 대꾸해야 하지?

Woman 2_
그냥 너는 약간 피곤하다고 말해. 그러면 알아들을 거야.

DAY 05

I was surprised to ~.

기타·감정 표현하기

246	I was surprised to ~.	~해서 놀랐어요
247	I can't believe ~.	~을 믿을 수가 없어요
248	It's a little ~.	그건 좀 ~해요
249	I am really ~.	난 정말 ~해요
250	I'm kind of ~.	전 좀 ~해요/전 ~타입이에요

Pattern 246

I was surprised to ~.
~해서 놀랐어요

"그 얘기를 듣고 깜짝 놀랐지 뭐야."와 같은 말을 할 때 쓸 수 있는 패턴으로 to 이하에 놀란 이유에 대해 말하면 됩니다. was를 사용해서 말하고 있기 때문에 과거에 깜짝 놀랐던 일에 대해서 말할 때 쓸 수 있습니다.

0981 나는 그녀를 거기서 보고 **놀랐어요**.
I was surprised to see her there.

0982 그 소식을 듣고 **놀랐어**.
I was surprised to hear that.

0983 너한테 전화가 와서 **놀랐어**.
I was surprised to get a call from you.

0984 그 회사가 문을 닫을 거라는 이야기를 듣고 **놀랐어요**.
I was surprised to hear that the company will go out of business.

Exercise

• 우연히 너를 만나서 놀랐어. (meet, by chance)
➡ I was surprised to _____.

Answer Key : meet you by chance

그녀가 이사를 간대요

Man_
아직도 민지와 만나서 대화해?

Woman_
그럼, 때때로 그렇지. 그건 왜?

Man_
그게, I was surprised to hear she was moving.

Woman_
그러게, 이런 일이 있을 거라고는 예상하지 못했어.

Pattern 247

I can't believe ~.
~을 믿을 수가 없어요

"I can't believe it. 나는 그걸 믿을 수가 없어."처럼 믿기지 않는 상황에 대해 말할 때 쓸 수 있는 패턴입니다. "It is amazing!"이나 "This is incredible!"이라는 표현도 많이 쓰지만 놀라움을 더욱 강조할 때 I can't believe ~.라고 합니다.

0985 네가 이메일을 보낼 줄 몰랐어.
I can't believe you e-mailed me.

0986 어떻게 이럴 수 있니!
I can't believe you're doing this!

0987 내가 시험에 합격했다니 믿을 수가 없어.
I can't believe I passed the exam.
  * pass the exam 시험에 합격하다

0988 내 눈을 믿을 수가 없어.
I can't believe my eyes.

Exercise

• 난 그것이 공짜라는 걸 믿을 수가 없어. (free)
  ➡ I can't believe _____.

Answer Key : it's free

우연히 만난 두 사람

Man_
샐리! 세상에나.

Woman_
스티브, 왜!

Man_
여긴 어쩐 일이야. I can't believe you're here.

Woman_ 그러게. 아니, 난 이 음식점에 자주 와. 우리 집이 여기서 가깝거든.

Pattern 248

It's a little~.
그건 좀 ~해요

"좀 이상해요.", "좀 추워요."와 같이 '약간 ~하다'는 말을 할 때 쓸 수 있습니다. It's kind of ~.는 같은 뜻의 다른 패턴입니다.

0989   좀 이상해.
       It's a little weird.

0990   좀 엉망이군.
       It's a little messy.

0991   극장 안은 좀 추워요.
       It's a little cold in the theater.

0992   조금 때늦은 사과네요.
       It's a little late for apologies.

Exercise

- 이 안은 좀 더워요. (in here)
  ➡ It's a little _____.

Answer Key : hot in here

날씨가 다소 쌀쌀해요

Wife_
산책 갈래요?

Husband_
그래요, 여보. 그게 좋겠어요.

Wife_
It's a little cold out. 스웨터 입고 나가요.

Husband_
괜찮아요. 전 따뜻해요.

Pattern 249

I am really ~.
난 정말 ~해요

I'm very ~., I'm so ~.와 비슷한 뉘앙스로 '정말 ~하다.'라고 자신의 상태나 감정을 강하게 전달하려고 할 때 쓰는 패턴입니다.

0993 **난 정말** 건강 상태가 안 좋아.
I'm really out of shape.

0994 **난 정말** 인라인스케이트에 빠져 있어요.
I'm really into in-line skating.

0995 어머니 일은 **정말** 안 됐어.
I'm really sorry about your mother.

0996 당신이 해낸걸 보고 **정말** 놀라웠어요.
I'm really surprised that you made it.
＊make it 해내다, 성공하다

Exercise

• 지금 정말 바쁘거든요. (busy)
➡ I'm really _____.

Answer Key : busy now

정말 피곤해요

Man 1_
오늘은 그만 하죠. I'm really tired.

Man 2_
그러면, 그럽시다. 몹시 지쳐 보이네요.

Man 1_
맞아요, 내가 너무 무리했나 봐요.

Man 2_
좀 쉬세요.

Pattern 250

I'm kind of ~.
전 좀 ~해요 / 전 ~ 타입이에요

"I'm hungry."라는 말은 "나는 배고프다."라는 어떤 단정을 내리는 뜻을 전달합니다. 여기에다 kind of를 붙여 "I'm kind of hungry."라는 말을 하게 되면 단정이었던 말이 이젠 배고픔에 대한 100%의 확신이 없는 어감으로 전달됩니다. 이외에도 '나는 ~한 타입이야.'라고 말할 때에도 I'm kind of ~.를 씁니다.

0997 전 좀 초조하네요.
I'm kind of nervous.

0998 난 하루 종일 좀 바빠.
I'm kind of tied up all day.

0999 난 집에 있는 걸 좋아하는 타입이야.
I'm kind of a homebody.

1000 난 겨울 타입이야.
I'm kind of a winter person.

Exercise

· 난 좀 알레르기가 있어.
➡ I'm kind of _____.

Answer Key : allergic

내가 미움을 샀어요

Man 1_
요즘 아내는 어때?

Man 2_
Well, I'm kind of in the doghouse.

Man 1_
왜? 무슨 일인지 말해봐.

Man 2_
모르겠어. 살이 찌고 있다고 말한 것 뿐인데, 음, 사실이잖아.

2nd Week Check Up

1주 동안 25패턴 100문장을 공부했어요.
"영어로 바로바로 나올 때까지 연습해 보세요."

01. 커피를 한 잔 마시고 싶어요.

02. 당신은 교수님처럼 보여요.

03. 제 남편처럼 말씀하시네요.

04. 이곳엔 생선 비린내가 나요.

05. 내 입맛에 꼭 맞아요.

06. 그 약이 날 멍하게 만들어요.

07. 여기 완전히 사우나 같아요.

08. 점심을 배달시켜 먹고 싶나요?

09. 난 닭요리가 먹고 싶어요.

10. 난 농담할 기분이 아니에요..

11. 우린 둘 다 직업이 있어서 다행이에요

정답 01. I feel like a cup of coffee. 02. You look like a professor. 03. You sound like my husband. 04. It smells like fish in here. 05. It tastes just right to me. 06. Those drugs make me feel dizzy. 07. It's like a sauna in here. 08. Do you feel like ordering lunch in? 09. I'm in the mood for chicken. 10. I'm not in the mood for jokes. 11. I'm so glad we both have jobs.

12. 전 제 외모에 만족해요.

13. 당신과 함께 외출하면 정말 좋겠어요.

14. 기꺼이 대가를 치룰게요.

15. 이곳에 오니 좋군요.

16. 난 살찌는 게 두려워요.

17. 저는 발표가 걱정이에요.

18. 난 구직 면접 때문에 긴장 돼.

19. 모든 표가 매진되어서 실망했어요.

20. 오래 기다려야 하는 것이 짜증이 납니다.

21. 너한테 전화가 와서 놀랐어.

22. 내가 시험에 합격했다니 믿을 수가 없어.

23. 극장 안은 좀 추워요.

24. 난 정말 건강 상태가 안 좋아.

25. 전 좀 초조하네요.

정답

12. I'm happy with my appearance. **13.** I'd be happy to go out with you. **14.** I'm willing to pay the price. **15.** It's nice to be here. **16.** I'm afraid of gaining weight. **17.** I'm worried about the presentation. **18.** I'm nervous about my job interview. **19.** I'm disappointed that all tickets were sold out. **20.** It's frustrating to have to wait so long. **21.** I was surprised to get a call from you. **22.** I can't believe I passed the exam. **23.** It's a little cold in the theater. **24.** I'm really out of shape. **25.** I'm kind of nervous.

3rd Week

특정 동사 표현

Day 01	**need**	– 필요한 것 말하기
Day 02	**remember**	– 기억하기
Day 03	**forget**	– 잊기
Day 04	**try**	– 시도하기
Day 05	**hope/wish**	– 희망하기
3rd Week	**Check Up**	

DAY 01

need

필요한 것 말하기

251	Do you need to ~?	~해야 해요?
252	What do you need to ~?	~하려면 무엇을 해야 하나요?
253	You'll need to ~.	당신은 ~해야 합니다
254	I don't need you to ~.	당신이 ~해 주는 게 필요 없어요 / ~해 주지 않아도 돼요
255	All I need is ~.	내가 필요한 건 ~ 뿐이에요

Pattern 251

Do you need to ~?
~해야 해요?

어떤 일의 필요성을 물을 때 쓰는 패턴으로 Do you have to ~?보다는 의미가 다소 약한 표현입니다.

1001 생각할 시간이 **필요하신가요?**
Do you need to think about it?

1002 병원에 가봐**야 해요?**
Do you need to see a doctor?

1003 지금 가야 **해요?**
Do you need to go now?

1004 쇼핑하러 가야 **해요?**
Do you need to go shopping?

Exercise

• 식료품을 사야 하나요? (grocery)
➡ Do you need to _____?

Answer Key : buy groceries

지금 운동하러 가야해요?

Woman 1_
Do you need to exercise now?

Woman 2_
네, 출산 후에 몸매가 엉망이에요. 게다가 살도 찌고 있어요.

Woman 1_
아니요, 괜찮은데요.

Woman 2_
착한 거짓말을 하고 계시군요.

Pattern 252

What do you need to ~ .
~하려면 무엇을 해야 하나요?

to 이하에 나오는 내용을 하려면 무엇이 필요한지를 묻는 패턴입니다. 쉽게 생각해서 '~하려면 어떻게 해야 하지?' 하고 방법이나 필요한 사항을 묻는 것입니다.

1005 살을 빼려면 무엇을 해야 해요?
What do you need to do to lose weight?

1006 쇼핑몰에서 뭘 사야 하나요?
What do you need to buy at the mall?

1007 영어 실력을 향상시키려면 무엇을 해야 해요?
What do you need to improve your English skills?

1008 그녀의 기분을 좋게 하려면 무엇을 해야 해요?
What do you need to do to make her feel better?

Exercise

• 성공하려면 뭘 해야 하나요? (successful)
➡ What do you need to _____?

Answer key : do to be successful

여름철 피부 보호하는 방법

It is summer. It is very hot and sunny. So, I need to do something to protect my skin.

Woman_ 여름이야. 날이 덥고 햇빛이 들지. 그래서 난 피부를 보호하기 위해서 무언가 해야 해.

Man_ What do you need to protect your skin from the sun?

I should buy a hat, some sunscreen, an insecticide and a pair of sunglasses.

Woman_ 모자, 선크림, 살충제, 그리고 선글라스를 사야 해.

Protecting skin is expensive.

Man_ 피부를 보호하는 데는 돈이 많이 드는구나.

Pattern 253

You'll need to ~.

당신은 ~해야 합니다

You'll need to ~.는 '당신은 ~을 해야 해요.'라고 상대방에게 무언가를 요구하는 패턴입니다. 권유하는 느낌보다는 강제력이 다소 포함된 뉘앙스라고 생각하면 됩니다.

1009 당신은 이것들을 입어야 합니다.
You'll need to wear these.

1010 당신은 로그인을 하려면 당신의 이메일 주소를 이용해야 합니다.
You'll need to use your e-mail address to log in.

1011 당신은 예방 접종을 해야 합니다.
You'll need to be vaccinated.
* vaccinate 예방 접종을 하다

1012 다음 교차로에서 빠져나가려면 차선을 바꿔야 합니다.
You'll need to change lanes if you want to turn off at the next junction.

Exercise

- 퇴근하기 전에 일을 끝내야 합니다. (finish, go home)
  ➡ You will need to _____ your work before _____.

Answer key : finish, you go home

신분증을 제시해 주세요

Visitor_
안녕하세요. 원화로 환전 좀 하려고요.

Bank clerk_
네. You'll need to show some indentification.

Visitor_
네, 여기 있습니다. 미화 200달러를 환전하고 싶습니다.

Bank clerk_
좋습니다. 처리하는 데 몇 분 걸릴 겁니다. 여기서 기다리세요.

Pattern 254

I don't need you to ~.
당신이 ~해 주는 게 필요 없어요/~해 주지 않아도 돼요

상대방이 무언가를 해주겠다고 말할 때, 그럴 필요가 없다고 말하는 패턴입니다. 공손하게 거절하는 것부터 '당신이 ~해주는 것 따위는 필요 없다.'는 강한 부정의 말투까지 다양하게 쓸 수 있습니다.

1013 당신 도움 **따위는** 필요 없어요.
I don't need you to help me.

1014 제게 저녁을 살 **필요는** 없는데요.
I don't need you to buy me dinner.

1015 내게 동의**하지 않아도 돼요.**
I don't need you to agree with me.

1016 공항에 **안** 데려다 줘도 돼요.
I don't need you to take me to the airport.

Exercise

• 그것에 대해 나에게 감사할 필요 없어요. (thank, that)
➡ I don't need you to _____.

Answer key : thank me for that

부탁을 간접적으로 거절하는 표현

Man 1_
여유 돈 좀 있니?

Man 2_
아니, 그건 왜 묻는데?

Man 1_
돈을 좀 빌려야 해서.

Man 2_
I don't need you to give me a hard time.

Pattern **255**

All I need is~.
내가 필요한 건 ~뿐이에요

사랑하는 사람에게 "All I need is you. 전 오직 당신만 있으면 돼요."라고 하면 더 없이 좋은 사랑의 고백이 될 것입니다. 이렇듯, All I need ~.는 자신이 필요한 것을 강조하는 고급스러운 패턴입니다.

1017 전 5분이면 돼요.
All I need is five minutes.

1018 내가 필요한 건 예쁜 여자 친구 뿐이야.
All I need is a beautiful girlfriend.

1019 내가 필요한 건 돈 뿐이야.
All I need is money.

1020 전 멋진 장기 휴가가 필요해요.
All I need is a nice long vacation.

Exercise

- 가위 하나만 있으면 돼요. (a pair of)
  ➡ All I need is _____.

Answer key : a pair of scissors

내가 정말 먹고싶은 것은...

Son_
All I need is some chocolate.

Mom_
이 시간에?

Son_
네, 단 것이 먹고 싶어요.

Mom_
내가 가서 찾아볼게.

DAY 02

remember

기억하기

256	I remember -ing ~.	~한 것을 기억해요
257	I can't remember ~.	~이 기억나지 않아요
258	Do you remember ~?	~을 기억하나요?
259	Did you remember to ~?	잊지 않고 ~했어요?
260	Remember to ~.	~할 것을 기억해요/잊지 말고 ~해요

Pattern 256

I remember -ing ~.
~한 것을 기억해요

"난 당신을 본 걸 기억해요."처럼 과거에 있었던 일이 기억이 난다고 말할 때 쓸 수 있는 패턴입니다. remember 뒤에 -ing형이 나오면 과거에 있었던 일을 기억하는 것이고, to가 나오면 미래의 일을 기억하는 것입니다.

1021 나는 그것을 잠근 **것을 기억해요**.
I **remember lock**ing it.

1022 그를 한 번 만난 **것을 기억해요**.
I **remember see**ing him once.

1023 그 기사 읽은 **기억이 납니다**.
I **remember read**ing all about it.

1024 굉장히 재미없는 영화들을 많이 봤던 건 기억나요.
I **remember see**ing a lot of really bad movies.

Exercise

• 나는 그 책을 읽은 기억이 나요. (read)
➡ I remember _____.

Answer Key : reading the book

그녀를 보았던 기억이 나

Boy 1_
저기 청바지에 티셔츠 입은 여자애 보여?

Boy 2_
응, 그런데 왜?

Boy 1_
그 여자 애가 널 계속 보고 있어.

Boy 2_ 애 왜 그런지 알겠어.
I remember seeing her at the party last year.

Pattern 257

I can't remember~.

~이 기억나지 않아요

"저 사람 이름이 생각나지 않아요."처럼 어떠한 사항이 떠오르거나 기억나지 않는다고 말할 때 쓰는 패턴입니다. 쉬운 패턴이지만 실생활에서 많이 쓸 수 있는 말입니다.

1025 세세한 건 **기억이 안 나요**.
I can't remember any of the details.

1026 마지막으로 월급이 인상된 게 언제인지도 **기억이 안 나**.
I can't remember the last time I got a raise.

1027 누가 그 말을 했는지 **기억나지 않아**.
I can't remember who mentioned it.

1028 배불리 먹은 게 언제인지 **기억나지 않아요**.
I can't remember when I ate so much.

Exercise

- 그의 얼굴이 기억이 안나요. (face)
  ➡ I can't remember _____.

Answer Key : his face

도무지 기억이 나질 않아요

Woman_멋진 파티예요! 그런데 빨간색 드레스를 입은 저 여자는 누구죠?

Man_어, 가만… 가만… 저 여자 이름이 뭐더라? 전에 토미와 사귀었는데.

Woman_가장 친한 친구의 여자 친구였는데, 이름도 기억 못 한다고요?

Man_정말 큰일이죠? But for the life of me, I just can't remember!

Pattern **258**

Do you remember~?
~을 기억하나요?

"그 사람 이름을 기억해요?"처럼 ~이 생각나는지, 기억나는지를 묻는 패턴입니다. 쉽지만 쓰임이 많은 패턴입니다.

1029 그 사람 이름 **기억해요?**
Do you remember his name?

1030 거기 누구랑 통화했는지 **기억해요?**
Do you remember who you spoke to there?

1031 체스 두는 법을 **기억하고 있습니까?**
Do you remember how to play chess?

1032 그가 정말 그런 말을 했는지 **기억해요?**
Do you remember whether he really said that?

Exercise

- 이것에 관한 어떤 이야기라도 기억하나요? (any story)
➡ Do you remember _____?

Answer key : any stories about this

당신이 했던 말 기억해요?

Man 1_
Do you remember what you said?

Man 2_
사실, 정확하게 모르겠어요.

Man 1_
오늘 그것을 공부하는 걸 도와주겠다고 했잖아요.

Man 2_
아, 이런! 이제 생각났어요.

Pattern 259

Did you remember to ~?

잊지 않고 ~했어요?

상대방에게 어떠한 일을 기억하는지 확인하는 패턴으로 "약 사오는 것은 잊지 않았죠?", "샌드위치 사오는 건 잊지 않았죠?"처럼 무언가를 부탁해 놓고, '~ 잊지 않았죠?'하고 물을 때 많이 쓸 수 있습니다.

1033 **잊지 않고** 문은 잠갔어요?
Did you remember to **lock the door?**

1034 그 편지 **잊지 않고** 부쳤습니까?
Did you remember to **mail that letter?**

1035 샌드위치 사오는 **거 잊지 않았죠?**
Did you remember to **bring the sandwiches?**

1036 웨이터에게 팁 주는 **거 잊지 않았죠?**
Did you remember to **tip the waiter?**

Exercise

- 약국에서 약 사오는 것 잊지 않았죠? (pick up, pharmacy)
  ➡ Did you remember to _____?

Answer key : pick up the medicine at the pharmacy

전화하는 거 잊지 않았죠?

Woman_
Did you remember to call your mother?

Girl_
네, 몇 분 전에 전화 했어요.

Woman_
이제 괜찮으시니?

Girl_
네, 엄마는 많이 좋아지신 것 같아요.

Pattern 260

Remember to ~.
~할 것을 기억해요/잊지말고 ~해요

remember –ing는 과거에 '~했던 것을 기억하다'라는 뜻인 것에 반해, remember to ~는 앞으로 '~할 것을 기억하라'는 의미입니다. '잊지 말고 ~해요.'라고 부탁할 때에도 많이 쓰는 패턴입니다.

1037 그 편지를 **잊지 말고** 등기로 부쳐 주세요.
Remember to get the letter registered.

1038 기저귀와 아기용 손수건을 **꼭** 가져 가세요.
Remember to take nappies and baby wipes.

1039 자러 가기 전에 **잊지 말고** 불을 꺼 주세요.
Remember to turn out the lights before you go to bed.

1040 **잊지 말고** 여행 가방에 표찰을 붙여라.
Remember to label your suitcase.

Exercise

- 잊지 말고 나에게 메일 보내요. (e-mail)
  ➡ Remember to _____

Answer Key : e-mail me

잊지 말고 전화해 주세요

Woman_
언제 퇴원해?

Man_
며칠 후에.

Woman_
Remember to call me when you leave the hospital.

Man_
응, 알겠어.

DAY 03

forget

잊기

261	I forgot ~.	~를 깜빡했어요
262	I forgot to ~.	깜빡하고 ~하는 걸 잊었어요
263	Forget about ~.	~은 잊어버려요
264	Remind me to ~.	나에게 ~하라고 알려 주세요
265	… remind me of ~.	…을 보니 ~이 생각이 나요

Pattern 261

I forgot ~.
~를 깜빡했어요

"지갑을 깜빡했어요.", "핸드폰을 깜빡했어요."하고 자신이 기억하지 못했던 일에 대해서 말할 때 쓸 수 있는 패턴입니다. 참고로 I almost forgot ~.하면 '~을 거의 잊을 뻔했다'는 말이 됩니다.

1041 결혼기념일을 **깜빡했어요**.
I forgot our anniversary.

1042 핸드폰 충전기를 **깜빡했어요**.
I forgot my cell phone charger.

1043 벌써 다 **잊었어요**.
I forgot about them already.

1044 그가 오는 날이 월요일인지 화요일인지 **잊었어요**.
I forgot whether he would come on Monday or Tuesday.

Exercise

- 지갑을 깜빡했어요. (wallet)
  ➡ I forgot _____.

Answer Key : my wallet

휴일이라는 것을 잊은 직원

Employee 1_
점심시간에 은행에 다녀올게요.

Employee 2_
오늘 현충일이라 은행들 다 쉬는데요.

Employee 1_
I forgot that today is a holiday.

Employee 2_
그럴 수도 있죠.

Pattern 262

I forgot to ~.

깜빡하고 ~하는 걸 잊었어요

깜빡하고 ~하지 못했다는 것을 말할 때 쓸 수 있는 패턴입니다. 수업 시간에 선생님이 휴대폰이 울린다고 혼내실 때, "깜빡하고 진동으로 하는 것을 잊었어요."하고 해명을 하는 상황에서 이 패턴으로 말할 수 있겠네요.

1045 우산 챙기는 **걸 깜빡** 잊었어요.
I forgot to bring my umbrella with me.

1046 **깜빡** 잊어버리고 못 물어봤는데요.
I forgot to ask.

1047 **깜빡하고** 대문 잠그는 **것을** 잊었어요.
I forgot to lock the gate.

1048 **깜빡하고** 핸드폰을 진동으로 해놓는 **것을** 잊었어요.
I forgot to put my cell phone on vibrate mode.

Exercise

- 깜빡하고 보고서 제출하는 것을 잊었어요. (hand in)
  ➡ I forgot to _____.

Answer Key : hand in my report

지갑을 깜빡하고 안 가지고 왔을 때

Employee 1_
만원만 빌려 주실래요?

Employee 2_
그러죠. 여기 있어요.

Employee 1_
I forgot to bring my wallet today. 내일 갚을게요.

Employee 2_ 그러세요.

Pattern **263**

Forget about ~.
~은 잊어버려요

"Forget about it. 그 일은 잊어버려."처럼 Forget about ~.은 친구나 동료에게 나쁜 일은 잊어버리라고 말할 때 주로 쓰는 패턴입니다.

1049 그 일은 잊어요.
Forget about it.

1050 그 모임은 잊어요.
Forget about the meeting.

1051 휴가 간 동안에는 사무실은 잊으세요.
Forget about the office while you're gone.

1052 주말 동안엔 그 사람을 잊도록 해요.
Forget about this guy for the weekend.

Exercise

- 보험은 잊어요. (insurance)
  ➡ Forget about _____.

Answer Key : the insurance

애인과 싸웠다고 말하는 친구에게

Woman 1_
나 남자친구하고 싸웠어.

Woman 2_
뭐 때문에?

Woman 1_
항상 같은 거지. 그는 내가 다른 남자를 보기만 해도 질투해.

Woman 2_
Forget about him!

Pattern **264**

Remind me to ~.
나에게 ~하라고 알려 주세요

여기서 쓰인 remind는 '잊지 않도록 알려 준다' 라는 뜻으로 Remind me to ~.하면 '나에게 ~하라고 알려주세요.' 하고 부탁하는 패턴입니다. 자신이 깜빡깜빡하는 건망증의 소유자라면 이 표현을 잘 외워둘 필요가 있겠죠?

1053 편지를 보내라고 **나에게 알려 주세요.**
Remind me to mail the letter.

1054 그에게 나중에 전화하라고 **나에게 알려 주세요.**
Remind me to call him later.

1055 당신에게 돈을 갚으라고 **나에게 알려 주세요.**
Remind me to pay you back.

1056 내가 외출하기 전에 앨랜에게 전화하라고 **나에게 알려 주세요.**
Remind me to phone Alan before I go out.

Exercise

- 신문을 사라고 나에게 알려 줘요. (buy)
  ➡ Remind me to _____.

Answer Key : buy a newspaper

편지 쓰라고 알려주세요

Man 1_
친구에게서 편지를 받았어요.

Man 2_
그거 잘 됐네요. 무슨 내용이에요?

Man 1_시험을 망쳤대요. 그리고 새로 사귄 남자친구가 발 냄새가 무척 난대요. Ah! Remind me to drop her a line.

Man 2_알겠어요.

Pattern 265

··· remind me of ~.
~ 할 가능성이 높아요

"당신을 보니 당신 아버지가 생각나는군요."처럼 어떤 사람이나 사물로 인해 잊고 있었던 대상이 떠오른다고 말할 때 이 패턴을 사용합니다. remind는 주어로 쓰이는 대상에 따라 reminds로도 쓰입니다.

1057 저 그림을 보니 그가 생각이 나요.
That picture reminds me of him.

1058 그를 보니 그의 동생 생각이 나요.
He reminds me of his brother.

1059 그 노래를 들으면 옛 친구 생각이 나요.
That song reminds me of an old friend.

1060 당신을 보니 시장에서 내가 만난 사람이 생각이 나요.
You remind me of someone I met in the marketplace.

Exercise

- 당신은 당신 아버지를 연상시켜요. (father)
  ➡ _____ remind me of _____.

Answer key : You, your father

내리는 눈을 보니 고향생각난다

Man_
이 눈을 보니 어때?

Woman_
Oh, it reminds me of home.

Man_
네 고향에는 눈이 많이 오니?

Woman_ 응, 많이.

DAY 04

try

시도하기

266	Try to ~.	~하려고 노력하세요/~해 보세요
267	Try not to ~.	~하지 않도록 노력해 보세요
268	Try -ing ~.	한번 ~해 보세요
269	I'm trying to ~.	~하려고 노력 중이에요
270	Let's try to ~.	우리 ~하도록 합시다

Pattern **266**

Try to ~.
~하려고 노력하세요/~해 보세요

짐을 줄이도록 노력해봐요

Husband_
이게 다 뭐예요?

유명한 노래 중에 "Try to Remember. 기억해 보세요."가 있죠? 이렇듯 try가 to와 함께 쓰이면 '~하기 위해 노력하다'라는 뜻으로 쓰입니다. 상대방에게 무언가를 해 보라고 하거나 해 보려고 애를 써보라고 조언할 때 쓸 수 있는 패턴입니다. 'Try to+동사'는 'Try and 동사'의 형태로도 바꾸어 말할 수 있습니다.

1061 호흡을 가다듬어 **보세요**.
      Try to control your breathing.

1062 가격을 깎으려고 노력해 봐.
      Try to cut the price down.

1063 말썽 안 일어나게 해 보세요.
      Try to steer clear of trouble.
      ＊steer clear of ~을 피키다

1064 답을 쓸 때 가능한 한 상세히 쓰도록 하세요.
      Try to give as much detail as possible in your answer.

Wife_
여행에 가져갈 제 짐이에요.

Husband_
Try to pack less.

Exercise

• 긴장을 풀어 보세요.
  ➡ Try to _____.

Wife_
노력해 볼게요.

Answer Key : relax

Pattern 267

Try not to ~.
~하지 않도록 노력해 보세요

Don't ~.처럼 '~하지 말라.'고 명령하는 말이지만 좀더 부드럽게 말하려고 할 때 Try not to ~.의 패턴을 쓸 수 있습니다.

1065 움직이지 마세요.
Try not to move.

1066 아기를 깨우지 않게 조심해.
Try not to wake the baby.

1067 다시는 그런 일이 없도록 해라.
Try not to do such a thing again.

1068 너무 많은 것을 기대하지 않도록 하세요.
Try not to expect too much.

Exercise

- 너무 과하게는 하지 마세요. (overdo)
  ➡ Try not to _____.

Answer Key : overdo it

인상을 쓰지 않도록 하세요

Photographer_
Try not to frown.

Customer_
죄송합니다. 제가 인상을 썼나요?

Photographer_ 긴장 풀어요. 당신이 긴장하고 있는데 내가 어떻게 사진을 찍나요?

Customer_
알겠습니다.

Pattern 268

Try -ing ~.
한번 ~해 보세요

"컴퓨터가 안 켜져요."라고 난감해 하는 동료에게 "시험 삼아 한번 껐다 켜 봐요."처럼 권유하는 말을 할 때 쓸 수 있는 패턴입니다. 즉, 그러한 행동이 도움이 될 수 있으니 해 보라고 권유하는 말입니다.

1069 그것을 **한번** 다른 방향으로 돌려 봐요.
Try turning it the other way.

1070 **한번** 로그오프 했다가 다시 로그온해 보세요.
Try logging off and logging on again.

1071 한국 음식을 **한번** 먹어 보세요.
Try eating Korean food.

1072 녹색 버튼을 **한번** 눌러 보세요.
Try pressing the green button.

Exercise

- 산에 한번 오르려고 해 봐. (climb)
  ➡ Try _____.

Answer Key : climbing the mountain

그의 사무실로 한번 전화해봐

Man_
무슨 일이야?

Woman_
프레드와 연락이 안 돼. 집에 없어. 어쩌면 좋지?

Man_
Try phoning his office.

Woman_ 그래야겠다.

Pattern 269

I'm trying to ~.
~하려고 노력 중이에요

"그걸 고치려고 노력 중이에요."처럼 지금 ~을 하려고 노력하고 있는 것을 말할 때 쓸 수 있는 패턴입니다. 꼭 '노력 중이에요.'라고 해석하기 보다는 문맥에 따라서 '~을 하려고 해요.'라고 말하는 것이 자연스럽습니다.

1073 고치려는 중이야.
I'm trying to fix it.

1074 나는 날씬해지려고 노력 중이야.
I'm trying to slim down.

1075 나는 문법 실력을 늘리려고 노력하는 중이야.
I'm trying to improve my grammar.

1076 요점을 얘기하려고 노력 중이에요.
I'm trying to make a point.

Exercise

- 난 일자리를 구하려고 노력 중이야. (get)
  ➡ I'm trying to _____

Answer key : get a job

변비에 걸린 아이

Mom_
무슨 일이니?

Son_
I'm trying to poop. 그런데 안 나와요.

Mom_
힘을 빼고 천천히 해라, 데이비드, 너무 힘주면 안 돼.

Son_
하지만 배가 아픈 걸요. 아마도 변비에 걸렸나 봐요.

Pattern 270

Let's try to ~.

우리 ~하도록 합시다

조금만 더 일해요

Employee 1_
난 매우 피곤해요. 우리 언제 멈추고 쉬나요?

오랜만에 만난 친구에게 "우리 자주 만나도록 해 보자."라고 말할 때 쓸 수 있는 패턴입니다. 즉, 될지 안 될지는 모르지만 '한번 노력해 보자.'라는 의미가 내포되어 있는 것입니다.

1077 우리 최선을 다해 봅시다.
Let's try to do our best.

1078 우리 좀더 자주 봅시다.
Let's try to see each other more often.

1079 오늘 우리 프로젝트를 끝냅시다.
Let's try to complete our project today.

1080 우리 좀더 참신한 걸 생각해 봅시다.
Let's try to come up with* something a little more original.
　　　　　　　　　* come up with 생각해내다
　　　　　　　　　* original 독창적인

Employee 2_
Let's try to work for ten more minutes.

Employee 1_
알겠어요. 하지만 꼭 10분이에요.

Exercise

• 할 수 있는 한 영어를 많이 사용하도록 합시다. (as much as)
➡ Let's try to _____.

Answer key : use English as much as we can

Employee 2_
네, 알겠어요.

DAY 05

hope / wish
희망하기

271	I wish ~.	~이면 좋겠어요
272	I wish I could ~.	~할 수 있으면 좋겠어요
273	I hope ~.	~하면 좋겠어요/~이길 바라요
274	I hope you ~.	당신이 ~하길 바라요
275	Let's hope ~.	~하길 바랍시다

Pattern **271**

I wish ~.
~이면 좋겠어요

I wish ~.는 실제 그럴 가능성은 없지만 그랬으면 좋겠다라는 바람을 나타낼 때 쓸 수 있는 말입니다. 〈I wish to ~.〉는 '앞으로 ~였으면 좋겠다.'라는 바람을, 〈I wish 주어+과거동사〉는 '현재사실에 대한 반대 상황', 〈I wish 주어+had p.p.〉는 '과거 사실에 반대 상황'에서 바람을 나타낼 때 쓸 수 있는 패턴입니다.

1081 외국에 가고 싶다.
I wish to go abroad.

1082 요리사가 될 걸 그랬나봐.
I wish I wanted to be a chef.

1083 그걸 사 두었더라면 좋았을 텐데.
I wish I had bought it.

1084 새해 복 많이 받으십시오.
I wish you a happy new year.

화장을 지우는 건 귀찮아요

Woman 1_
화장 지우는 것은 귀찮은 일이야.

Woman 2_
정말 그래.

Woman 1_ I wish I had a robot removing make-up instead of me.

Woman 2_
혹시 모르지. 언젠가는 현실이 될지.

Exercise

- 나만의 방을 갖고 싶어. (my own)
  ➡ I wish _____.

Answer key : I had my own room

Pattern 272

I wish I could ~.
~할 수 있으면 좋겠어요

'~할 수 있으면 좋겠어요.'라고 현재 그러지 못한 것에 대한 아쉬움과 동시에 바람을 나타내는 패턴입니다. I wish I could 뒤에 but을 써서 I wish I could, but ~.라고 하면 '그러고 싶지만 ~할 수 없다.'라고 상대방에게 거절하는 말을 할 때 쓸 수 있습니다.

1085 별 도움이 못 됐네요.
I wish I could be more helpful.

1086 언제까지나 여기에서 살 수 있다면 좋겠어요.
I wish I could live here forever.

1087 그곳에 가볼 수 있으면 좋겠어요.
I wish I could have been there.

1088 가고 싶지만 시간이 안 돼요.
I wish I could, but I just don't have the time.
*have the time ~할 시간이 있다

Exercise

• 난 담배를 끊을 수 있었으면 좋겠어. (stop)
➡ I wish I could _____.

Answer Key : stop smoking

복권에 당첨되어 기뻐하는 동료

Woman_
무슨 좋은 일 있나요?

Man_
복권에 당첨 되었어요.

Woman_
I wish I could say the same.

Man_
제가 점심 살게요.

Pattern 273

I hope ~.
~하면 좋겠어요 / ~이길 바라요

"조만간 다시 만나길 바라."처럼 어떠한 상황이 이루어지길 바라는 마음을 나타내고자 할 때 이 패턴을 쓸 수 있습니다. 하지만 "지금 전화 받기 괜찮나요?"처럼 때에 따라서는 상대방에게 민폐를 끼치는 것이 아니기를 바라는 상황에서도 쓸 수 있습니다.

1089 내가 그것을 해 냈으면 좋겠어.
I hope I can make it.

1090 그 말이 사실이 아니면 좋겠군요.
I hope that's not true.

1091 지금 전화 받기 괜찮나요?
I hope I didn't call you at a bad time.

1092 조만간 다시 만나기를 바라.
I hope we could meet again sometime soon.

Exercise

- 거기에 늦지 않게 도착했으면 좋겠어요. (get, in time)
  ➡ I hope _____

Answer Key : I can get there in time

과제가 많아서 걱정하는 학생

Student 1_
나는 주말 내내 학교 숙제를 해야 해.

Student 2_
그래? 뭘 해야 하는데?

Student 1_ 난 역사 과목의 보고서를 써야 하고 읽기 숙제도 많아.
I hope I can get that all done.

Student 2_
잘해봐!

Pattern 274

I hope you ~.
당신이 ~하길 바라요

"당신은 좋아질 거예요.", "시험 잘 보기를 바라요." 등의 말처럼 상대방에게 좋은 일을 기원해 주거나 행운이 생기길 바라는 마음을 전할 때 쓸 수 있는 패턴입니다.

1093 **당신이** 환불 받을 수 있**기를 바라.**
I hope you can get a refund.

1094 **당신이** 준비 되었**기를 바라요.**
I hope you're ready.

1095 **당신이** 곧 **좋아지면 좋겠습니다.**
(곧 좋아질 거예요.)
I hope you'll get well soon.

1096 내가 일찍 떠난다 해도 화내지 않기를 바라.
I hope you won't be offended if I leave early.

Exercise

• 당신이 언제 한번 와 주길 바라요. (come, sometime soon)
➡ I hope _____.

Answer Key : you will come sometime soon

시험을 잘보라고 격려하는 말

Student 1_
어디 가니?

Student 2_
나 옆 건물에 가. 영어 시험 봐야 하거든.

Student 1_
I hope you do well on your test.

Student 2_
정말 고마워. 나도 그랬으면 좋겠어.

Pattern 275

Let's hope ~.

~하길 바랍시다

Let's ~.는 '~합시다.'라는 뜻이므로 Let's hope ~.는 '함께 ~하기를 바랍시다.'라는 뜻입니다. 여러 사람의 바람을 함께 표현할 때 쓸 수 있는 패턴입니다. just를 붙여서 Let's just ~.으로도 말합니다.

1097 상처 입은 곳이 빨리 낫길 바라자.
Let's hope for a quick recovery.

1098 이걸 기회삼아 그가 행동을 바르게 하기를 바랍시다.
Let's hope he takes this opportunity to clean up his act.

1099 이를 계기로 앞으로 주식 시장이 오름세로 전환되길 바라야겠군요.
Let's hope the stock markets turn bullish from now on.
※ bullish 오름세의

1100 맑은 날씨가 내일 경기까지 이어지기를 바랍시다.
Let's hope the sunny weather keeps up for tomorrow's match.

Exercise

• 안 그러길 바라.
➡ Let's hope _____.

Answer Key : not

위로의 말을 전할 때

Mom_
너 괜찮니? 기분이 안 좋아 보이는구나.

Son_
제 가장 친한 친구가 차 사고로 중환자실에 있어요.

Mom_ 오, 뭐라고 위로해야 할지 모르겠구나. Let's hope for the best.

Son_
고마워요, 엄마.

3rd Week
Check Up

1주 동안 25패턴 100문장을 공부했어요.

"영어로 바로바로 나올 때까지 연습해 보세요."

---

01. 지금 가야 해요?

02. 살을 빼려면 무엇을 해야 해요?

03. 당신은 예방 접종을 해야 합니다.

04. 공항에 안 데려다 줘도 돼요.

05. 전 5분이면 돼요.

06. 그 기사 읽은 기억이 납니다.

07. 마지막으로 월급이 인상된 게 언제인지도 기억이 안 나.

08. 그 사람 이름 기억해요?

09. 잊지 않고 문은 잠궜어요?

10. 자러 가기 전에 잊지 말고 불을 꺼 주세요.

11. 핸드폰 충전기를 깜빡 했어요.

정답   **01.** Do you need to go now?   **02.** What do you need to do to lose weight?   **03.** You'll need to be vaccinated.   **04.** I don't need you to take me to the airport.   **05.** All I need is five minutes.   **06.** I remember reading all about it.   **07.** I can't remember the last time I got a raise.   **08.** Do you remember his name?   **09.** Did you remember to lock the door?   **10.** Remember to turn out the lights before you go to bed.   **11.** I forgot my cell phone charger.

12. 깜빡하고 핸드폰을 진동으로 해놓는 것을 잊었어요.

13. 휴가 간 동안에는 사무실은 잊으세요.

14. 그에게 나중에 전화하라고 나에게 알려 주세요.

15. 그를 보니 그의 동생 생각이 나요.

16. 가격을 깎으려고 노력해 봐.

17. 너무 많은 것을 기대하지 않도록 하세요.

18. 녹색 버튼을 한번 눌러 보세요.

19. 나는 날씬해지려고 노력 중이야.

20. 우리 좀 더 자주 봅시다.

21. 그걸 사 두었더라면 좋았을 텐데.

22. 그곳에 가볼 수 있으면 좋겠어요.

23. 그 말이 사실이 아니면 좋겠군요.

24. 당신이 준비 되었기를 바라요.

25. 상처 입은 곳이 빨리 낫길 바라자.

정답

12. I forgot to put my cell phone on vibrate mode. **13.** Forget about the office while you're gone. **14.** Remind me to call him later. **15.** He reminds me of his brother. **16.** Try to cut the price down. **17.** Try not to expect too much. **18.** Try pressing the green button. **19.** I'm trying to slim down. **20.** Let's try to see each other more often. **21.** I wish I had bought it. **22.** I wish I could have been there. **23.** I hope that's not true. **24.** I hope you're ready. **25.** Let's hope for a quick recovery.

4th Week

특정 구문으로 말하기

Day 01	**How+부사/형용사** – How + 부사/형용사로 묻기
Day 02	**No ~.** – 없다고 강조하기
Day 03	**get/have** – 시키고 허락하기
Day 04	**I'd rather ~./I prefer ~.** – 선호하는 것 말하기
Day 05	**promise** – 약속하기
4th Week	**Check Up**

DAY 01

How + 부사 / 형용사로 묻기

276	How many ~?	얼마나 ~?/몇 개(몇 명, 몇 번)나?
277	How much ~?	얼마나 ~?
278	How far ~?	얼마나 멀리 ~?
279	How long does it take to ~?	~하는데 얼마나 걸립니까?
280	How often ~?	얼마나 자주 ~?

Pattern 276

How many ~?
얼마나 ~? / 몇 개(몇 명, 몇 번)나?

수량을 묻는 말을 할 때 쓸 수 있는 패턴입니다. many가 셀 수 있는 명사 앞에 오는 말이므로 many 뒤에는 반드시 복수형의 명사가 와야 된다는 것을 기억해야 합니다.

1101 홍차에 설탕을 **얼마나** 넣을까요?
How many sugars in your tea?

1102 오늘 **몇 분**이나 오십니까?
How many people are you expecting today?

1103 그 일은 **며칠**이나 걸리겠습니까?
How many days will it take to get the work done?

1104 서울-동경 노선에는 비행기 편이 하루에 **몇 번** 있습니까?
How many flights a day do you have on the Seoul-Tokyo route?

Exercise

- 표 몇 장 필요하세요? (ticket)
  ➡ How many _____?

Answer Key : tickets do you want

Student 1_
How many semester hours should I take?

Student 2_ 아마 20학점일걸. 확실히 알려면 과 조교한테 가서 물어보는 게 낫겠다.

Student 1_
그래, 그런데 넌 몇 과목이나 들을 거니?

Student 2_ 다섯 과목. 이번 학기에는 전공 과목보다 영어 공부에 집중하려고.

Pattern 277

How much ~?
얼마나 ~?

"How much is it? 얼마입니까?"는 How much ~?가 이용되는 가장 흔한 표현입니다. 보통 가격을 물을 때 가장 많이 사용되며 그 외에도, 시간, 날씨 등 셀 수 없는 무언가의 양이 얼마인지를 물을 때 쓸 수 있습니다.

1105 돈이 **얼마나** 필요합니까?
How much money do you want?

1106 조식을 포함한 방 가격은 **얼마**인가요?
How much for a room including breakfast?

1107 이 일은 시간이 **얼마나** 걸리겠습니까?
How much time will this job take?

1108 이 더운 날씨가 **얼마나** 더 오래 계속될까?
How much longer will this hot weather go on?

Exercise

- 아이들은 잠을 얼마나 자야하나요? (sleep)
  ➡ How much _____?

Answer key : sleep do children need

사진 현상비가 얼마인가요?

Clerk_
5X7 사이즈로 뽑았습니다.

Customer
4X6 사이즈를 원했던 건데요.

Clerk_
큰 게 낫죠. 추가 요금은 없습니다.

Customer
알았어요. 그러죠 뭐.
How much do I owe you?

Pattern 278

How far ~?
얼마나 멀리 ~?

"How far is it from here? 여기에서 거리가 얼마나 됩니까?"는 How far ~?의 대표 문장이라고 할 만큼 많이 쓰이는 표현입니다. '얼마나 멀리'라는 의미로 실제적 거리뿐만 아니라 추상적 거리를 표현할 때 사용할 수 있습니다.

1109 우리는 **얼마나** 가나요?
How far are we going?

1110 그녀는 예정일이 **언제**인가요?
How far along is she?

1111 여기서 당신 집까지 **거리가 얼마나** 됩니까?
How far is it from here to your house?

1112 당신은 **몇 살 때 일까지** 기억하나요?
How far does your memory go back?

Exercise

• 넌 얼마나 던질 수 있니? (throw)
➡ How far _____?

Answer Key : can you throw

목적지가 어디신가요?

Passenger 1_
당신 옆에 앉아도 되나요?
How far are you going?

Passenger 2_
어, 록빌 센터까지 갑니다.

Passenger 1_
오! 저도요!

Passenger 2_
정말이에요?

Pattern 279

How long does it take to ~?
~하는데 얼마나 걸립니까?

How long does it take ~?는 뭔가를 하는데 시간이 얼마나 걸리는지 묻는 패턴입니다. 이 질문에 정확한 시간을 알고 있으면 exactly를, 정확하지 않은 대략적인 시간을 알고 있다면 about이나 around를 사용해서 말하면 됩니다.

1113 치유하는데 얼마나 걸립니까?
How long does it take to heal?

1114 도보로 왕복 시간이 얼마나 걸립니까?
How long does it take to walk there and back?
* there and back 거기까지 왕복하는데

1115 택시로 공항까지 가는데 얼마나 걸립니까?
How long does it take to go to the airport by taxi?

1116 여기서 당신 집까지 가는데 얼마나 걸립니까?
How long does it take to get to your house from here?

Exercise

- 그 일을 끝마치는데 얼마나 걸릴까요? (complete, job)
 ➡ How long does it take _____?

Answer Key : to complete the job

그 역까지 얼마나 걸리나요?

Passenger_
How long does it take to Seoul Station?

Station employee_
여기서 대략 1시간 정도요.

Passenger_
그리 멀진 않군요.

Station employee_
네, 그렇다고 할 수 있죠.

Pattern **280**

How often ~?
얼마나 자주~?

얼마나 자주 ~을 하는지 빈도나 횟수를 묻는 패턴입니다. 버스가 얼마나 자주 다니는지, 누군가로부터 소식은 얼마나 자주 듣는지 등을 물어보고자 할 때 쓸 수 있습니다.

운동을 얼마나 자주하는지

Man_
다이어트하고 계십니까?

1117 64번 버스가 **얼마나 자주** 다닙니까?
How often does the number 64 bus come?

1118 그녀는 **얼마나 자주** 전화하니?
How often does she call you?

1119 수영을 **얼마나 자주** 가세요?
How often do you go swimming?

1120 당신은 누나에게서 소식을 **얼마나 자주** 듣습니까?
How often do you hear from your sister?

Woman_
네, 운동하고 있습니다.

Man_
How often have you been exercising?

Exercise

- 외식은 얼마나 자주 하나요? (go out, eat)
  ➡ How often _____?

Answer Key : do you go out to eat

Woman_
최소한 일주일에 한 번은 가려고 노력하고 있습니다.

DAY 02

No ~.

없다고 강조하기

281	No one ~.	아무도 ~하지 않아요
282	No one but ~.	~이외에 아무도 …않아요/없어요
283	Nobody can ~.	아무도 ~할 수 없어요
284	Nothing can ~.	그 어떤 것도 ~할 수 없어요
285	have nothing to do with ~	~와 아무 관련이 없어요

Pattern 281

No one ~.
아무도 ~하지 않아요

No one ~.은 '아무도 ~않다.'는 뜻으로 문장 내에 부정어가 없더라도 그 자체로 부정의 의미를 지니고 있습니다. "아무도 아직 안 왔어요."처럼 아무도 없다는 것을 강조하기 위해서 no를 문장 앞으로 보내서 말하는 패턴입니다.

1121 **아무도** 그걸 하지 **못해요.**
No one can do it.

1122 늦게 온 사람은 **아무도** 없었어요.
No one came late.

1123 다음에 무슨 일이 일어날지 **아무도** 몰라요.
No one knows what may follow.

1124 종이 울릴 때까지는 **아무도** 교실을 떠날 수 **없습니다.**
No one may leave the classroom until the bell goes.

Exercise

• 아직 아무도 도착하지 않았어요. (arrive, yet)
➡ No one _____.

Answer Key: has arrived yet

사용하지 않는 컴퓨터에 관해

Employee 1_
이것은 누구의 컴퓨터예요?

Employee 2_ I don't know. No one uses the computer.
거기서 먼지만 쌓이고 있죠.

Employee 1_
고장 났나요?

Employee 2_
아마 아닐걸요.

Pattern 282

No one but ~.
~이외에 아무도 …않아요/없어요

but이 except '~을 제외하고'의 의미로 쓰여서 but 뒤에 나오는 대상을 제외하고는 아무도 ~할 수 없다는 것을 의미합니다. 즉, '대상'을 강조하는 것이지요. but의 위치는 No one 뒤뿐만 아니라 문장 뒤에 써도 무관합니다.

1125 우리 **이외는 아무도** 이 일을 알아선 **안 돼요**.
No one but us has to know about this.

1126 나 **이외는 아무도** 대답하지 **않았어요**.
No one replied but me.

1127 그 말고는 그것을 해낼 사람이 **없어요**.
No one but him can do it.

1128 미치지 **않고서야** 그런 일을 하지 않을 테죠.
No one but a madman would do such a thing.

Exercise

- 저 외에는 그걸 아무도 몰라요. (know)
  ➡ No one but _____.

Answer key : me knows it

아내의 음식이 맛없다고 말하는 남편

Wife_
오늘 아침 내내 만든 거예요. 좀 먹어봐요.

Husband_
오, 이런, 뭘 넣은 거예요?

Wife_
왜요? 맛있는데요.

Husband_
No one but you wants to eat it.

Pattern 283

Nobody can ~.
아무도 ~할 수 없어요

"아무도 그를 못 말려요.", "아무도 미래를 말할 수 없어요."처럼 어떠한 상황에 대해서 불만을 갖고 있거나 하기 힘든 일에 대해 말하려고 할 때 쓸 수 있는 패턴입니다. nobody를 사용해서 다소 과장된 듯 말하면서 의미를 강조하려고 하는 것이지요.

1129 내 꼬마 동생은 **아무도 못** 말려요.
Nobody can stop my little brother.

1130 내일 무슨 일이 일어날지는 **아무도** 예언**할 수 없어요**.
Nobody can foretell what will happen tomorrow.

1131 그것은 언제 완성될지 **아무도** 몰라요.
Nobody can tell when it will be completed.

1132 차가 많이 다녀서 **아무도** 길을 건널 수 없어요.
Nobody can cross because of traffic.

Exercise

• 아무도 이 바위를 들 수 없어요. (lift)
➡ Nobody can _____.

Answer Key : lift this stone

아무도 알아들을 수 없어요

Man 1
그가 무슨 말을 하는지 알아 들을 수 있니?

Man 2
Nobody can catch that.

Man 1
그는 발음이 너무 나빠.

Man 2
그는 영어를 한국말처럼 말하잖아.

Pattern 284

Nothing can ~.
그 어떤 것도 ~할 수 없어요

Nobody can ~.에서 Nobody 대신에 Nothing을 써서 대상이 사람에서 사물로 바뀐 것입니다. '아무것도 ~할 수 없다.'는 것으로, "무엇도 우리를 갈라놓을 수 없어요."와 같은 말을 할 때 쓸 수 있는 패턴입니다.

1133 그보다 더 좋을 순 없어요.
Nothing can beat it.

1134 무엇도 그것을 나에게서 갈라놓지 못합니다.
Nothing can part it from me.

1135 그 무엇도 이 병이 퍼지는 것을 막을 수 없어요.
Nothing can prevent the spread of disease.

1136 그 어떤 것도 어머니를 잃은 것을 보상할 수는 없어요.
Nothing can compensate for the loss of a mother.
*compensate for ~을 보상하다

Exercise

• 아무 것도 당신을 대신할 수 없어요. (instead of)
➡ Nothing can _____.

Answer key : be instead of you

선물에 대한 감사의 표현

Boyfriend_
이건 생일 선물이야.

Girlfriend_
풀어 봐도 돼?

Boyfriend_
물론이지.

Girlfriend_
오, 예뻐! Nothing can make a better present than this.

Pattern **285**

have nothing to do with ~.
~와 아무 관련이 없어요

'~과 상관 없다.', '관련이 없다.'라는 말을 할 때 쓰는 패턴으로 nothing 대신 little '거의 없다,' much '많다'를 써서 관련 정도를 차별적으로 나타낼 수 있습니다. 즉, 관련이 거의 없는 경우에는 have little to do with ~로, 관련이 많은 경우는 have much to do with ~로 말할 수 있습니다.

1137 전 그와 아무 관련이 없어요.
I have nothing to do with him.

1138 그녀는 그 일과 아무 관계가 없어요.
She has nothing to do with the affair.

1139 우리는 그 사고와 아무 관계가 없습니다.
We have nothing to do with the accident.

1140 우린 그 부실공사와 아무런 관련도 없습니다.
We have nothing to do with the shoddy construction.

Exercise

- 그건 저와 아무 관련이 없어요.
➡ I have nothing to do with _____.

Answer Key : it

엄마와는 상관없는 일이에요

Mom_
네 오빠와 싸웠니? 왜 그에게 말을 안 해?

Daughter_
중요한 일 아니에요.

Mom_
나한테 얘기해 봐.

Daughter_
싫어요. It has nothing to do with you, Mom.

DAY 03

get / have

시키고 허락하기

286	be getting+형용사	점점 ~해지고 있어요
287	get+사람+사물	…에게 ~을 사 주세요/가져다 주세요
288	get+사물+p.p.	…이 ~되도록 만들었어요/받았어요
289	have+사람+동사원형	…가 ~하게 할게요
290	have+사물+p.p.	…이 ~되게 했어요

Pattern **286**

be getting+형용사
점점 ~해지고 있어요

'점점 ~하다.'라는 의미를 get이라는 동사를 사용해서 말하는 패턴입니다. be getting 뒤에는 단순 형용사의 형태부터 비교급 형태, 과거분사 형태까지 다양하게 응용해서 말할 수 있습니다.

1141 난 피곤해지고 있어요.
I'm getting tired.

1142 날씨가 점점 좋아지고 있어요.
The weather is getting better.

1143 날이 점점 짧아지고 있어요.
The days are getting shorter.

1144 여름방학이 지겨워지고 있어요.
I'm getting tired of summer vacation.

점점 살이 찌고 있어요

Woman_
I'm getting fat.

Man_
하지만 날씬해 보이는데.

Woman_
나 기분 좋으라고 하는 말이지, 그치?

Man_
아니야. 아주 멋져!

Exercise

• 나는 점점 참을성이 없어져요.
➡ I'm getting _____.

Answer key : impatient

Pattern 287

get + 사람 + 사물
…에게 ~을 사 주세요 / 가져다주세요

'get+사람+사물'은 '…에게 ~을 사 주다/가져다주다.'라는 뜻으로, 이때 get은 buy와 give의 의미를 모두 포함합니다. 상대방에게 뭔가 필요한 게 없는지 물어보는 "Can I get you something?"의 get도 바로 이런 경우입니다. 식당 같은 곳에서 "뭘 드릴까요?"라고 물을 때에도 역시 "What can I get you?"라고 합니다.

1145 제게 빵을 좀 가져다주세요.
Please get me some bread.

1146 당신께 담요를 가져다 드릴게요.
I'll get you a blanket.

1147 피자 한 조각을 가져다 드릴게요.
Let me get you a piece of pizza.

1148 가게에 가거든 콜라를 좀 사다 주세요.
Please get me a coke when you go to the store.

Exercise

• 술 한 잔 가져다 드릴까요? (drink)
➡ Can I get _____?

Answer Key : you a drink

식당에서 포크를 떨어뜨렸을 때

Customer_
제 포크를 떨어뜨렸어요.

Waitress_
I'll get you a new one.

Customer_
그리고 따뜻한 물 좀 더 부어 주실래요?

Waitress_ 알겠습니다.

Pattern 288

get + 사람 + p.p.
…이 ~ 되도록 만들었어요 / 받았어요

"머리를 잘랐어.", "시력 검사를 받았어."처럼 어떠한 서비스를 받았다고 말할 때 쓸 수 있는 패턴입니다. 직역하면 get이 사역의 의미로 '사물이 ~되도록 시켰다.'라는 뜻을 나타냅니다.

1149 저는 귀를 뚫었어요.
I got my ears pierced.

1150 저는 파마했어요.
I got my hair permed.

1151 나는 오늘 세차 했어.
I got my car washed today.

1152 나는 안경 가게에서 시력검사를 했어요.
I got my eyes tested at the optician.
* optician 안경상

Exercise

- 다리가 부러졌어요. (break)
  ➡ I got _____.

Answer Key : my leg broken

머리를 잘랐어요

Woman 1_
Where did you get your hair cut?

Woman 2_
근처에 있는 미용실에서 했어요.

Woman 1_
무척 아름다워요.

Woman 2_
고마워요.

Pattern **289**

have + 사람 + 동사원형
…가 ~하게 할게요

사역동사 have는 '~을 시키다'는 의미로 사람 목적어 다음에 원형부정사를 취합니다. 하지만, '…에게 ~를 시키다.'라고 직역하지 말고, '…가 ~하게 할게요.'로 해석하면 자연스럽습니다. 사람 목적어와 동사의 관계를 능동으로 생각하면 되겠습니다.

1153 내일 그가 소포를 배달하도록 할게요.
I'll have him deliver the package tomorrow.

1154 저는 어제 그에게 문을 고치도록 했어요.
I had him repair the door yesterday.

1155 우리 기술자 중에 한 명이 내일 방문하도록 할게요.
I'll have one of our technicians come out tomorrow.

1156 그보고 저에게 전화해 달라고 해 주실래요?
Would you have him call me?

Exercise

- 수잔에게 그걸 시켜야지. (do)
  ➡ I'll have _____.

Answer key : Susan do it

그가 전화하도록 할게요

Man 1_
그가 몇 시에 오나요?

Man 2_
I'll have him call you and make an appointment.

Man 1_
제 휴대폰 번호를 알려 드릴까요?

Man 2_
이미 알고 있어요.

Pattern **290**

have + 사물 + p.p
…이 ~되게 했어요

사물 목적어와 목적 보어 p.p.는 수동의 관계로 '…이 ~되게 하다.'의 의미입니다. '~을 고치도록 했다.', '~을 도둑맞았다.'의 말을 할 때 이 패턴을 쓸 수 있습니다. have 대신에 get을 써도 됩니다.

1157 그녀는 버스에서 가방을 도둑맞았어요.
She had her bag stolen in the bus.

1158 오후 8시까지 숙제를 마치도록 해라.
Have your homework done by 8 p.m.

1159 나는 구두에 징을 박았어요.
I had my shoes nailed.

1160 나는 형이 라디오를 고치도록 시켰어요.
I had the radio fixed by my brother.

Exercise

- 전 제 손목시계를 고쳤어요. (watch, repair)
➡ I had _____.

Answer Key : my watch repaired

스테이크를 어떻게 해 드릴까요?

Woman_
스테이크는 어떻게 요리해서 먹나요?

Man_
I like to have my steak well-done. 당신은요?

Woman_
전 덜 익은 스테이크가 좋아요.

Man_
오, 그건 의외인데요.

DAY 04

I'd rather~. / I prefer~.
선호하는 것 말하기

291	I'd rather ~.	나는 ~하는 게 낫겠어요/~하는 게 좋겠어요
292	I'd rather ~ than ….	… 하느니 ~하겠어요
293	Would you rather ~?	~하는 게 어때요?/~할래요?
294	I prefer ~.	저는 ~이 더 좋아요
295	Would you prefer ~?	~하는 게 더 좋으세요?

Pattern **291**

I'd rather ~.
나는 ~하는 게 낫겠어요 / ~하는 게 좋겠어요

rather는 '오히려, 차라리'라는 뜻으로, '~하는 게 낫겠다.', '~하는 게 좋겠다.'라고 말할 때 쓸 수 있는 말입니다. 예를 들어 '전에는 ~을 해 봤으니 이번에는 다른 걸 하는 게 좋겠다.'라는 식의 말을 할 때 쓸 수 있겠죠. I'd rather ~.의 부정은 I'd rather not ~.으로 '~하지 않는 게 낫겠다.'라는 뜻입니다.

1161 나는 비행기 타는 게 무서워요. **차라리 배를 타고 가겠어요.**
I'm terrified of flying. - I'd rather go by sea.

1162 난 이미 그 영화를 봤으니까 다른 걸 보러 가고 **싶어요.**
I've already seen that film, so I'd rather go and see another one.

1163 그녀와는 만나고 싶지 않아요.
I'd rather not meet her.

1164 알고 싶지도 않습니다.
I'd rather not find out.

Exercise

- 나는 TV를 보는 게 낫겠어요. (watch)
  ➡ I'd rather _____.

Answer Key : watch TV

담배를 피워도 되겠습니까?

Man_
제가 담배를 피워도 될까요?

Woman_
글쎄요, 안 그러셨으면 좋겠어요.
저는 임신 2개월이거든요.

Man_
오, 축하합니다.

Woman_
고맙습니다.

Pattern 292

I'd rather ~ than ….
… 하느니 ~ 하겠어요

"난 수영보다는 등산이 더 좋아요."처럼 두 가지 중에 뭐가 더 나은지 말할 때 쓸 수 있는 패턴입니다. 한 문장에 두 가지 상황을 다 말할 수 있어 요긴하게 사용할 수 있습니다.

1165 나는 감독보다는 연기를 하겠어요.
I'd rather act than direct.

1166 난 싱거운 음식보다는 짠 음식을 먹겠어요.
I'd rather eat salty food than bland food.
※ bland 특별한 맛이 없는

1167 난 수영하러 가느니 등산을 하러 가겠어요.
I'd rather go mountain climbing than swimming.

1168 나 같으면 돈을 은행에 넣어 두느니 쓰겠어요.
I'd rather use my money than leave it lying in the bank.

Exercise

- 나는 커피보다는 차를 마시는 게 낫겠어요.
  ➡ I'd rather have _____ than _____.

Answer Key : tea, coffee

두 가지 음식 중 선택할 때

Man 1_
통닭 먹을래, 피자 먹을래?

Man 2_
I'd rather eat pizza than fried chicken.

Man 1_
좋아, 그럼 피자 먹자.

Man 2_
맛있겠다.

Pattern **193**

Would you rather ~?

~하는 게 어때요? / ~할래요?

'~하는 게 더 나을 것 같아요?'의 뜻으로 뒤에 비교 대상이 없는 경우는 '~하는 게 어때요?'의 의미로 생각하면 이해하기 쉽습니다. 반면에 or과 같이 비교 대상이 함께 나오는 선택 의문문의 경우는 '두 가지 중에 뭐가 더 나을 것 같아요?'하고 묻는 말이 됩니다.

1169 영화 보는 게 어때요?
Would you rather see a movie?

1170 음악 들으시겠어요?
Would you rather hear some music?

1171 걸을래요, 아니면 버스를 탈래요?
Would you rather walk or take the bus?

1172 밤 비행기 말고 오후 비행기를 타실래요?
Would you rather catch the afternoon flight instead of the evening one?

Exercise

• 그것에 대해 생각해 보는 것이 낫겠지요? (think about)
➡ Would you rather _____?

Answer Key : think about it

조카에게 줄 선물을 의논하는 부부

Husband_
난 이 원피스가 내 조카에게 어울릴지 모르겠어요.

Wife_ Would you rather give her some money to buy a dress?

Husband_
좋은 생각이네요.

Wife_
그러면 그녀 취향대로 원피스를 고를 수 있을 거예요.

Pattern 294

I prefer ~.
저는 ~이 더 좋아요

I'd rather ~.과 같은 뜻의 다른 형태로 '전 ~이 더 좋아요.', '~하는 게 좋겠어요.' 하고 말하는 패턴입니다. 뒤에 비교 대상이 있는 경우는 to를 사용해서 I prefer A to B. '저는 B보다 A가 더 좋아요.' 하고 말할 수 있습니다.

1173 나는 현금이 더 좋아.
I prefer cash.

1174 난 일찍 출발하는 편이 나아.
I prefer to start early.

1175 나는 뜨거운 커피를 더 좋아해요.
I prefer my coffee hot.

1176 나는 육식보다 채식을 더 좋아해요.
I prefer a vegetable diet to meat.

Exercise

- 나는 더 단순한 스타일이 좋아요. (simpler)
  ➡ I prefer _____.

Answer key : a simpler style

어떤 연기를 해보고 싶어요?

Reporter_
만약 연기를 해야 했다면, 어떤 역할을 해보고 싶었어요?

Singer_ I prefer to try action as I'm a person who loves action films.
저가 액션 영화를 좋아해서 액션 연기가 좋겠어요. (action, love, films)

Reporter_
애정 신은 어때요?

Singer_
팬들이 불평할까봐 두려워요. 그냥 액션이 낫겠어요.
I'm afraid of my fans complaining. Just action would be better.

Pattern **295**

Would you prefer~?

~하는게 더 좋으세요?

Would you ~?는 정중한 패턴으로 Would you prefer ~? 하면 무엇을 하는 데에 있어 어떤 것을 더 선호하는지 묻는 말이 됩니다. or를 써서 두 가지의 대상을 모두 제시해서 말할 수도 있습니다. 그러나 비교 대상 없이 말할 때에는 '~하는 편이 괜찮으시죠?'하고 의향을 묻는 말로도 사용됩니다.

1177 제가 다음 달에 오는 **편이 좋겠습니까?**
Would you prefer me to come next month?

1178 창가 쪽**으로 드릴까요**, 통로 쪽으로 드릴까요?
Would you prefer a window or an aisle seat?

1179 너는 남학교나 여학교**가 좋니**, 아니면 남녀 공학 학교**가 좋니**?
Would you prefer a single-sex school or a coed school?
※ coed school 남녀공학 학교

1180 화학을 선택**할래** 아니면 생물을 선택**할래**?
Would you prefer taking chemistry or biology?

Exercise

• 이 테이블이 괜찮으신가요? (table)
➡ Would you prefer _____?

Answer key : this table

술을 더 드릴까요?

Bartender_
Would you prefer something alcoholic?

Customer_
네, 칵테일이 좋겠어요.

Bartender_
마티니와 진 토닉이 있습니다.

Customer_
마티니가 좋겠어요. 마티니를 드라이하게 해 주세요.

DAY 05

promise
약속하기

296	I promise ~.	~를 약속 드릴게요/약속할게요
297	Can you promise ~?	~을 약속할 수 있나요?
298	You promised ~.	~한다고 약속했잖아요
299	I won't ~.	~하지 않을 거예요
300	I'll never ~.	다시는 ~하지 않을 거예요

Pattern 296

I promise ~.

~를 약속 드릴게요 / 약속할게요

상대방에게 '~을 약속할게요.'라고 확신을 주는 패턴으로 문장의 앞이나 뒤에 모두 올 수 있습니다. 또한 콤마(,)를 이용하여 I promise, ~.로도 말할 수도 있습니다.

누군가에게 약속할 때

Man_
내 돈은 언제 돌려받을 수 있죠?

1181 **약속할게요**, 다시 연락 드리죠.
I promise I'll get back to you.

1182 금방 끝날 거야, **약속할게**.
It'll be over quickly, I promise.

1183 사실대로 말하고 있어.
I promise I'm telling the truth.

1184 며칠 내로 더 가져 오**겠습니다**.
I promise I'll get more in a few days.

Woman_
I promise I'll pay you back tomorrow.

Man_
그게 좋을 거예요.

Woman_
계좌번호를 알려 주시면 입금해 드릴게요.

Exercise

- 다시는 안 그러겠다고 약속해요. (do, again)
  ➡ I promise I'll never _____.

Answer Key : do it again

Pattern 297

Can you promise ~?
~을 약속할 수 있나요?

"다시는 늦지 않겠다고 약속할 수 있니?"처럼 상대방에게 확답을 받아낼 때 할 수 있는 패턴입니다. 보통 아랫사람이나 친한 사이에서 많이 하는 말이랍니다.

1185 다시는 늦지 않겠다고 **약속할 수 있니**?
Can you promise not to be late again?

1186 이걸 비밀로 하겠다고 **약속할 수 있니**?
Can you promise to keep this a secret?

1187 진실하게 나하고만 사귀겠다고 **약속할 수 있으세요**?
Can you promise me to go steady with me?
＊go steady 교제하다

1188 네 숙제를 먼저 하겠다고 **약속할 수 있니**?
Can you promise to do your homework first?

Exercise

• 우리 모임에 가입하겠다고 약속할 수 있나요? (join)
➡ Can you promise _____?

Answer Key : to join our club

한가지 약속할 수 있나요?

Mom_
엄마 백화점 간다.

Daughter_
저도 같이 가고 싶어요, 엄마.

Mom_
Can you promise me one thing?

Daughter_
뭔데요?

Pattern **298**

You promised ~.

~한다고 약속했잖아요

"집에 일찍 온다고 약속했잖아요. 그런데 왜 늦었나요?"처럼 이미 상대방이 약속한 것을 어기고 지키지 않았을 때 불만을 표시하는 말로 쓸 수 있는 패턴입니다.

1189 아무 말도 안 **하기로 약속했잖아**.
You promised me you wouldn't say anything.

1190 축구공을 사 주**겠다고 약속했잖아요**.
You promised to buy me a football.

1191 이 문제를 어떻게 푸는지 알려 **준다고 약속했잖아요**.
You promised to teach me how to solve this problem.

1192 나에게 전화**한다고 약속했잖아요**.
You promised to phone me.

Exercise

- 매주 나에게 편지를 쓴다고 약속했잖아요. (write, me)
  ➡ You promised _____ every week.

Answer Key : to write to me

늦게 귀가한 남편에게

Wife_
지금 몇 시죠?

Husband_
12시 반이군요. 미안해요. 또 늦었네요.

Wife_
You promised to come home early tonight.

Husband_
미안해요. 하지만 고객과 중요한 회의가 있었어요.

Pattern 299

I won't ~.
~하지 않을 거예요

I will not의 줄임으로 보통 구어체에서 많이 쓰는 패턴입니다. '앞으로 ~하지 않을 것이다.'라는 의지를 담은 말을 하려고 할 때 쓸 수 있습니다.

1193 실망시키지 **않을 거예요**.
I won't fail you.

1194 여기서 오래 일하지 **않을 거예요**.
I won't be working here long.

1195 똑같은 실수를 두 번하지 **않겠어요**.
I won't make that mistake twice.

1196 나 이제부터 전화 받는 일은 **안 할 거예요**.
I won't be answering the phones anymore.

Exercise

- 당신에게 거짓말 하지 않겠습니다. (lie)
  ➡ I won't _____

Answer key : lie to you

칼로리 때문에 쿠키를 먹지 않겠어요

Woman_
I won't eat a cookie.

Man_
왜 안 먹으려고?

Woman_
마가린이 많이 들어 있어서 칼로리가 높을 것 같아.

Man_
하지만 쿠키 하나는 괜찮을 거야.

Pattern **300**

I'll never ~.
다시는 ~하지 않을 거예요

never가 '절대 ~ 않다'라는 뜻으로, I won't보다 좀 더 강하게 자신이 앞으로 ~을 하지 않을 것이라고 말하는 패턴입니다. 예를 들어 애인과 헤어진 뒤 "난 다시는 사랑에 빠지지 않을 거야"처럼 단호한 의지를 말하는 경우인 것이죠. 그 외에도 불가능이나 '~ 수 없을 것 같다.'라는 말을 할 때에도 쓸 수 있습니다.

1197 절대 잊을 수 **없을** 거예요.
I'll never forget it.

1198 나는 **다시는** 사랑에 빠지지 **않을** 거예요.
I'll never fall in love again.

1199 **다시는** 당신을 의심하지 **않겠어요**.
I'll never doubt you again.

1200 이런 짓은 **다시 하지 않겠어요**.
I'll never do such a thing again.

Exercise

• 오늘 아침에 본 사고는 잊지 못할 거야. (forget)

➡ I'll never _____ I saw this morning.

Answer Key : forget the accident

다시는 그러지 않을게

Girlfriend_
당신 또 바람 폈어. 이젠 지긋지긋해.

Boyfriend_
I will never do that again. 내 잘못을 용서해 줘.

Girlfriend_
용서하지 않을 거야, 절대로!

Boyfriend_
제발!!

4th Week Check Up

1주 동안 25패턴 100문장을 공부했어요.
"영어로 바로바로 나올 때까지 연습해 보세요."

01. 홍차에 설탕을 얼마나 넣을까요?

02. 이 일은 시간이 얼마나 걸리겠습니까?

03. 우리는 얼마나 가나요?

04. 도보로 왕복 시간이 얼마나 걸립니까?

05. 그녀는 얼마나 자주 전화하니?.

06. 다음에 무슨 일이 일어날지 아무도 몰라요.

07. 나 이외는 아무도 대답하지 않았어요.

08. 그것은 언제 완성될지 아무도 몰라요.

09. 그보다 더 좋을 순 없어요.

10. 우리는 그 사고와 아무 관계가 없습니다.

11. 날이 점점 짧아지고 있어요.

정답 01. How many sugars in your tea? 02. How much time will this job take? 03. How far are we going? 04. How long does it take to walk there and back? 05. How often does she call you? 06. No one knows what may follow. 07. No one replied but me. 08. Nobody can tell when it will be completed. 09. Nothing can beat it. 10. We have nothing to do with the accident. 11. The days are getting shorter.

12. 가게에 가거든 콜라 좀 사다 주세요.

13. 저는 귀를 뚫었어요.

14. 그보고 저에게 전화해 달라고 해 주실래요?

15. 오후 8시까지 숙제를 마치도록 해라.

16. 그녀와는 만나고 싶지 않아요.

17. 난 수영하러 가느니 등산을 하러 가겠어요.

18. 영화 보는 게 어때요?

19. 나는 뜨거운 커피를 더 좋아해요.

20. 제가 다음 달에 오는 편이 좋겠습니까?

21. 약속할게요, 다시 연락 드리죠.

22. 다시는 늦지 않겠다고 약속할 수 있니?

23. 축구공을 사 주겠다고 약속했잖아요.

24. 여기서 오래 일하지 않을 거예요.

25. 나는 다시는 사랑에 빠지지 않을 거예요.

정답

12. Please get me a coke when you go to the store. **13.** I got my ears pierced. **14.** Would you have him call me? **15.** Have your homework done by 8 p.m.? **16.** I'd rather not meet her. **17.** I'd rather go mountain climbing than swimming. **18.** Would you rather see a movie? **19.** I prefer my coffee hot. **20.** Would you prefer me to come next month? **21.** I promise I'll get back to you. **22.** Can you promise not to be late again? **23.** You promised to buy me a football. **24.** I won't be working here long. **25.** I'll never fall in love again.